KB073977

통합과 분권의 연방주의 거버넌스

그리운 아버지께

통합과 분권의 연방주의 거버넌스

이옥연 지음

Comparative Federalism
in Pursuit of
Integration and Decentralization

Okyeon Yi

ORUEM Publishing House
Seoul, Korea
2008

"이 저서는 2006년 정부(교육인적자원부)의 재원으로 한국학술진흥재단의
지원을 받아 수행된 연구임"(KRF-2006-814-B00002)

머리말

　정부운영에 있어서 다층구조를 채택한 국가는 비단 연방체제를 헌법에 기본 통치질서로 명시한 국가로만 한정되지 않는다. 더구나 재정에 관해서는 헌법상의 명시와 무관하게 복수의 정부단계로 분산 운영되는 경우가 빈번하다. 따라서 다층구조의 통치체제에 관한 체계적인 비교연구는 비교의 준거를 규정하는 단계에서부터 어려움이 따른다. 이러한 한계는 비교의 범위를 헌법에 다층구조 거버넌스라고 명시한 연방국가로 한정하더라도 줄어들지 않는다. 왜냐하면 연방주의는 정부조직 운영문제에 대한 해결책일 뿐 아니라, 정부조직 운영을 바라보는 관점과 그에 대한 정당화를 부여하므로, 연방주의를 제도화한 국가들이라도 연방주의를 실행하는 단계에서 국가별, 집권 행정부별, 또는 시대별로 격차가 나타나기 때문이다. 또한 제도 및 조직을 근거로 연방국가의 정부조직 운영방식을 외형상으로 분류하는 기존의 연구는 연방주의에 대한 체계적인 연구에는 초석을 제공하지만, 어떠한 경로로 개별 격차가 나타나는지에 대한 구체적 설명은 법-제도적 분석을 포괄하는 좀 더 복합적인 비교연구를 동반해야 하기 때문이다.

　대의민주주의 국가들 중에서도 특히 연방주의를 통치질서의 기본으로 선택한 연방국가들의 거버넌스에 대한 관심은 권력의 속성을 둘러싼 해묵은 고민과도 직결되어 있다. 대다수의 대의민주주의 국가는 정부부처 간 권력분산을 통해 권력집중으로 인한 폐단을 줄여 민의의 대표성(representative-ness)을 도모한다. 더불어 연방주의는 복수의 정부단계 간에도 권력분산을 명시하여 주권분립(division of powers)을 추구한다. 게다가 연방주의 거버넌스는 권력의 소재지가 분산되어 있을 뿐 아니라 권력을 공유하는 통치체제를 근간으로 하기 때문에 매우 치밀한 결사의 기략(art of association)을 필요로 한다. 그리하여 연방주의가 상정하는 복잡한 통치체제는 결국 집합 의지를 강조하면서도 상호 이견을 존중하려는, 즉 다수결에 기반을 두면서 소수의 권익옹호를 배려하려는 민주주의적 이상의 양면성을 아주 세밀하게 투영하고 있다. 아이러니컬하게도 바로 이 양면성이 문화, 언어, 인종, 종교, 지역성 등이 복합적으로 얽힌 사회에서는 생존과 직결되기 때문에, 연방주의 거버넌스는 근대 민족국가(nation-state)라는 바다에서도 복합사회호(號)의 항해를 가능하게 하는 추동력을 제공한다.

또한 국제화라는 악천후를 헤쳐 나가는 돌파구로서 지역통합에 대한 관심이 높아지면서 연방주의 거버넌스는 국가들 간의 관계를 규명하는 새로운 관점으로서도 관심을 끌고 있다. 이렇듯 통합과 분권을 조화롭게 구현할 수 있다는 연방주의 거버넌스는 국정운영의 무한한 잠재가능성을 시사한다. 동시에 이러한 잠재가능성은 매우 엄격한 전제조건을 충족해야 비로소 실현된다는 제약을 지닌다. 유고슬라비아 등 실패한 연방국가 사례들이 이를 입증한다. 또 한 가지 흥미로운 사실은 성공적인 연방국가들도 하나의 정도(正道)를 따르기보다 개별적으로 독특한 형태로 발전하고 있다는 점이다. 즉 연방주의를 기반으로 하는 대의민주주의 국가들이라도 제각기 다양한 방식으로 권력분산과 권력공유를 조합하여 국정을 운영한다. 아쉽게도 아직까지는 이러한 공통성과 차별성을 포괄적으로 설명하는 이론이 부족하다.

결국 이 연방주의라는 수수께끼가 저자의 호기심을 자극해서 박사학위논문의 주제로 선택하게 되었고, 이후 그 궁금증을 풀기 위해 단서를 모아서 퍼즐을 끼워 맞추는 작업을 계속하고 있다. 이 연방주의 비교연구는 연방주의 거버넌스의 양면성, 즉 다수와 소수를 동시에 배려하여 통합과 분권의 조화를 추구하려는 민주주의적 이상에 관한 규명작업이다. 따라서 한편으로는 정형화된 모델을 구축하여 체계적 설명을 제공하고, 다른 한편으로는 사례연구를 통해 시의적 또는 정책적 함의에 대한 논의를 제공하는 것을 목적으로 한다. 이 책은 이러한 노력의 일환으로 진행된 연구 산물 중 일부이다.

이 책은 모두 6개의 장으로 구성되어 있다. 1장은 연방제도의 정립과정을 전제조건, 국가정체성 및 비대칭성에 초점을 맞춰 미국, 캐나다, 호주, 독일, 오스트리아, 벨기에, 스위스 등 7개 연방국가에 대해 비교하고 있다. 2장은 연방제도와 민주주의의 상관관계를 이들 7개 연방국가에 적용해 비교하고 있다. 그리고 3장부터 6장까지는 미국과 캐나다를 중심으로 연방주의 거버넌스 제도화와 재정 또는 복지 분야 구현을 분석하고 있다.

먼저, 1장에서는 연방주의 원칙에 대한 논의에 주력하고 있다. 연방주의는 단일 주권을 강조하는 절대 국가주권(absolute state sovereignty)에 대한 대항담론으로서 공유 연방주권(shared federative sovereignty)을 강조하는 이론으로 등장했다. 이후 다양한 형태로 발전하면서 공유 연방주권 이론은 원칙적으로 참여대상이 개인이든 집합체이든 협력을 통해 상호 이득을 얻을 수 있다는 담론을 폈다. 이러한 평화의 메시지를 담은 연방주의는 극단적 충돌 특히 무력적 충돌 또는 전쟁을 가능한 한 회피하려는 인류의 목표에 부합하기 때문에 이상적 통치형태로 평가받곤 했다. 그러나 분명한 것은 민주주의적 거버넌스는 연방주의 원칙을 근간으로 하지 않더라도 다양한 통치형태나 정부조직 체제를 통해 가능하다는 사실이다. 실제로 연방주의는 권력이 자칫 지나치게 중앙으로 쏠려 있거나, 아니면 권력이 극심하게 중앙으로부터 이탈하는 두 가지의 상반된 위험성을 동시에 안고 있다.

따라서 연방주의가 제대로 구현되기 위해서는 다른 방식의 민주주의적 거버넌스보다 훨씬 더 정교하게 운영되는 복합적 통치기제, 즉 다층구조 거버넌스 구축을 필요로 한다. 게다가 동일국가에서라도 시대별로 각기 대처해야 할 문제점이 다르기 때문에 특정한 측면을 강조한 형태로 독특한 연방주의를 구현한다. 1장에서 필자는 오스트리아, 호주, 캐나다, 독일, 미국, 벨기에, 스위스 등 7개국이 헌법에 명시된 계약으로서의 연방주의를 어떻게 구현하고 있는지 연방주의 원칙의 전제조건, 국가정체성, 비대칭성을 중심으로 차례대로 살펴보고자 했다. 무엇보다 기존의 국내 연방주의에 관한 연구가 주로 개별 연방국가를 중심으로 하는 사례연구에 그치는 점을 감안할 때, 1장은 7개 사례국가들이 연방주의를 제도화하는 과정에서 연방주의 원칙을 구체적으로 어떤 준거에 맞춰 구현하고 있는지에 주력하여 이론적 틀을 구축함으로써 연방주의 비교연구에 기여한다는 점에서 차별화된다.

2장에서는 앞서 예로 든 7개 연방국가들이 다양한 형태로 구현한 민주주의적 대표성을 일일이 검토하고 있다. 특히 타 연구가 중앙과 지역정부 간 갈등관계를 특정정책의 집행절차상 이견으로 단순화하는 데 비해, 2장에서는 다단계 정부체제의 정당 간 경쟁을 통해 연방주의가 권력분산을 통한 이익대변을 어떻게 제도화하는지를 평가하고 있다. 즉 연방체제를 채택한 7개 안정된 연방국가들이 연방주의를 각각 어떠한 경로를 통해 민주주의가 추구하는 대표적인 이념으로 실현해 왔는지 검토하고 있다. 연방주의는 궁극적으로 이념적, 사회적, 지역적, 그리고 정책적 기능으로 표출되기 때문에 연방체제를 채택한 국가들은 상황적 또는 시대적인 문제를 해결하는 과정에서 각자 독특한 양식으로 민주주의가 지향하는 대표성을 실현한다. 앞서 지적했듯이 민주주의적 거버넌스는 비단 연방주의에 한정되지 않는다. 그러나 연방주의는 공통적으로 "정치조직 간 새로운 정치의 장을 마련하기 위해 합의한 바를 충실히 이행하려는 서약"을 전제로 하기 때문에 정부단계간 권력분산과 권력공유에 대한 합의를 번복하는 경우 심각한 정치적 비용을 부담할 수 있다. 결국 연방주의를 실행하는 민주주의적 정치체제는 수직적 중앙-지역(inter-state) 관계, 중앙단계에서 제도화된 중앙-지역(intra-state) 관계, 지역간(inter-community) 관계를 가장 효율적으로 그리고 가장 민주적으로 조정하는 다단계 정부조직을 갖출 것을 요구한다. 2장은 7개국의 안정된 연방국가가 어떻게 이 다단계 정부조직을 구축하여 민주주의가 지향하는 대표성을 구현하는지 비교하고 있다.

1장과 2장에서 안정된 연방국가 7개국을 대상으로 패턴을 추적하고 있는 데 비해 3장부터 6장에 걸쳐서는 미국과 캐나다의 두 북미 연방국가를 순차적으로 제도화 및 구체적인 정책분야에 대해 분석하고 있다. 연방주의를 연구하는 학자들은 오래전 해밀턴이 깨달은 패러독스에 공감한다. 즉 연방주의는 "다수로 이루어진 하나(e pluribus unum)"를 가능케 하고 작은 정부와 큰 정부의 장점을 동시에 활용할 수 있다고 약속한다. 그러나 반면에 광활하고 다양한 연방국가의 국민정부는 너무 취약해서 강력한 중앙집권국가의 도전을 막아내기 힘들며 이는 연방주의가 무능력한 중앙정부로 인해 효율적인 위기 대처에 실패할 위험을 안고 있음을 뜻한다. 흥미로운 점은 연방주의하 중앙정부는 지나치게 권력을 축적해 하위정부의 권한을 침해할 수 있다는 정반대의 이유로 연방주의의 위험을 경고한다는 사실이다.

결국 연방주의가 초래할 수 있는 위험은 권력이 과도하게 중앙에 집중되어 있거나 아니면 권력이 과도하게 탈중앙화되는 경향에서 유래한다. 3장에서는 미국의 연방제도가 역사적으로 이 두 가지의 경우를 모두 경험한 흥미로운 사례임을 보여준다. 미국헌법 어디에도 '연방주의(federalism)'란 언급은 없다. 심지어 헌법은 연방정부와 주정부 간 책임분산에 대해 구체적 언급도 하지 않는다. 다만 수정헌법 10조가 주 주권주의를 옹호하는 헌법적 근거로 인용되는 반면, 헌법 1조 8항의 통상구절과 유연성구절은 국가주권주의를 옹호하는 헌법적 근거로 인용될 뿐이다. 3장은 권력분산을 통해 권력공유의 묘(妙)를 추구하는 미국의 통합과 분권의 구현상을 살펴보고 있다.

이어서 4장은 캐나다가 건국부터 현재까지 하나의 통합국가와 두 개의 언어/문화 지역이 동시에 존립할 수 있는 전제조건을 찾으며 통치하는 정치체제라는 사실을 강조하고 있다. 구체적으로 복합사회에서 연방제도에 의존해 다층 거버넌스를 구현하는 연방국가 캐나다는 갈등해소의 난제를 어떤 식으로 접근해서 시정조치하려고 하며, 또 그러한 요구에도 불구하고 시정이 되지 않는 이유는 무엇인지 검토하고 있다. 우선 연방주의를 구현하는 근거로서 캐나다 헌법이 미국의 헌정사와 비교해 어떠한 특이성을 가지는지 살펴본 후 지역성에 근거해 발달한 실질적인 권력분산의 면모를 선거-정당체제, 행정조직과 재정분산 측면에 각기 연계해서 상세하게 분석하고 있다.

그리고 구체적인 중앙-지역/지방 간 권력분산의 실상을 정부조정단계기구의 운영과 사회복지제도 중 육아정책 간 상관관계에 초점을 맞춰 평가하고 있다. 미국과 대조적으로 캐나다는 연방주의를 통해 국민화합과 분권화라는 두 마리의 토끼를 잡기 위해 반드시 짚고 넘어가야 할 독특한 문제, 즉 하나의 통합국가와 두 개의 언어/문화 지역의 병존, 좀 더 정확하게 말하자면 후자의 자율영역이 충분히 보장되지 않으면 전자의 성립조건 자체가 부정되는 모순을 풀어내야 하는 당면과제를 안고 있다. 4장에서는 같은 북미대륙에서 연방주의를 지향하는 안정된 연방국가이면서도 미국과 너무나 다른 발전경로를 가는 캐나다의 연방제도를 살펴보고 있다.

5장과 6장은 연방주의가 구현되는 구체적 분야를 중심으로 미국과 캐나다를 평가하고 있다. 5장에서는 연방주의가 지향하는 재정분산에 초점을 맞춰 우선 공적 분야 프로그램의 제공과 재정 지원은 제도, 정치 및 경제적 측면에 걸쳐 특수성을 지니기 때문에 국가마다 다르고 심지어 동일 국가 내에서도 집권정부에 따라 다르다는 점을 지적한다. 특히 정치경제 체제, 경제발전도, 법적 또는 헌정 전통 등 제반 요인들이 재정적 책임소재지의 전이과정에 영향을 미친다는 사실을 인정하지만, 그러한 요인들을 규명하는 작업이 목표가 아님을 분명하게 밝히고 있다. 그러나 비록 이 모든 요인들을 규명하기는 불가능하더라도 한 국가의 재정체제가 이렇듯 복합적인 요인에 의존하기 때문에 유사한 배경을 지닌 국가들조차 재정집중도(fiscal centralization)에서 심한 격차를 보이는 이유에 대해 설명할 필요가 있음을 강조한다. 따라서 5장은 전반부에서 안정된 연방국가의 재정 연방주의에서 공통적으로 발견할 수 있는 제도 및 정치적 측면을 살펴본 후, 후반부에서는 미국을 대표적 사례로 선정해 최근 정부단계간 재정관계가 어떻게 변천하는지에 대해 앞서 소개한 이론적 틀을 적용하여 이러한 변화를 설명하고 있다.

5장에서와 마찬가지로 6장에서도 모든 국가가 각국의 특유한 역사적, 제도적, 상황적 요인들에 대처하는 적절한 해결법을 모색하는 과정에서 각기 특수한 형태로 특정 정책분야를 운영하는 실상을 캐나다 사례를 통해 검토하고 있다. 6장은 기존연구가 고용-복지 관계의 형성을 수요측면이나 공급

측면에만 의존해 설명하는 맹점을 캐나다의 복지 분야를 중심으로 재평가하고 있다. 즉 6장은 복합사회인 캐나다 내 고용과 복지의 상관관계 형성과정을 설명하기 위해서 시장의 역학에 기반을 두는 경제논리뿐 아니라, 고용과 복지의 상관관계가 구축되기까지의 과정에 영향을 미치는 정치제도와 그 역사적 경로를 연계해 살펴보고 있다. 구체적으로 청소년을 대상으로 적극 노동시장정책과 사회복지정책을 결합하려는 전략이 결과적으로 왜 연방이나 주 정부의 일방적 정책선점이나 그에 반발하는 독단적인 부작용을 야기했는지 검토한다. 결국 국제화의 압력에 대항하여 국제경쟁력을 고양시키려는 취지에서 추진한 신자유주의적 노동시장정책이 복합사회의 속성을 지닌 캐나다에서는 아무리 정책의 실효성을 거두었다고 집권정당이 호언장담하더라도 그러한 정책집행에 대한 정당성을 확보하지 못하면 무의미해진다는 특수성을 6장에서 보여주고 있다.

이 책은 연방주의에 대한 비교연구의 전초작업에 해당한다. 미국과 캐나다에 국한해 연방주의 거버넌스의 양면성이 과연 다른 민주주의적 거버넌스와 비교해 어떻게 다르게 구현되는지 살펴보고 있다. 후속작업을 통해 나머지 연방국가들의 사례연구를 보완할 예정이다. 부록으로 붙이는 미국과 캐나다의 연방의회 및 주의회의 정당별 의석점유율과 득표율 자료 업데이트를 도와준 서울대학교 외교학과 대학원생 김민정 양과 김지은 양에게 고마움을 표한다. 또한 색인잡업과 6장의 번역편집을 도와준 두 대학원생의 학업에 건승을 바란다. 촉박한 출간일정에도 불구하고 끝까지 모든 가능한 도움을 아끼지 않은 오름출판사 부성옥 사장님과 편집과정에 참여해주신 분들께 진심으로 감사함을 전한다. 그리고 지난 늦가을 홀연히 곁을 떠나신 아버지께 보고 싶은 마음을 담아 첫 책을 바친다.

2008년 5월 30일
이옥연

차례

제1장

연방제도 정립과정 비교*

I. 머리말

연방주의는 일찍이 단일한 주권을 강조하는 절대 국가주권(absolute state sovereignty)에 대한 대항담론으로서 공유 연방주권(shared federative sovereignty)을 주장하는 이론으로 부상했다. 그 이후 발전된 각종 공유 연방주권 이론은 원칙적으로 개인이든 집합체이든 협력을 통해 상호 이득을 얻을 수 있다는 담론을 통해 극단적 충돌이나 심지어 무력적 충돌 또는 전쟁을 가능한 한 회피하려는 인류의 목표에 부합한다는 이유에서 이상적 통치형태로 평가받고 있다.

이러한 평판은 오히려 담론이 잉태된 유럽대륙에 대한 관심보다 이를 답습하여 분란이 많았으나 비교적 성공적으로 건국과정을 거친 미국이 세계무대에서 부상한 배경 덕에 폭발적 인기를 얻고 있다. 특이한 점은 그러한 인

* 이 글은 『한국과 국제정치』 제23권 4호에 실린 "연방제도 정립과정 비교: 안정된 연방국가 7개국의 다층구조 거버넌스 구축을 중심으로"를 일부 보완했다.

기도에도 불구하고 연방주의를 제도화하는 과정, 즉 연방제도 정립과정에 관해서는 연방정부의 국민정부로서 대표성 여부를 논하는 연구, 즉 과연 연방정부가 완벽한 주권체인 주(state) 간 총합 이상으로서 명분을 지니는지에 주력한 분석보다 오히려 권력분산 내지 권력공유 원칙 또는 현상 자체에만 초점을 맞춘 연구가 더 활발하다는 사실이다.

그렇다면 연방주의 원칙이 어떤 매력을 지니기에 피상적으로 상반되는 두 측면이 거론되는가.[1) 우선 정부조직형태로서 연방주의는 거대하고 강력한 정부와 아담하고 기능적인 정부의 장점을 모두 취해 활용하고자 한다. 또한 통치 거버넌스로서 연방주의는 중앙과 지역 간 공치와 자치를 균형 있게 제도화하고자 한다. 나아가 연방주의는 사회적 갈등해소의 창구, 소수계층의 보호막, 지역적 이익을 대변하는 포럼, 또는 정책변환의 실험대 등을 제공하는 등의 다양한 기능을 제공한다.

그러나 민주주의적 거버넌스는 연방주의 이외에도 다양한 통치형태나 정부조직 체제를 통해 가능하다. 더구나 연방주의는 자칫 권력이 지나치게 중앙으로 쏠려 있거나 아니면 역으로 권력이 극심하게 중앙으로부터 이탈하는 경향으로 치우칠 위험성이 크기 때문에 민주주의가 추구하는 이상(ideal)과 상충하는 결과를 가져올 수 있다. 이는 연방주의를 채택하는 국가는 이러한 경향을 통제하는 제도를 정립하고, 만약 이러한 위험사태가 발생하거나 혹은 그런 기미가 보이는 경우 그로 인한 폐해를 극소화할 수 있는 기제를 마련해야 하는 부담을 의미한다. 즉 연방주의가 제대로 구현되기 위해서는 다른 방식의 민주주의적 거버넌스보다 훨씬 더 치밀하고 정교하게 운영되는 복합적 통치기제, 즉 다층구조 거버넌스 구축을 필요로 한다.

게다가 동일한 연방주의 원칙을 채택한 국가라도 각국에 내재되어 있는 상이한 여건에 따라, 혹은 심지어 동일국가도 시대별로 각기 대처해야 할 문제점이 다르기 때문에 특정한 측면을 강조한 형태로 독특한 연방주의를 구현한다.[2)

---

1) 자세한 내용은 이옥연(2006a) 참조 바람.

　본 장에서 필자는 오스트리아, 호주, 캐나다, 독일, 미국, 벨기에, 스위스 등 7개국이 어떻게 헌법에 명시된 계약으로서 연방주의를 구현하고 있는지를 연방주의 원칙의 전제조건, 국가정체성, 비대칭성을 중심으로 차례로 정리하고자 한다. 이러한 작업은 궁극적으로 다층구조 거버넌스로서의 연방주의 원칙에 대한 개념정리와 연방주의 비교론 정립을 목적으로 하며, 그 와중에 비교사례연구를 통해 연방국가의 정립과정을 검토하고자 한다.

　더불어 국내 연방주의에 관한 연구가 주로 개별 연방국가를 중심으로 하는 사례연구에 그치는 점을 감안할 때[3] 본 장은 7개 사례국가들이 연방주의를 제도화하는 과정에서 연방주의 원칙을 구체적으로 어떤 준거에 맞춰 구현하고 있는지에 주력하여 이론적 틀을 구축하고자 한다. 그럼으로써 연방주의 비교연구에 기여하고자 한다.

2) 더불어 일레이저가 정의했듯이, 연방주의는 정부조직 운영문제의 실질적 내용 자체뿐 아니라, 이와는 별도로 정부조직 운영을 바라보는 시각을 부여하고 있기 때문에, 연방주의를 제도화한 국가 간에도 연방주의를 구현하는 단계에서 국가 간, 집권 행정부 간, 또는 시대 간 시각의 차이가 나타난다(Elazar 1987). 그러나 이러한 상황적 또는 역사적 이질성에도 불구하고, 연방주의는 공통적으로 "정치조직간 새로운 정치의 장을 마련하기 위해 합의한 바를 충실히 이행하려는 서약(Burgess and Gagnon 1993, 17)"으로 압축해서 정의할 수 있기 때문에, 연방주의를 실행하는 정치체제는 정부단계간 중앙-지역(inter-state) 관계, 중앙단계에서 제도화된 중앙-지역(intra-state) 관계, 지역 간(inter-community) 관계 등 다양한 형태의 정부 간 관계 조정을 가장 효율적으로 그리고 가장 민주적으로 실현하는 다층구조의 정부운영을 모색한다는 동질성을 가지고 있다(이옥연 2002b).
3) 예외적인 논문으로 김영일(2001), 김영일(2002), 김영일(2004), 이옥연(2002a), 이옥연(2002b), 이옥연(2003) 등을 들 수 있다. 그 외 사례연구로 손병권·이옥연(2004), 이상균(1996), 이옥연(2006a), 이옥연(2006b), 이옥연(2007), 임종운(2003), 한종수(1998), Okyeon Yi(2006) 등을 들 수 있다. 사례대상 국가는 미국이 가장 많고 그 다음 독일, 캐나다 순이다.

II. 연방주의 원칙의 전제조건

연방주의 원칙이란 복수의 정부 간 관계를 규정함으로써 각 정부단계가 독자적인 권한과 임무를 지니고 있음을 시사한다. 이는 원론적으로 복수의 정부 간 주권분립(division of powers)을 의미하지만, 실질적으로 복수의 정부 간 권한과 임무에 관한 명확한 규정은 시대적 수요에 따라 변천하는 것이 상례이다. 그 결과 주권분립은 복수의 정부 간 중앙집중화와 탈중앙화의 압력을 자신에게 유리하도록 균형점을 끌어내려는 끊임없는 탐색전의 양상으로 드러난다. 따라서 정부조직형태로서 연방주의는 거대하고 강력한 정부(big government)와 아담하고 기능적인 정부(small government)의 장점을 모두 취해 활용하려는 의도에서 유래한다. 그 결과 통치 거버넌스로서 연방주의는 중앙과 비중앙 간 공치(shared rule)와 자치(self-rule)를 균형 있게 조합하는 절차를 제도화시킬 필요성을 수반한다. 결국 연방주의는 중앙과 비중앙 간 구심력과 원심력이 팽팽하게 맞서며 작용하여 끊임없이 평형점을 찾아내는 과정이기 때문에 그 결과물인 연방제는 동일국가 내에서도 변화하는 것을 쉽게 목격할 수 있다.

역사적으로 살펴보면 18세기에 미국은 연방주의를 헌법에 표명하면서 연방국가를 건국하였으나 이보다 백여 년 앞서 17세기 유럽에서는 이미 단일한 주권을 강조하는 절대 국가주권에 대한 대항담론으로서 공유 연방주권을 주장하는 이론이 부상했다.4) 따라서 연방주의를 미국만의 독특한 발명품이라고 단정하기 어렵지만 미국의 연방주의가 유럽의 지성인들이 주창한 대항담론과 근본적으로 다른 점은 바로 정치적 실체들 간의 통합뿐 아니라 그를

---

4) 절대 국가주권을 강조한 대표적 학자로 보댕(Jean Bodin)과 홉스(Thomas Hobbes)를 들 수 있는 반면 공유 연방주권을 주장한 대표적 학자로 알투시우스(Johannes Althusius)와 푸펜도르프(Samuel Pufendorf)를 들 수 있다. 이 중 연방주권에 관한 자세한 내용은 Johannes Althusius, "Politics as the Art of Associating"와 Samuel Pufendort, "Regular States vs. Systems of States," in Dimitrios Karmis and Wayne Norman, eds., *Theories of Federalism, A Reader* (New York: Palgrave, 2005)를 참조 바란다.

구성하는 개별 시민들을 통합하는 연합체를 제시했다는 사실에 있다. 즉 연합체의 중앙정부인 연방정부는 '구성단위 정부'와 '인민'이라는 두 종류의 구성원을 대변해야 한다. 궁극적으로 이러한 새로운 형태의 연방주의를 구현한 국가인 연방국가(federal system)는 종전에 집합체들로만 구성된 연합국가(federative system)와 구별된다. 이러한 미국의 연방주의 원칙을 표명한 연방헌법은 그야말로 혁신적인 공유 연방주권체제를 출범시켰고 바로 그 연유로 인해 연방주의가 마치 미국의 창조물인양 오인되곤 한다.

미국(1789년)을 필두로 이후 스위스(1848년), 캐나다(1867년), 호주(1901년), 오스트리아(1920년), 그리고 서독(1949년)과 벨기에(1995년)가 뒤이어 연방주의를 통해 국가를 구성 또는 재구성했다. 그러나 모든 연방제가 동일한 역사적 경로에 의존해 정립되지 않았으므로 연방주의의 제도화는 기원에 의해 분류할 수 있다. 앞서 지적했듯이 연방주의는 신대륙뿐 아니라 구대륙에서도 절대적 통치에 대한 대항담론으로 부상했다. 즉 강력한 중앙정부를 구심점으로 통치가 이루어지는 단일국가보다 복수의 정부가 치밀하게 얽혀 공치를 가능케 하는 연방국가가 국방과 안보 목표 측면에서나 혹은 경제와 통상 목표 측면에서 우수하다는 논리로부터 연방주의 기원론이 시작되었다.[5] 그러나 한동안 후자보다 전자의 동기가 강조되었으며 후자의 동기가 부각되기 시작한 때는 그리 오래되지 않았다. 이는 시대적 배경과도 밀접한 연관이 있다. 특히 냉전 시대의 도래는 정치-군사적 논리가 지배적으로 작동하는 데 결정적 역할을 했다. 이러한 시대적 변천은 정치이론에도 지대한 영향을 미쳐 정치논리의 절대성을 강조하는 결과를 가져왔다. 따라서 대표적 연방주의 학자인 라이커의 연방제의 기원에 관한 두 가설도 다음에서 볼 수 있듯

---

5) 물론 19세기 중반까지 실제로 존재한 연방제들, 즉 스위스(1291-1798, 1815-1848), 네덜란드(1579-1795), 독일(1815-1866) 등은 경제나 통상의 이윤 극대화보다 군사적 목적을 위한 국방연합의 성격이 강했다. 그러나 궁극적으로 연방제를 구축한 동기를 이해하려면 안보와 복지의 상호의존성을 부인하기 힘들다. Michael Forsyth, *Unions of States: The Theory and Practice of Confederation* (Leicester: Leicester University Press, 1981), p.160.

이 연방주의를 정치-군사적 선택의 문제로 규정하고 있음을 어렵지 않게 이해할 수 있다.

> 1) 외부의 군사적 혹은 외교적 위협에 대응하거나 군사적 혹은 외교적 증강 혹은 침공에 대비하기 위해 평화로운 방법으로 영토에 대한 통제를 확대하려는 협상을 제의하는 정치인들의 야망.
> 2) 외부의 군사-외교적 위협으로 인해 어느 정도 독립을 포기하고 결합에 응하는 대가로 외부의 위협으로부터 보호받거나 아니면 잠재적 침공에 동참하게 해주는 협상을 수용하려는 정치인들의 의지(Riker 1964, 20, 25).

라이커는 1)을 영토확장의 조건, 2)를 군사적 조건이라 일컬으며 18개의 현존하는 연방제와 9개의 사라진 연방제에게 모두 적용되는 필요조건으로 규정하기까지 한다.6) 이러한 라이커의 연방주의론은 근본적으로 정치-군사적 목적, 즉 국내외 안보에 대한 위협을 견제하기 위해 중앙과 비중앙 간 연방주의에 대한 합의를 도출함으로써 상호 이득을 얻을 수 있다고 전제하고 있다. 무엇보다 역사적 경험이나 상황적 제약 등을 전혀 고려 대상에 포함시키지 않고 오로지 안보에 대한 위협이 존재한다는 사실 자체가 정치-군사적 통합을 가능하게 한다고 주장하고 있다. 그러나 라이커의 단정적 설명으로부터 충분한 설득력을 발견하지 못한 학자들은 설령 군사-외교적 위협이 실재하더라도 단지 그러한 이유로 인해 모든 정치체제가 연방주의를 지향하며 통합하지 않는다는 반론을 제시하고 있다.7) 나아가 버제스는 연방제

---

6) 이후 버치는 이 2개의 조건 이외에도 내적 위협을 저지하려는 야망 및 의지를 추가 조건으로 제시한다. Alex Birch, "Approaches to the Study of Federalism," *Political Studies* 14(1), 1966, pp.15-33.
7) 대표적으로 데이비스는 라이커의 논지를 "별로 주목할 가치가 없다"고 비판하며 킹은 "분석적으로 부정확하고 사소한 조건"에 근거하기 때문에 그다지 새로운 내용을 전달하지 못한다고 꼬집고 있다. S. Rufus Davis, *The Federal Principle: A Journey through Time in Quest of a Meaning* (London: University of California Press, 1978), pp.126 & 132-133; Preston King, *Federalism and Federation* (London: Croom Helm, 1982), pp.34, 36 & 82-87.

의 기원 자체보다 연방제의 정립과정에 초점을 맞춰야 한다고 주장한다. 즉 라이커의 단선적 논리는 1)이 중앙 정치인의 야망을, 2)가 비중앙 정치인의 의지를 나타낸다는 차이점을 포착하지 못했기 때문에 중앙과 비중앙 간 조세징수와 군대징집을 가능하게 하는 협상 내용을 명문화하는 헌법이 중앙과 비중앙 간, 혹은 비중앙 구성단위체 간 일말의 갈등요소도 없이 연방제의 제도화에 투영된다는 라이커의 연방주의론에는 허점이 많다고 반박하고 있다(Burgess 2006, 80).

그 결과 버제스는 연방주의가 제도화되는 데 전제되는 조건들을 보완해서 다음과 같이 제시한다.

첫째, 협상을 제시하는 당사자와 협상을 수용하는 당사자를 구별할 수 있다는 암묵적 동의가 있지만 실제로 그러한 구별은 상당히 어려우며 심지어 불가능하기까지 하다.

둘째, 대체적으로 중앙을 구성하게 되는 측이 협상을 제시하고 비중앙을 구성하게 되는 측이 협상을 수용한다고 가정하지만 연방주의의 제도화에서 반드시 그렇게 나타나지는 않는다.

셋째, 중앙 엘리트와 비중앙 엘리트 간 명확한 역할 분담이 있으리라는 암묵적 가정이 있으나 실제로 중앙 엘리트와 비중앙 엘리트 간 구분 자체도 모호하다.

넷째, 중앙 엘리트와 비중앙 엘리트는 종종 동일한 정치정당, 또는 종교단체나 인종집단에 소속되어 있기 때문에 중첩되고 복잡한 층을 형성해서 그 집단을 분명하게 구별하기가 어렵다.

다섯째, 역할 축적이 이뤄지면 헌법 협상의 위임권한이 어느 정도까지 부여되는지 판가름하기가 불가능해진다.

여섯째, 우리가 정당과 소속 정치인들을 움직이게 하는 정치적 신념을 알고 있다는 점은 바로 암묵적 가정에 근거하고 있다(Burgess 2006, 80-81).

연이어 버제스는 데이비스를 인용하며 라이커처럼 역사를 "구원주의자나 묵시록 또는 물질주의적 역사가의 환원주의적 열정 속에 빠져" 해석하는 우를 범하지 않겠다고 공언하고 있다. 그러기 위해서 첫째, 인식과 분석을 위한 품목으로서 연방제는 자유민주주의 헌정국가 개념에 토대를 두고 있으

며, 둘째, 연방제의 기원과 형성은 구별되어야 하며, 셋째, 연방제의 기원과
형성은 각기 출발점이 상이한 역사적 과정, 즉 통합과 분화라는 서로 다른
기초를 두고 있음을 인지해야 하며, 넷째, 건국 시점에 따라 20세기 초 이전
과 2차 세계대전 이후에 연방주의의 제도화 과정을 겪은 사례국가들을 차별
해서 분석해야 한다고 강조하고 있다. 또한 무엇보다 연방제의 창설은 결합
에 대한 야망과 연방주의적 결합에 대한 의지가 형성되는 두 단계의 과정으로
이뤄진다는 점에 유의해야 한다는 조언을 덧붙이고 있다(Burgess 2006, 98).

더불어 연방제의 정립과정 또는 정당화과정이 순탄한지 여부는 대체적으
로 사회적 기반의 복합성에 달려 있다(Filipov et al. 2004, 259). 사회적 기반
의 복합성은 곧 정치적 지지 기반의 복합성을 의미하므로 이는 앞서 버제스
가 지적했듯이 엘리트가 중앙과 비중앙 간 복잡하게 중첩되어 있을 가능성
과도 밀접한 관련이 있다. 결국 이렇게 얽히고설킨 정치, 경제, 사회, 문화
엘리트 간 다층 네트워크는 대체적으로 간결하고 명확한 역할 분담을 극도
로 어렵게 하거나 극한 상황에서는 불가능하게 만들 수 있다. 실제로 캐나다
의 경우에는 언어/문화적 계층화가 사회경제적 계층화와 중복되어 있고 스
위스의 경우는 언어/종교적 계층화, 지역적 계층화 및 사회경제적 계층화가
복잡하게 연계된 결과, 연방제의 정립과정뿐 아니라 운영에서도 어려움이
많다.8) 벨기에는 십여 년 전에야 개헌을 통해 연방주의를 명시한 연방제로
전환했을 정도로 아직도 정치적 실험 수준에서 벗어나지 못하고 있다.9)

---

8) 캐나다의 연방주의에 관한 대표적 연구로 Herman Bakvis and William Chandler,
eds., *Federalism and the Role of the State* (Toronto: University of Toronto Press,
1987); Herman Bakvis, ed., *Representation, Integration and Political Parties in
Canada* (Toronto: Dundurn Press, 1991); Herman Bakvis and Grace Skogstad,
eds., *Canadian Federalism: Performance, Effectiveness, and Legitimacy* (Oxford:
Oxford University Press, 2002); Michael Burgess, ed., *Canadian Federalism: Past,
Present and Future* (Leicester: Leicester University Press, 1990); Donald Savoie,
Governing from the Centre: the Concentration of Power in Canadian Politics
(Toronto: University of Toronto Press, 1990); Garth Stevenson, *Unfulfilled Union:
Canadian Federalism and National Unity,* 4th ed. (Montreal: McGill-Queen's
University Press, 2004) 등을 참조하기 바란다.

이와 대조적으로 미국과 호주에는 계층화로 인한 문제가 그다지 심각하지 않을 뿐 아니라 계층화는 연방체제 자체와 연관성이 거의 없다.10) 오스트리아는 협의를 연방주의보다 우위에 두고 있기 때문에, 계층화와 연방제를 분리시켜 유지하고 있다.11) 독일은 통일 이전에는 미국이나 호주 쪽에 가까웠

---

9) 벨기에의 연방주의에 관한 연구로 William Downs, "Federalism Achieved the Belgian Elections of May 1995," *West European Politics*, Vol.19, 1996, pp.168-75; John Fitzmaurice, *The Politics of Belgium: A Unique Federalism* (London: Hurst & Company, 1996); Liesbet Hooghe, "Belgium: Hollowing the Center," in Ugo Amoretti and Nancy Bermeo, eds., *Federalism and Territorial Cleavages* (Washington, D.C.: The Johns Hopkins University Press, 2004); A. Lecours, "Solving the Belgian Paradox: Political-Institutional Fragmentation, National Identity and Nationalist/Regionalist Politics," *Canadian Review of Studies in Nationalism*, Vol.29, 2002, pp.210-226; K. McRae, *Conflict and Compromise in Multilingual Societies, Belgium* (Waterloo: Wilfrid Laurier University Press, 1986) 등을 참조하기 바란다.

10) 호주의 연방주의에 관한 대표적 연구로 T. Blackshield and G. Williams, *Australian Constitutional Law and Theory* (Sydney: Federation Press, 1996); A. Davidson, *The Invisible State: The Formation of the Australian State, 1788-1901* (Cambridge: Cambridge University Press, 1991); Hugh Emy, *Australian Politics: Realities in Conflict* (South Melbourne: MacMillan Australia, 1988); Wayne Hudson and John Kane, eds., *Rethinking Australian Citizenship* (Cambridge: Cambridge University Press, 2000); Helen Irving, ed., *The Centenary Companion to Australian Federation* (Cambridge: Cambridge University Press, 1999); P. James, ed., *The State in Question: Transformations of the Australian State* (Sydney: Allen & Unwin, 1996); Michael Lusztig, Patrick James and Jeremy Moon, "Falling from Grace: Non-established Brokerage Parties and the Weight of Predominance in Canadian Provinces and Australian States," *Publius*, Vol.27(1), 1997, pp.59-81 등을 참조하기 바란다.

11) 오스트리아의 연방주의에 관한 대표적 연구로 Anna Gamper, "The Principle of Homogeneity and Democracy in Austrian Federalism: The Constitutional Court's Ruling on Direct Democracy in Vorarlberg," *Publius*, Vol.33(1), 2003, pp.45-57; Kurt Luther, "Must what goes up comes down? Of pillars and arches in Austria's political architecture," in Kurt Luther, ed. *Party Elites in Divided Societies: Political Parties in Consociational Democracy* (London: Routledge, 1999) 등을 참조하기 바란다.

지만, 구동독의 빈곤지역을 연방체제에 편입하면서 사회경제적 계층화와 지역적 계층화가 중첩되어 나타나는 문제점에 대한 해결법을 모색하고 있다.12)

그렇다면 역사적으로 각 연방국가가 연방주의를 제도화하는 과정에서 발견되는 공통 요소는 무엇일까. 앞서 버제스를 인용한 여섯 가지 전제조건을 토대로 연방제의 정립은 첫째, 헌정주의에 입각해서 헌법에 통치기제를 명기한 자발적 연합을 가리키며, 둘째, 연방제의 기원과 형성 간 차별성에 수긍한다면 연방제의 본성, 의미 및 강조점에 대한 차이점을 인정하는 것을 뜻하며, 셋째, 이와 연관해서 연방제 구상을 현실로 옮기는 출발점이 상이하기 때문에 연방제의 목표 또한 달라질 수 있다는 점을 인정해야 하며, 넷째, 연방제 출발점이 시대적으로 상이하면 역사적 경로 의존성에 지배받기 때문에 예를 들어 2차 세계대전 이전에 정립된 선진 연방제와 심지어 서독(1949년)을 비교할 때도 역사적 맥락에 유의해야 함을 의미한다. 이런 맥락에서 최근에 연방제로 전환한 벨기에(1995년)나 통일 이후 독일(1998년)이 접하는 연방제 정립과정의 난관들은 이전의 문제점들과 질적으로 판이하다고 할 수 있다. 이러한 상황적 특수성을 모두 고려하여 연방주의의 개념과 의의에 공통된 요소들을 정리하면 다음의 <표 1>과 같다.

주시할 점은 <표 1>은 모든 연방제에 일률적으로 적용되는 전제조건이 아니며 실제로 연방주의의 정립과정에서 각 요소들이 서로 다른 무게를 지니고 작용하기 때문에 최종 산물인 연방제의 본성, 의미와 강조점이 각기 독특한 형태로 나타나며 궁극적으로 연방제를 통한 통치의 목표 또한 달라

---

12) 특히 통일 전후 독일의 연방주의에 관한 대표적 연구로 Simon Green and William Paterson, eds., *Governance in Contemporary Germany: The Semisovereign State Revisited* (Cambridge: Cambridge University Press, 2005); Arthur Gunlicks, *The Länder and German Federalism* (Manchester: Manchester University Press, 2003); Ludger Helms, ed., *Institutions and Institutional Change in the Federal Republic of Germany* (New York: St. Martin's Press, 2000); Charlie Jeffery, ed., *Recasting German Federalism* (London: Pinter, 1999) 등을 참조하기 바란다.

<표 1> 연방주의 원칙의 전제조건

	이념/가치관	제도/규범	이해관계
공통 요소	- 공유하는 정치가치관 - 정치적 독립 야망 - 공통 문화/사상적 배경(민족주의, 국가 정체성, 종교, 문화유산 등) - 정치적 연합 및 수행 경험	- 사회정치 제도의 유사성 - 연방제의 장점에 대한 매력 - 정치엘리트 확대와 정치 지도력 강화 - 다양한 범위의 의사소통과 상호작용	- 영토 확장 - 지정학적 근접성 - 경제연합의 혜택 기대치
내외적 위협 요소	군사, 경제, 문화, 정치질서에 대한 위협		

출처: Burgess, Michael, *Comparative Federalism: Theory and Practice* (London: Routledge, 2006), p.100을 참조하여 필자가 세분해서 다시 정리함

지기 마련이라는 사실이다. 따라서 연방주의를 추구하는 통합 모델을 거론하는 당사자들 간에 이러한 차이점이 명확하게 전달되고 상호 타협이 이뤄지지 않으면, 연방주의를 정립하는 과정에서 연방정부가 제3의 정부임에도 불구하고 구성단위체의 상위 정부로서 국민을 대표하는 정부로 자리 매김하는 데 심각한 어려움을 겪게 된다. 이는 앞서 캐나다, 스위스, 벨기에 등의 사례에서 볼 수 있듯이 국가정체성이 문화적 정체성에 근거하기보다 인위적으로 형성된 정치적 정체성에 기인하기 때문에 '민족국가(nation)'란 개념이 좀처럼 자연스럽게 받아들여지지 않고 있는 점에서 확인할 수 있다.

결국 연방주의가 민족국가주의(nationalism)로, 연방체(federation)가 민족국가(nation)로 반드시 등치하지 않는 가능성을 어느 정도 인정해야 비로소 의미 있는 통치 거버넌스 모델로서 연방주의 원칙에 대한 담론이 수용된다. 다음 절에서는 연방주의 원칙의 국가정체성 또는 국가성을 좀 더 상세하게 논의하고자 한다.

III. 연방주의 원칙의 국가정체성

  미국에서 연방헌법에 근거한 연방국가가 정립된 이후 220년이 경과했고 연방주의를 표명하는 국가들이 수적으로 증가했음에도 불구하고, 연방주의를 연구하는 학자나 이를 제도를 통해 구현하려는 위정자들은 오래전 해밀턴이 발견한 패러독스를 아직도 해결하지 못하고 있다. 앞서 언급했듯이 연방주의는 "다수로 이루어진 하나(e pluribus unum)"를 가능케 하고 작은 정부와 큰 정부의 장점을 동시에 활용할 수 있다고 약속한 공유 연방주권체제를 통해 구현된다. 그러나 영토가 광대하고 구성원이 다양한 연방국가의 국민정부는 너무 취약해서 대외적으로 강력한 중앙집권국가로부터의 도전을 막아내기 힘들 뿐 아니라, 대내적으로 무능력한 중앙정부는 효율적으로 위기에 대처하지 못할 위험을 안고 있음을 뜻한다.13) 흥미로운 점은 정반대로 공유 연방주권체제의 중앙정부가 지나치게 권력을 축적해 하위정부의 권한을 침해할 수 있기 때문에 임의로 정책결정을 내려 내외적으로 민의를 충실하게 반영하지 못할 위험이 존재한다고 경고한다는 사실이다.14)

  결국 연방주의가 초래할 수 있는 위험은 권력이 과도하게 중앙에 집중되거나 아니면 권력이 과도하게 탈중앙화되어 분산되는 경향에 있다고 결론지을 수 있다. 이렇게 상반된 연방주의의 구현상은 연방주의가 제도화되는 과정을 비교해보면 어렵지 않게 목격할 수 있다. 연방제의 정립과정은 방식에

---

13) 즉, 에머슨이 우려한 "다수로 인한 혼란(disorder from numbers)"과 몽테스키외가 우려한 "내부적 미완성(internal imperfection)"으로 인해 큰 정부가 강력한 통치력을 발휘하지 못할 가능성이 커진다.

14) 앤드류 잭슨(Andrew Jackson) 대통령 밑에서 부통령을 역임하고 후에 대법원장도 지낸 존 칼훈(John Calhoun)의 주정부 우위론은 John Calhoun, "On the Relation Which the States and General Government Bear to Each Other," in Dimitrios Karmis and Wayne Norman, eds., *Theories of Federalism, A Reader* (New York: Palgrave, 2005)를 참조하기 바란다. 일찍이 미국의 건국 시조이자 연방주의자인 토머스 제퍼슨도 '항구적 연방'을 거부하는 반연방주의자들의 반론에 부분적으로 동조했다.

따라 통합(aggregation)과 분화(devolution)로 분류된다. 연방주의를 표명하며 정치체제를 수립할 때 통합 대상인 구성 단위체들이 통합 시점보다 이전부터 개별적으로 독립주권체로 존재하였다면 제3의 상위 권위체에게 권한 일부를 양도하며 상위 권위체를 중심으로 결집하는 중앙집중화에 대한 이념적 정당화가 필요하다. 따라서 통합에 의한 연방제 구축은 상위 정부의 권한을 명기하여 권한 남용 및 오용을 방지하고 명기되지 않은 잔여권한은 하위 정부에게 위임하여 '제3의 상위 정부=국민국가'를 구현하는 데에 따른 장애물을 최소화하고자 한다. 반면에 강력한 중앙정부의 권한 일부를 하위 정부에게 이전하면서 그 독자적 영역을 법·제도적으로 존중한다는 서약을 토대로 연방주의를 표명하는 정치체제로 전환한다면 탈중앙화에 대한 이념적 정당화를 수반한다. 이는 통합을 통한 연방제 구축과 대조적으로 하위 정부의 권한을 명기하여 하위 정부체계의 독자영역이 영구적으로 존속함을 보장하면서 명기되지 않은 잔여권한을 상위 정부에게 위임하여 탈중앙화의 안정성을 공고하게 하는데 목표를 둔다.

그렇다면 연방주의를 기반으로 통치체제를 구축하는 경우 두 가지의 상반된 힘이 작용한다. 하나는 중앙을 중심으로 결집하려는 구심력이며 다른 하나는 중앙으로부터 나오는 끌어당기는 힘을 견제하며 중앙과 일정 간격을 유지하려는 원심력이다. 이 두 힘은 서로 반대되는 작용을 하기 때문에 구심력의 강화, 즉 중앙집중화가 원심력의 약화, 즉 탈중앙화의 침체로 이어진다. 흥미로운 점은 비록 이러한 탈중앙화의 감소가 비중앙의 자율성 상실로 직결된다고 표면상으로 속단하기 쉬우나 그렇다고 중앙집중화가 반드시 중앙의 통치력 증대를 가져오지는 않는다는 사실이다. 왜냐하면 정책결정권이 중앙에 집중되어 있을수록 효율적 통치 거버넌스를 저해하는 잠재적 문제점은 줄어들지 모르지만 동시에 정책이 급변할 수 있는 잠재력도 커지기 때문에 정책의 일관성은 오히려 감소할 수 있다. 따라서 과연 중앙집중화로 인해 중앙의 통치력이 실제로 나아졌는지에 대한 판단은 경우에 따라 달라질 수 있다.15) 결과적으로 구심력 증가로 인한 응집성과 원심력 증가로 인한 자율성을 완전한 상호 반비례 관계로 규정하기는 힘들다.

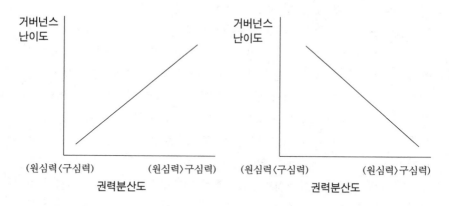

〈그림 1〉응집성과 자율성의 관계(I)   〈그림 2〉응집성과 자율성의 관계(II)

이러한 관계를 다음 〈그림 1〉과 〈그림 2〉를 비교하며 형상화해보자. 〈그림 1〉과 〈그림 2〉에서 가로축은 권력분산도를 세로축은 거버넌스 난이도를 가리킨다. 〈그림 1〉은 결정권을 소지한 행위자가 많아질수록, 즉 권력소재지가 분산될수록 통치의 어려움이 증가한다는 관점에서 응집성과 자율성을 반비례관계로 상정하고 있다. 반면에 〈그림 2〉는 결정권을 소지한 행위자가 많아질수록, 즉 권력소재지가 분산될수록 통치의 어려움이 감소한다는 관점에서 응집성과 자율성을 오히려 정비례관계로 상정하고 있다. 그러나 엄밀하게 말하자면 앞서 언급한 "다수로 이루어진 하나"를 가능하게 하는 연방

───────────

15) 맥킨타이어는 개발도상국의 권력체계를 구상하는 모델을 제시하면서 권력집중 패러 독스(power concentration paradox)를 흥미로운 현상으로 상세하게 묘사하고 있다. 특히 권력분산의 정책적 효과를 평가할 때 거버넌스 관점에 따라 정반대의 결론에 도달할 수 있는 근거를 설명하고 있다. 거버넌스에서 결단을 중시한다면 권력분산은 곧 정책결정권의 분산을 의미하므로 통치마비의 위험이 증가할 수 있다고 간주하는 반면에 거버넌스에서 헌신을 중시한다면 권력집중은 곧 정책결정권의 집중을 의미하므로 일방적 행위의 위험이 증가할 수 있다고 본다. Andrew McIntyre, *The Power of Institutions: Political Architecture and Governance* (Ithaca: Cornell University Press, 2003), pp.17-36.

주의가 <그림 1>에서는 다수로 이루어진 "**하나**"의 장점을 강조하는 반면에 <그림 2>에서는 "**다수로 이루어진**" 하나의 장점을 강조하고 있다고 볼 수 있다.

따라서 <그림 1>의 논리를 따르자면 "하나"를 중심으로 하는 응집성은 다수가 큰 목소리를 낼수록 약해져서 결국 "하나"가 효율적인 역할을 수행하기 힘들어지고 궁극적으로 정부 기능에 마비가 온다는 결론에 이른다. 즉 응집성을 공고하게 하는 대가로 자율성을 포기해야 한다는 주장이다. 반대로 <그림 2>의 논리를 따르자면 "다수"의 의견이 다양하게 표출되는 자율성은 오히려 "하나"의 역할수행을 촉진시켜 원활한 정부 운용을 도모한다는 결론에 이른다. 지나치게 "다수"의 의견발현 창구를 제한하면 "하나"를 중심으로 하는 응집성이 자칫 일방적 오판을 불러오지 않을까 하는 우려 내지 불신이 커져 정부 기능에 장애가 초래할 수 있다는 결론에 이른다.

다음으로 이러한 상반된 주장을 해밀턴의 패러독스와 연결해서 연방주의의 제도화 과정에서 두 가지 위험을 이해해보자. 연방주의를 통치의 원칙으로 규정하는 경우 권력이 과도하게 중앙에 집중되거나 아니면 과도하게 분산되는 경향이 있기 때문에 궁극적으로 통치 자체가 어려워질 수 있다는 주장을 위의 <그림 1>과 <그림 2>와 연계해볼 수 있다.

<그림 1>은 후자의 위험, 즉 연방주의를 정립하는 과정에서 권력소재지를 과도하게 분산시키면 비중앙의 자율성을 증대시켜 다양한 방식으로 유연한 정책구상과 집행이 가능해지는 대신 중앙의 응집성이 저하되어 효율적 통치가 어려워진다는 의미이다. 반면에 <그림 2>는 전자의 위험, 즉 연방주의의 제도화 과정에서 권력이 지나치게 중앙으로 집중되면 중앙의 응집성을 공고하게 하는 대신 비중앙의 자율성이 손상되어 주권분립은 유명무실해지고 효율적 통치의 진정한 의미는 상실된다는 의미이다.

그러나 맥킨타이어가 정책적 난관을 타개하기 위한 정치적 건축을 설명하는 모델에서 지적했듯이(McIntyre 2003, 32) 이 두 가지의 연방주의 제도화 모델도 동전의 양면에 해당하며 나아가 명확한 상관관계는 중앙과 비중앙 간 구심력과 원심력의 적정 균형점에 대한 합의에 따라 변한다. 즉 연방주의

를 제도화하는 과정에서 응집성과 자율성의 상관관계는 적정점의 어느 편에
위치해 있느냐에 따라 반비례관계일 수도 정비례관계일 수도 있다.

  이렇게 정황에 따라 변하는 상관관계는 특히 연방주의의 제도화 절차와
밀접하게 연관되어 있다. 앞서 언급했듯이 연방주의를 통치의 원칙으로 표
명하더라도 제도화 과정이 통합 절차를 거친다면 중앙과 비중앙 간 원심력
을 조율해서 구심력이 작동할 수 있도록 법제도적, 정치적, 재정적 장치를
구비하는 반면에 분화 절차를 거친다면 구심력에 제동을 걸어 원심력을 강
화시킬 수 있는 장치를 설치하는 데 주력한다.

  역사적으로 미국과 호주는 통합을 통해 연방제를 창설한 반면에, 오스트
리아는 군주제 폐기 이후 분화를 통해 연방제가 정착되었으며 벨기에는 개
헌을 거쳐 분화를 통한 연방제 전환을 이루었다. 그렇다면 미국과 호주의
경우 통합 이전부터 강력한 권한을 행사하던 비중앙의 자율성을 통제하여
일부의 권한을 새롭게 정립한 중앙에게 위임하기 위해 원심력을 억제하고
구심력의 작동을 도모하는 제도화 조치가 필요했다. 실제로 이들 국가에서
는 중앙을 중심으로 국가조직을 재구성하는 응집성, 즉 정치적으로 형성된
국가정체성 또는 국가성에 정당성을 부여하는데 오랜 기간이 소요되었다.
또한 종종 국가적 위기를 수반하는 경우에만 실질적 변화가 가능하곤 했
다.16) 비록 미국과 호주에서 연방주의가 정립된 시기 간에 백여 년이 넘는
격차가 있음에도 불구하고 정치체제가 급변하기 시작한 20세기 이전에 제도

───────────

16) 미국은 남북전쟁, 경제공황, 민권운동 등의 정치, 경제, 사회적 갈등이 첨예화한 위기
    상황에서 연방정부의 권한증대가 정치적 설득력을 얻으며 개헌이나 새로운 법률 제
    정을 수반했다. 호주도 2차대전 참전이나 이민문호 개방 또는 원주민 처우개선 등
    국내외적 전환기에 연방정부의 권한강대가 이뤄졌다. 그러나 호주의 경우에는 제도적
    으로 주와 지방정부의 자율권을 제한하는 제동장치가 미국보다 훨씬 강력하게 작동
    한다. 직접선거로 선출된 의원으로 구성된 연방상원의 실질적 권한, 특히 재정권한이
    미비하여 주 대변인 역할을 수행할 동기가 부족하며 주정부의 독자적 세수원 확보도 대법
    원의 불리한 판결로 어려운 결과 '억제된(bottled)' 연방주의로 특징짓는다. Michael
    Lusztig, Patrick James and Jeremy Moon, "Falling from Grace: Nonestablished
    Brokerage Parties and the Weight of Predominance in Canadian Provinces and
    Australian States," *Publius*, Vol.27, 1997, pp.59-81.

화가 시작되었다는 공통점이 발견된다. 또한 양국은 공통적으로 사회기반의 계층화가 연방주의, 즉 주권분립과 직접적으로 연관되어 있지 않았고, 따라서 국가정체성 또는 국가성에 대한 논란은 문화-심리적 괴리가 아닌 인위적인 정체성 간 우열 겨루기를 가리킨다.

반면에 20세기 초반에 분화 절차를 거쳐 연방주의를 정립한 오스트리아는 21세기를 앞두고 통치체제를 연방주의로 전환한 벨기에와 상당히 이질적인 역사적 경로에 의존했다. 게다가 복합사회에 기반을 둔 벨기에와 대조적으로 오스트리아에는 독일과 유사한 사회기반의 계층화가 이루어져 있다. 먼저 오스트리아를 살펴보면 세계대전을 겪으며 초강대국에서 중간국가로 전락한 오스트리아에게 극한적인 권력분산은 체제의 존립 자체를 위협했기 때문에 그 폐해를 제거하거나 극소화하기 위한 극약처방으로서 헌법상 과도한 양극화(polarization)를 방지하는 조치가 채택되었다.[17]

무엇보다 연방내각뿐 아니라 1984년 이전까지는 7개 주정부 내각도 거대 연립내각 구성을 의무화하여 정치과정의 탈정치화를 초래했다.[18] 특히 2차 세계대전 이후 경제재건을 목적으로 정책에 대한 이견 대립을 최소화하는 협의제(consociationalism)에 의존한 역사적 맥락 때문에 결과적으로 주정부

17) 예를 들어, 오스트리아 헌법에는 연방정부의 고유권한, 주정부의 고유권한, 연방정부는 입법을 주정부는 집행을 수행하는 분리권한, 연방정부는 기본틀만 제시하고 주정부가 구체적 입법과 집행을 담당하는 권한행사 등 4가지 다른 방식으로 책임소재지가 결정된다. 그러나 1984년 수정조항이 보완된 이후에야 주정부의 권한행사 변경은 반드시 주정부의 대변기관인 연방상원의 인준을 필요로 하게 되었다. 심지어 1984년 이후에도 주정부는 그 조직의 특성상 연방정부의 선처를 바라보는 종속적 지위를 완전하게 탈피하지 못했다. Volkmar Lauber, ed., *Contemporary Austrian Politics* (Boulder: Westview Press, 1996).

18) Kurt Luther and Peter Pulzer, eds., *Austria 1945-1995: Fifty Years of the Second Republic* (Brookfield: Ashgate, 1998). 더불어 독일과 유사한 형태의 연방주의가 정립되었지만 오스트리아의 헌법에는 재정분산에 대한 명확한 명시가 없다. 비록 원칙적으로는 재정조정법을 적용해서 구체적 조세권한이 분배되어야 하지만 실질적 결정은 연방, 주, 지방정부 간 조합주의적 협의를 거친다. 더구나 이렇게 결정된 사안이라도 주나 지방법을 번복할 수 있는 연방법의 형태로 최종안이 채택되기 때문에 연방정부의 이익이 대체로 우선시되는 경향이 강하다.

의 정치 및 경제/재정적 자율성은 최근까지 억제되었다. 따라서 분화를 통해
연방주의를 제도화하는 과정이 오스트리아에서는 압축되고 통제된 속에서
진행되어 '준연방제(semi-federation)' 수준에 머무르고 있다. 그 결과 분화라
는 절차를 택했으면서도 국가성을 강조하는 전략적 우회로 인해 오스트리아
의 연방주의는 자율성의 저발전으로 이어졌고, 이렇게 인위적으로 생산적
갈등표현을 제한한 대가로 최근에는 정치, 경제, 문화의 주류가 아닌 이민을
배척하는 혐오성 차별주의와 연계해 표출되는 위험에 처해 있다.19)

　오스트리아와 마찬가지로 분화 절차를 거쳐 연방주의 원칙을 통치의 근간
으로 삼았지만 벨기에는 오스트리아와 대조적으로 불과 십여 년 전에 개헌
을 통해 통치체제를 전환했다. 또한 사회적 계층화가 심각하지 않은 오스트
리아와 달리 벨기에는 복합 사회를 기반으로 한다. 바로 이러한 복합성 때문
에 오랜 동안 벨기에는 네덜란드 공동체와 프랑스 공동체 간 갈등이 표면화
되는 것을 억제하기 위해 단일국가를 채택했다. 그러나 공식적 부인과 비공
식적 수용이라는 이중성은 각 공동체의 자율성에 대한 욕망을 심화시켜 급
기야 극심하게 복잡하고 과도하게 권한이 분산된 형태의 연방제가 도입되었
다. 특히 중앙뿐 아니라 비중앙에서도 군소정당 간 연립내각 구성이 상례이기
때문에 정책결정권의 분산 정도가 극심하다. 이러한 연방주의의 제도화 과정
은 또한 복합 사회의 계층화와 밀접하게 연계되어 '비대칭 연립(asymmetrical
coalition),' 즉 특정정당의 모든 지역정당이 항시 포함되지 않는 연립으로
내각을 구성하기 때문에 정부단계마다 각양각색의 정당 연립이 존재한다.20)

---

19) Udo Bullmann, "Austria: The End of Proportional Government?" in John
Loughlin, ed. *Subnational Democracy in the European Union: Challenges and
Opportunities* (Oxford: Oxford University Press, 2001). 또한 오스트리아는 중립국
을 표명한 전통에 따라 유럽연합 동참에 회의적이었으나 최근엔 유럽연합 회의론을
주창하던 좌파는 지지로 돌아선 반면에 우파가 유럽연합 동참반대의 주요 이슈로 반이
민 정서를 선거의제로서 활용하고 있다. Anton Pelinka, "Austrian Euroscepticism:
Democracy, Sovereignty and Welfare," in Robert Harmsen and Menno Spiering,
eds., *Euroscepticism: Party Politics, National Identity and European Integration*
(Amsterdam: Rodopi, 2005).

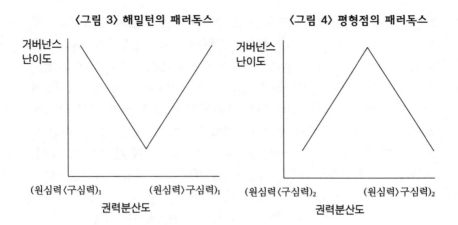

결국 궁여지책으로 분화를 통해 연방주의를 제도화한 벨기에는 국가성에 대한 언어-문화공동체들의 반발심이 자칫 연방제로부터의 탈퇴라는 극단적 방법을 모색하려는 위험을 안고 있을 뿐 아니라 이들 공동체 간 정당연립이 비대칭적이라는 특성으로 인해 중앙의 획일적 정책구상이나 집행이 어렵다.[21]

그럼 위의 역사적 사례를 종합하여 정황에 따라 변하는 해밀턴의 패러독스를 정형화해 보자. <그림 3>은 맥킨타이어가 제시한 적정 균형점 모델을 변형한 것으로 정책결정의 추진력과 유연성의 상관관계가 특정한 굴곡점을 지나면 변한다는 점을 원용한 해밀턴의 패러독스 모형이다. 그러나 맥킨타이어의 굴곡점을 좌우로 한 대칭형 제도화와 거버넌스 모델은 U자 모형을 하고 있다. 이는 집중된 정책결정권의 소재지가 점차 분산되면서 거버넌스 문제 발생의 빈도 혹은 강도가 약해진다는 관점과 반대로 분산된 정책결정

20) John Fitzmaurice, *The Politics of Belgium: A Unique Federalism* (London: Hurst & Co., 1996), p.170; William Downs, *Coalition Government, Subnational Style: Multiparty Politics in Europe's Regional Parliaments* (Columbus: Ohio State University Press, 1998), p.92.
21) 복합사회의 연방주의와 연계해 비대칭성에 관한 논의는 다음 소절에서 좀 더 상세하게 다루기로 한다.

권의 소재지가 점차 집중되면서 거버넌스 문제 발생의 빈도 혹은 강도가 약
해지는 관점을 포개놓고 있다. 따라서 권한분산이나 권한집중의 효용가치가
적정 균형점인 굴곡점을 지나면, 전자의 경우 분산된 정책결정권으로 인해
후자의 경우 집중된 정책결정권으로 인해 새로운 거버넌스 문제가 발생하게
된다. 이 논리를 따르면 <그림 3>은 연방주의 제도화과정에서 정책결정권을
소지한 행위자들 간 굴곡점에 대한 시각차를 구별하지 않은 채 제도화의 산
물인 특정 정치적 건축물이 어떻게 구조적 허점을 드러낼지 보여주고 있다.
이런 맥락에서 통치의 원칙이 정립되는 과정에 대한 차별된 모델로 <그림
4>를 제시한다.

　　<그림 3>은 원심력과 구심력 간 균형점이 한 편으로 기울어 있을 때 거버
넌스 문제의 발생 빈도나 강도가 심해지는 반면 원심력과 구심력 간 적정
균형점에서 비로소 안정된 통치가 가능하다는 모형이다. 달리 말하자면 중
앙으로부터 일정 간격을 유지하려는 원심력과 중앙으로 끌어당겨 통제하려
는 구심력 사이의 평형이 깨어질 때 상대에 대한 불신이 커지고 이로 인해
상대의 권위에 도전하려는 욕구도 강해지면서 그러한 도전에 대한 방어본능
으로 변화의 원천을 봉쇄하거나 변화 자체를 거부하는 대응이 늘어난다. 이
와 대조적으로 탈중앙화에 대한 요구와 중앙집중화에 대한 요구 사이에 적
정 균형점을 찾게 되면 거버넌스에 대한 합의가 광범위한 영역에서 이뤄지
고 결과적으로 갈등해소는 대개 표준화된 절차에 의존해 신뢰와 안정 속에
가능하다.

　　그러나 <그림 4>는 원심력과 구심력 간 균형점이 한 편으로 기울어 있을
때 거버넌스 문제의 발생 빈도나 강도가 약해지고 반대로 원심력과 구심력
간 적정 균형점에서 거버넌스가 불안정하다는 모형이다. 즉 중앙으로부터
일정 간격을 유지하려는 원심력이나 중앙으로 끌어당겨 통제하려는 구심력
중 한 편으로 치우쳐 우위가 결정되면 상대를 제압하고자 하는 의욕이 줄어
들고, 차라리 상대의 권위에 순종하는 게 본인의 이익에 도움이 된다는 판단
하에 상대에 대한 도전의지를 꺾는다. 반면에 탈중앙화에 대한 압력과 중앙
집중화에 대한 압력이 팽팽하게 맞서 우열을 가리기 힘들게 되면 종전의 수

동적/묵시적 합의를 대신해 힘겨루기로 담판을 내려는 욕구가 강해진다. 그 결과 거버넌스의 문제가 발생할 빈도나 강도가 증가하는 평형점의 패러독스가 가능하다.

이 두 모형의 근본적 차이점은 맥킨타이어가 제시한 굴곡점의 절대적 위치 자체가 아니라 굴곡점의 위치에 대한 대칭성 여부이다. 예를 들어, 국가성을 강조하는 중앙의 주장이 다수의 주장에 다름 아니라면 이는 다수의 정체성을 국가라는 허울 아래 소수에게 독자적인 정체성을 포기하라고 강요하는 셈이다. <그림 3>의 논리대로라면 소수를 강압적으로 구속하는 연방체에서 탈퇴하여 소수가 다수가 되는 독자적 국가를 형성하려는 극단적 독립주의를 주장할 수도 있고 그렇지 않더라도 특정 분야에서만큼은 소수가 다수를 형성하는 영역을 확보하려는 기세 다툼이 반복되기도 한다. 또는 정반대의 예로 만약 언어-문화-사회-경제-정치 전반에서 주류를 형성하는 다수가 없고 복수의 소수가 비등한 지위를 가진다는 인식이 지배적이라면 국가성과 자율성 간 균형이 자칫 예측할 수 없는 파국을 몰고 올지 모르는 불안감에 당사자 간 거버넌스에 대한 시시비비가 잦아진다.

그러나 <그림 4>에 의하면 다수가 언어-문화-사회-경제-정치 전반에 걸친 주류일 뿐 아니라 수적 다수를 형성하는 경우 국가성을 내세운 다수의 단합 (unity) 요구에 소수는 그에 대한 저항이 국가에 대한 반역으로 자칫 인식될까 두려워 반발심조차 표출하길 꺼려할 수도 있다. 또는 앞서 언급한 정반대의 경우처럼 복수의 소수 집단들 간 우열을 가리기 힘들고 상호 간섭을 최대한 배제한 공존을 선호하는 경향이 강하다면 비중앙 구성단위체들 간 협약을 통해 중앙이 이러한 비중앙 구성단위체들 간 최소공배수에 지나지 않는 역할을 행사하도록 제도를 정비할 것이다.

그렇다면 <그림 3>과 <그림 4>의 차이는 바로 중앙과 비중앙 간 수직적 관계뿐 아니라 비중앙 구성단위체들 간 수평적 관계의 대칭성 여부에 있다. 특히 이러한 현상은 복합사회적 기반에 계층화가 이뤄진 국가가 통합과 분화를 절충해서 연방주의를 제도화하는 경우에 두드러진다. 이는 중앙과 비중앙을 구성하는 단위체들 간 비대칭적 관계가 복합적으로 작용하기 때문이

다. 따라서 연방주의 원칙의 마지막 논의로서 비대칭성을 다음 소절에서 상
세하게 다루고자 한다.

Ⅳ. 연방주의 원칙의 비대칭성

앞서 비교한 연방주의의 제도화 과정에서 통합을 거친 미국과 호주나 분
화를 거친 오스트리아와 벨기에와 대조적으로 캐나다, 스위스, 독일에서는
두 가지 형태가 복합적으로 작용했다.22) 이러한 절충 또는 복합을 통한 연
방제 구축은 합의가 용이한 영역에서는 상위 정부와 하위 정부의 권한을 명
기하는 반면 충돌의 소지가 의심되는 영역에 대해서는 명기하지 않음으로써
잔여권한을 상위 정부와 하위 정부에게 동시에 위임하고 있다. 결과적으로
절충 또는 복합형 연방제는 상위 정부와 하위 정부 간, 그리고 하위 정부들
간 지속적인 협정을 통해 통치기제에 대한 합의를 도출할 것을 요구한다.
주목할 점은 이렇게 연방주의가 정립되는 과정에서 통합과 분화가 복합적으
로 작동한 경우 만약 사회적 기반이 복합적 계층화에 의해 분화되어 있다면,
정부 간 관계를 운영하는 데 있어서 수직적 균형점뿐 아니라 수평적 균형점

---

22) 1776년 영국으로부터 독립 당시 연맹(confederation)으로 출발한 미국은 십 년 후
연방(federation)으로 전환했다. 반면에 캐나다는 1840년 Act of Union에 의해 단일
국가(Province of Canada)로 출발했으나 1867년 British North American Act에 의
해 연방국가(British North American Federation)로 전환했다. 스위스는 1215년에
합스부르크 왕가의 위협으로부터 벗어나기 위해 최초로 연맹을 구성한 이후 1815년
에서야 현재의 복합 구성체로 결합된 연맹이 형성되었고 1847년 *Sonderbund* 내전을
겪은 후 비로소 다양성을 보존하는 취지를 강조하는 따라서 기존의 *Land*도 언어, 종
교, 지역 및 경제적 다양성을 최대로 반영하기 위해 분화하는 연방제가 정착되었다.
독일에서는 오스트리아와 마찬가지로 신성로마제국에서 연방제 형태의 기원을 찾으
며 게르만 연방(1815-1866), 프러시아 제국(1871-1918), 바이마르 공화국(1919-
1933)을 거쳐 서독(1949-1998)과 통일독일(1999-)로 연방주의의 명맥이 이어진다.
유일한 예외는 제3공화국 나치 통치시절로 강력한 중앙집권국가가 자리 잡았다.

을 찾는 데 일률적인 적용을 기피하려는 특이한 경향을 발견할 수 있다. 캐나다와 스위스가 이에 해당하는 사례다.

물론 캐나다와 스위스 간 권력분산에 있어서 주요 차이점도 존재한다.[23] 캐나다는 미국과 마찬가지로 이중분리구조, 즉 중앙과 비중앙이 입법-행정권을 공유하는 권력분산 구조를 가진다. 실제로 행정적 집행기능이 중앙보다 비중앙에게 치우쳐 분배되어 있기는 하나 원론적으로 중앙과 비중앙 모두 입법권을 공유하기 때문에 앞서 국가성에서 지적했듯이 자칫 이중주권이 주권 간 격돌로 치달을 위험이 있다.[24] 이와 대조적으로 스위스는 독일과 마찬가지로 상호의존구조, 즉 일반적 정책 틀 편성과 구체적인 정책집행 기능이 중앙과 비중앙에 할당되어 있는 권력분산 구조를 가진다. 따라서 주권 간 격돌로 치닫게 될 가능성은 희박하나, 국민투표나 국민발의 등 직접민주주의 절차는 또 다른 입법주권을 전 국민에게 부여하기 때문에 중앙의 활동영역이 극심하게 축소되어 있다.[25]

이러한 차이점에도 불구하고 복합사회에 기반을 둔 캐나다와 스위스에서

---

23) 왓츠(Watts)는 '이중분리구조' 대신 중앙과 비중앙 간 '입법-행정권의 공유'를, '상호의존구조' 대신 중앙과 비중앙 간 '입법과 행정권의 총괄적 분리'를 사용했으나 필자는 권한분산의 소재지 자체보다 주권분립 여부에 중점을 두고 있기 때문에 '이중분리'와 '상호의존' 용어를 선택했다. Ronald Watts, "German Federalism in Comparative Perspective," in Charlie Jeffery, ed., *Recasting German Federalism* (London: Pinter, 1999), p.275.
24) 특히 퀘벡 주는 캐나다를 국민국가로 등치하는 국가 정체성을 수용하는 데 적잖은 반감을 가진다. 이는 국가성이 영어를 사용하는 주류들에 의해 강요된 다수의 횡포라는 불신감을 종식하지 못하는 역사적 맥락과 밀접하게 연관되어 있기 때문이다.
25) 물론 1848년 연방헌법을 공포할 당시와 비교해서 캔톤의 권한은 더 이상 주권국가에 준하는 수준은 아니지만 스위스 헌법 3조는 캔톤의 권한도 명시하여 세금 징수뿐 아니라 치안, 교육, 종교, 복지 등 영역에서 '열거된 권한'을 행사할 수 있도록 한다. 또한 개헌은 물론이고 연방법령이나 국제조약 등에 관해서도 국민투표나 국민발의를 채택해서 체제 변화 및 주요 정책결정에 위정자와 일반 시민이 참여할 수 있다. 게다가 다른 연방국가들과 대조적으로 스위스 국민의 '자발적 복합 정체성(complex self-identification)'을 허용해서 각 시민이 국가, 캔톤, 코뮌의 3단계에 소속되어 있음을 명시하고 있다.

발견되는 공통점은 비중앙 간에도 자주적 성향이 강하기 때문에 비중앙에 대한 중앙의 획일적인 균등화 노력이 종종 수포로 돌아간다는 사실이다.26) 이는 중앙의 획일적인 균등화 노력이 특정 집단의 주도하에 이루어졌다는 인식으로 이어지면 곧 중앙은 국가 전체의 '공익'을 추구하기보다 국가성이 라는 명분 뒤에 숨어 특정 집단의 이해관계를 도모한다는 피해의식이 팽배 해지기 때문이다. 따라서 자신들의 문화-언어-종교 등 내재적 정체성을 저해 하지 않는 "순전히 정치적인(purely political) 국가성"에27) 대한 공감대가 형 성될 때야 비로소 자치를 통해 정치적 자유가 극대화될 수 있으며 이러한 자치에 대한 신뢰가 쌓여야만 공치를 통해 국민국가로서의 역량도 최대한 발휘될 수 있다는 사실에 주목해야 한다.

　일반적으로 정부 간 관계는 크게 중앙과 비중앙 간 수직적 관계와 비중앙 간 수평적 관계로 나눌 수 있다. 연방주의 원칙을 기반으로 조직된 정치체제 는 기본적으로 규모와 자원 및 성분이 서로 다른 구성체들을 결합하여 정치 적 공동체로 운용하는 동시에 각 구성단위체의 본성도 어느 정도 유지하는 거버넌스를 전제한다. 결국 연방주의는 앞서 언급한 공치와 자치를 아우르 는 통치체제를 상정하므로 중앙과 비중앙 간 수직적 관계는 끊임없이 적절 한 균형점을 모색하는 과정에서 구현된다.28)

　그러나 종종 경시되는 부분이 중앙과 비중앙 간 수직관계가 모든 비중앙 구성단위체에 대칭적으로 적용되지 않을 수도 혹은 심지어 대칭적 적용을 거부할 수 있다는 사실이다. 예를 들어, 문화나 언어 정체성이 다른 비중앙 구성단위체들이 중앙에서 일률적으로 적용하는 교육정책에 대해 자율성을

---

26) 1970년대 이후부터 연방이 주도하는 육아정책을 추진하려다가 실패한 캐나다나 1996년 캔톤 간 재정원의 균등화(La Nouvelle Péréquation Financiére)가 불발로 그 친 스위스의 사례가 대표적이다.

27) 일찍이 액튼 경이 스위스를 강압적이지 않은 순전히 정치적인 국가성을 구현한 국가 로 칭송했다. John (Lord) Acton, "Nationality" in *History of Freedom and Other Essays* (London: MacMillan & Co., 1907), pp.289-290.

28) 따라서 버제스는 "연방체제는 계속해서 당혹스럽게 하는(perennially frustrating) 정 치체이다"라고 평한다. Michael Burgess, *op.cit.*, p.107.

주장하는 경우 특정 비중앙 구성단위체의 관점이 바로 중앙의 관점으로 채택된다는 불신이 팽배하다면 다른 구성단위체 중 일부는 중앙과의 수직적 관계에서 특수성을 고집하며 대칭적 정부 간 관계를 거부할 수 있다. 이러한 특수성에 대한 요구는 또한 비중앙 구성단위체 간 수평적 관계와 밀접하게 연관되어 있다. 다른 구성단위체들과 다른 특수한 여건에 처해 있기 때문에 다른 구성단위체들 간 협약에 의해 일률적으로 적용되는 제약으로부터 면책권을 가진다고 주장할 수 있다. 심지어 특정한 영역 또는 공공정책 분야에서는 중앙과 비등한 지위를 누리기 때문에 다른 비중앙 구성단위체들이 제정한 법률이나 규칙의 적용에서 제외된다는 치외법권을 주장하기도 한다. 이는 특히 전국적으로는 수적 열세이나 특정한 지정학적 소재지에 집중적으로 거주하며 수적 우세를 차지하는 소수 집단들이 자신들만의 정체성을 유지하기 위해 필요하다고 판단되는 공적 영역을 확보하고자 할 때 중앙과의 특수한 관계를 내세우며 나타난다.

주권분립을 표명하는 연방주의 원칙을 헌법에 명기한 모든 정치체제에서는 수직적 관계뿐 아니라 수평적 관계가 원활하게 유지되어야 제대로 공치와 자치의 균형점을 비로소 발견할 수 있다. 이는 연방주의가 정부단계를 중앙과 비중앙으로 나누어 각각 일정한 주권을 부여하기 때문에 비중앙 간 공조가 제대로 이루어지지 않으면 중앙과 비중앙 간 협의대상이 되는 정책을 구상하거나 심지어 이미 합의가 이뤄진 사항조차 효율적으로 집행하기 힘들기 때문이다.[29]

그런데 특정 비중앙 구성단위체가 중앙과의 수직적 관계에서 그리고 다른

---

[29] 또한 하위 정부 간 법률에서 극심한 편차가 존재한다면 이는 상위 정부가 하위 정부 간 관계를 조정한다는 명분으로 중앙의 규제 권한을 확대할 수 있는 합법적 근거를 제공하게 된다. 이러한 결과는 연방주의가 표명하는 주권분립을 손상할 수 있으므로 하위 정부 간 협약은 연방제의 유지를 위해 필수적이라 할 수 있다. 미국의 주 간 관계를 사례로 연구한 지머만은 이러한 필요성에도 불구하고 수평적 관계에 대한 연구가 심각하게 부족하다고 비판하고 있다. Joseph Zimmerman, *Interstate Relations: The Neglected Dimension of Federalism* (Westport: Praeger, 1996).

비중앙 구성단위체 간 수평적 관계에서 특수성을 주장하며 특정 공적 영역
에서만큼은 중앙과 동등한 지위를 부여해달라고 요구한다면, 연방주의의 주
권분립이 존립하는 데 자칫 치명적일 수 있다. 왜냐하면 비중앙 구성단위체
간 상호 신뢰와 우호에 대한 협약이 지켜지지 않으면 서로 상대의 일탈 가능
성을 배제하지 못하게 되고 결국 중앙과 비중앙 간 주권분립이 영구적으로
존속될 수 있다는 보장, 즉 중앙이 비중앙 구성단위체와의 관계에서 형평성
을 유지할 것이라는 약조가 제대로 이행되기 힘들기 때문이다. 만약 중앙은
모든 비중앙 구성단위체를 대표하는 대변인이 아니라 특정 비중앙 구성단위
체의 앞잡이라는 의혹을 받게 되면 중앙과 비중앙 간 합의는 나머지 비중앙
구성단위체에게 특정 비중앙 구성단위체에 의해 조작된 강압, 즉 일종의 양
을 탈을 쓴 늑대로 받아들여져 중앙을 중심으로 결집할 정당성을 부인하게
된다.

　그렇다면 연방주의 원칙에서 대칭형과 비대칭형을 대조해보자.[30] 이상적
인 대칭형 연방주의 원칙에 따르면 비중앙의 구성단위체는 각기 중앙의 주
요 측면을 그대로 본 딴 축소판 투영(miniature reflection)이므로 특수한 형태
의 이익 대변이나 보호 장치를 필요로 하지 않는다. 그러나 이러한 이상적인
대칭형 연방주의 원칙에 충실한 정치체제는 주권분립을 기반으로 하는 연방
주의 원칙 자체도 필요로 하지 않는다. 반대로 극도의 비대칭형 연방주의
원칙에 충실한 정치체제는 각 구성단위체가 중앙과 별도의 거버넌스를 가능
하게 하는 완벽한 구획선을 필요로 한다. 그러나 이러한 극단적인 비대칭형
연방주의 원칙은 중앙을 중심으로 비중앙 구성단위체들을 결집하는 자체가
불가능하다는 결론으로 이어진다.

---

30) 연방주의의 대칭형과 비대칭형에 대한 논의를 누가 최초로 했는지에 대해서는 논란이
　많다. 대체로 Ivo Duchacek, *Comparative Federalism: The Territorial Dimension of
　Politics* (New York: Holt, Reinhart & Winston, 1970)나 Ronald Watts, *Federations:
　Experiments in the Commonwealth* (Oxford: Clarendon Press, 1966)에서 연방체제
　의 인위적인 정치연합이라는 개념에 내생적인 다양성 수용 문제를 다루며 언급한다
　는 데 학자들 간 동의가 이루어지고 있다.

결국 이 경우 연방주의 원칙을 실현하는 정치체제가 대칭형 구조에 기반을 두면 거버넌스 문제가 발생할 소지는 그리 크지 않다. 반대로 만약 비대칭형 구조에 기반을 두고 있다면 정상적인 운용을 위해서 유일한 방법은 중앙의 강압적 획일화라는 극약처방을 내리게 된다.[31] 하지만 실제로 대다수의 연방체제는 이 양 극단의 중간에 위치하고 있다.

특히 상위 정부와 하위 정부 간 독자적 권한이 위임되어 있으면서도 상위 정부와 하위 정부에게 헌법에서 명시하지 않은 잔여 권한을 동시에 위임하는 연방주의의 운영 원칙이 작용하는 경우, 수평적 관계에서 하위 정부 간 상호 의무와 특권/면책권에 대한 합의 여부와 준수는 상위 정부와 하위 정부 간 수직적 관계뿐 아니라 궁극적으로 연방제의 성패를 판가름할 수 있다.[32] 더구나 복합사회를 기반으로 하는 경우 굴곡점의 좌우에 반대로 나타나는 상관관계의 대칭성 여부는 연방주의의 원칙을 제도화하는 과정에서 심각한 문제로 대두할 수 있다.

연방주의의 비대칭성을 가져올 수 있는 요인은 크게 사회-경제적 요인과 문화-이념적 요인으로 나눌 수 있다. 둘 다 공통적으로 실제로 존재하는 요인으로 결과적으로 중앙과 비중앙 간 그리고 비중앙 구성단위체 간 관계를 설정하는 데 결정적 영향을 끼친다. 종종 사회-경제적 요인이나 문화-이념적 요인은 사회기반의 계층화와 영토성과 중첩되어 작용하여 중앙의 재정적 개입을 통한 자원의 재분배를 요구하기도 하고 반대로 그러한 재조정을 막아 재정적 자율성을 유지하려고도 한다. 이러한 효과는 실질적으로 정치과정에서 대칭형이나 비대칭형에 대한 선호도로 표출되기도 하지만[33] 재분배 또

---

31) 이는 특히 중앙과 비중앙 구성단위체 간 공통 요소가 거의 없는 경우 중앙과 비중앙을 결집하는 정당성의 근거가 부재하므로 비중앙 구성단위체의 탈퇴 가능성이 높아짐을 의미하며 따라서 이를 방지하려는 최선책으로 중앙의 강압적 통제 이외 대안이 없다는 결론에 이르기 때문이다.

32) 이중 주권(dual sovereignty)은 원론적으로 중앙과 비중앙이 동시에 정책분야에 대한 최종적 권한을 행사할 수 있다고 규정한다. 이중 주권에 대한 실질적 구현은 국가의 법제도, 시대적 요구 및 헌법 해석권한을 가진 최고 사법부의 판결에 따라 최종적으로 결정된다.

는 재조정의 적법성 내지 정당성을 헌법이나 법률로 명시할지 또는 명문화 자체를 기피할지 양자간에 법제도적으로 표출되기도 한다.

　그렇다면 이러한 비대칭성을 반영한 연방주의 원칙의 모형과 그렇지 않은 모형을 비교하며 이를 종합하여 통합 모델로서 연방주의 원칙을 적용한 설명 틀을 정형화해 보자. 앞서 <그림 3>은 상반되는 원심력과 구심력의 작용이 중앙과 비중앙 간 또는 비중앙의 구성단위체 간 대칭적으로 나타나는 것으로 오인할 소지를 지닌다. 따라서 <그림 4>에서 지적했듯이 비중앙의 관점에서 완전하게 권력이 비중앙으로 분산되어 있거나 혹은 반대로 완전하게 권력이 중앙으로 집중되어 있는 경우에는 상대로부터 주권분립에 대한 도전의지가 없으나 오히려 백중지세라고 판단되는 경우 주권분립을 주장하려는 동기가 강해진다.

　특히 주목하고자 하는 경우는 복합사회의 비중앙 구성단위체가 중앙과의 관계를 인식하는 데 있어서 중앙 단계에서 주류 또는 수적 다수를 형성하는 다른 비중앙 구성단위체와의 관계에 의해 지배받는 경우 중앙이 주도하는 국가성 강조를 중앙을 구성하는 주류 또는 수적 다수를 이루는 비중앙에 의해 나머지 비중앙에게 동화를 강요한다고 인식할 가능성이 큰 사례이다. 이러한 비대칭성을 반영해 연방주의의 제도화 과정에서 나타나는 패러독스를 다음 <그림 5>로 정형화할 수 있다.

　우선 <그림 5>에서 거버넌스 난이도와 권력분산도의 상관관계를 나타내는 선이 앞서 <그림 3>이나 <그림 4>와 달리 완만한 곡선으로 표현된 이유는 권력분산도의 단위당 거버넌스 난이도 변화가 달라지는 모습을 부각시키기 위해서이다. 또한 굴곡점을 전후로 왼편에서는 기울기의 절대치가 감소

---

33) 특히 재정자립도나 정부단계간 정당구조와 선거결과에 의한 의회 구성의 격차 여부는 중앙과 비중앙 간 그리고 비중앙 구성단위체 간 대칭성 정도를 실질적으로 적나라하게 보여준다. 그러나 본 논문에서는 연방제를 정립하기 위해 필요한 연방주의 원칙의 요건을 분석하는 것이 주요 목적이므로 시대적 발전과정을 고찰하기 위해 필수적인 이익대변 요소들에 관한 논의는 다른 논문에서 다루었음을 언급하는 것으로 대신하려 한다.

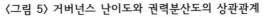
〈그림 5〉 거버넌스 난이도와 권력분산도의 상관관계

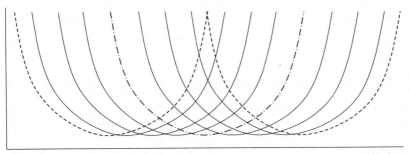

(원심력〈구심력)　　　　　　　　　　　　　　　　　(원심력〉구심력)

권력분산도

하는 반면에 오른편에서는 기울기의 절대치가 증가하는 이유는 원심력과 구심력 간 격차가 벌어질수록 거버넌스 문제가 발생할 가능성도 급격하게 증가함을 나타내기 위함이다. 마지막으로 여러 개의 곡선이 포개져 있는 이유는 중앙과 비중앙 구성체들 간 거버넌스 난이도와 권력분산도의 상관관계에 대해 각기 다른 인식을 가지고 있으며 이는 연방주의 원칙에 근거해 주권분립을 구현하는 데 비대칭성이 실제로 표출될 수 있는 가능성을 보여주기 위함이다.

극단적인 예로 가장 왼편과 가장 오른편에 표시된 두 극단적 경우가 두 개의 비중앙 구성단위체가 인식하는 바이고 이를 절충해서 중앙이 이들 두 양극의 중간쯤에 강압적 제도화를 획책한다면 이는 앞서 언급한 이상적인 비대칭형 연방주의 원칙을 구현한 형태이다. 즉 설령 중앙이 어느 특정 비중앙 구성단위체를 국가라는 허울 아래 대변한다는 비판으로부터 벗어나는 동시에 통합국가로서 틀을 유지하며 통치를 가능하게 하기 위해 양극의 양보를 강요하는 중간지점을 선택하더라도 이는 기존 거버넌스 문제에 더해 새로운 거버넌스 문제를 추가로 야기하는 데 그칠 수 있다.

만약 국가성을 자율성에 상치한다고 간주할 수 있는 여지가 커진다면 이 비중앙 구성단위체는 다른 중앙 구성단위체와 비교해 중앙과의 특수한 관계를 지닌다는 점을 부각시키는 자율성의 방어막을 제도화하려 하는 결과를 초래할 수 있다. 이는 다른 구성단위체에게 안위에 대한 위협을 가중시켜 결과적으로 연방주의 원칙을 기반으로 한 통치가 정치체제의 불안정을 초래할 수 있는 위험부담이다.34)

이러한 불안정을 제거할 수 있는 방법으로 정치과정을 통해 협상하는 사실상 절차와 이를 법에 호소하거나 그 판결에 대한 유권해석에 의존하는 법률상 절차가 있다. 특히 연방체제의 안정을 좌우하는 요건으로 연방주의의 제도화와 밀접하게 연관되어 있는 사법부의 역할을 들 수 있다. 나아가 상위 정부와 하위 정부 간 혹은 하위 정부 간 법적 분쟁이 발생할 경우 헌법에 명시된 연방주의의 원칙에 대해 유권해석을 내릴 수 있는 권위체의 역할은 우선적으로 사법 관할권에 관한 합의를 필요로 한다.35) 또한 이러한 합의를 토대로 통치기제와 통치에 대한 사법심사권의 근거가 마련되어야 한다.36)

무엇보다 연방주의를 실현하는 과정에서 적절한 책임소재지 분산에 대한 판단 자체가 시대적으로 변하기 때문에 최고 사법부의 중재역할은 연방주의

---

34) 이러한 위험은 재정주권분립이 가능한 경우에 특히 심각하나 국가에 따라 각기 다른 형태로 전개되기도 한다. 예를 들어, 호주나 독일에서는 비중앙의 조세징수 자율권이 축소한 반면에 스위스나 미국에서는 여전히 건재하며 캐나다는 등락을 거듭하다가 2차대전 이후에 복구되었다. Jonathan Rodden(2006), pp.250-251.

35) 이는 동시에 연방주의의 제도화 과정 일환으로서 사법체계의 정비도 수반한다. 이중 주권을 사법조직에도 적용하여 이중 사법 관할권을 수립하는 경우와 상위 정부체계의 사법조직에 하위 정부체계의 사법조직이 융화되는 경우로 나눌 수 있다. 이러한 사법조직의 정비는 궁극적으로 정책 행위자(agency), 정책 권한(authority), 그리고 정책 과정(process)을 명시하여 합법적 통치를 가능하게 한다. 구체적 사례로서 미국의 사법부 권한 및 그 한계에 관한 연구는 Randy Barnett, *Restoring the Lost Constitution: The Presumption of Liberty* (Princeton: Princeton University Press, 2004)를 참조하기 바란다.

36) 특히 이중 주권에 기반을 두며 제도적으로 분리되어 있으면서도 권력을 공유하는 (separated institutions sharing power) 정부체계를 헌법에 명기할 뿐 아니라 그러한 헌법 명기에 대한 최고 사법부의 사법심사권이 정치적 설득력과 법적 구속력을 동시에 지녀야 연방주의가 추구하는 주권분립이 실질적으로 구현될 수 있다.

가 성공적으로 유지되는 비결의 열쇠를 쥐고 있다. 결국 이렇게 연방주의에 대한 최종 유권해석을 내려주는 최고 사법부의 판결은 상위 정부와 하위 정부 간 주권분립에 관해 가장 결정적인 영향력을 발휘하여 수직적 균형점 설정뿐 아니라 수평적 균형점 설정에도 깊숙이 간여하기 때문에 궁극적으로 공공정책의 향방설정에도 지대한 파급효과를 불러일으킨다.[37)

V. 맺음말

많은 단일국가들이 개헌을 고려하든 아니면 현 헌법체계 내 변혁에 그치든 탈중앙화를 지향하고 있다. 이러한 공유 연방주권을 지향하는 통치 거버넌스는 궁극적으로 다층구조 거버넌스를 제도화시키는 정치체를 정립함으로써 권력행위자를 분산시킬 뿐 아니라 그에 대한 책임 소재지를 다원화하고자 한다. 따라서 비록 지대한 정치적 대가를 요구하는 헌법적 명시를 회피하더라도 실질적으로 권력집중으로 인한 폐해를 줄이는 적절한 방안을 추구하는 국가에게 성공적인 체제 전환 또는 개혁에 필요한 지표를 제시하고 나아가 전환 또는 개혁 과정에서 파생하는 정치경제 및 사회적 비용을 최소로 줄일 수 있는 갈등해소법을 갈망하게 된다. 이러한 요구는 비단 정책결정자뿐 아니라 연방주의 원칙을 정형화하려는 학자들에게 공통된다.

본 장은 앞서 세 소절에서 연방주의 원칙에 기반을 둔 제도화를 전제조건, 국가정체성 그리고 비대칭성을 중심으로 연방제도의 정립과정을 오스트리아, 호주, 캐나다, 독일, 미국, 벨기에, 스위스 등 7개국의 안정된 연방국가 사례를 통해 분석했다. 그 결과 다음과 같은 세 가지 결론을 얻을 수 있다.

첫째, 연방주의 원칙에서 요구되는 전제조건은 모든 연방제에 일률적으로

---

37) 사법부의 역할에 관한 논의는 지면 제약으로 인해 상세한 분석을 후속 연구에서 별도로 다루고자 한다.

적용되지 않을 뿐더러 연방주의가 실질적으로 정립되는 과정에서 각 요소들이 각기 다른 영향력을 드러낸다. 따라서 그 최종 산물에 해당하는 연방제의 본성, 의미와 강조점은 필연적으로 독특한 형태로 구현되기 때문에 연방제를 통한 통치의 목표 또한 각양각색으로 발전한다. 이때 연방주의 원칙을 지향하는 당사자들이 이러한 상호 차이점을 명확하게 인지한 이후 타협하지 않으면 연방주의를 정립하는 과정에서 중앙정부를 구성단위체의 상위 정부보다 거추장스러운 정부라는 위상으로 각인시켜 결과적으로 국민을 대표하는 정부로서 정당화하지 못하는 실책을 범할 위험성이 크다.

둘째, 만약 중앙의 주장이 다수의 주장을 국가성으로 포장하거나 그렇게 인식된다면 소수는 이를 국가라는 허울 아래 다수의 정체성을 소수에게 강요하여 소수의 독자적인 정체성을 포기하게 만드는 강압이라 간주할 수 있다. 이 경우 중앙과 비중앙 간 수직적 관계뿐 아니라 비중앙 구성단위체들 간 수평적 관계의 대칭성 여부에 따라, 한편으로 통치의 마비를 초래할 수 있으나 다른 한편으로 자칫 모양뿐인 통치를 야기할 소지를 안고 있다.

셋째, 만약 비중앙 구성단위체가 국가정체성을 자율성에 상치한다고 간주하는 경우 다른 중앙 구성단위체와 비교해 중앙과의 특수한 관계를 지닌다는 점을 부각시키는 자율성의 방어막을 제도화하려 한다. 이렇게 비대칭성이 부각되면 다른 구성단위체의 안위에 대한 위협을 가중시켜 결과적으로 연방주의 원칙을 기반으로 한 통치가 정치체제의 불안정을 초래할 수 있다. 따라서 연방제는 이러한 불안정을 제거하기 위해 정치과정을 통해 협상하는 사실상 절차에 의존하거나 법에 호소하여 판결을 통한 유권해석에 의존하는 법률상 절차를 제도화한다. 그러나 이 두 절차 간 명확한 경계선이 존재하지 않거나 그에 대한 판단이 시대적 요구에 따라 변하기 때문에 주권분립의 분쟁해결을 위한 절차적 정립과 더불어 정치적 관행을 수용하는 정치문화가 요구된다.

결국 위와 같이 연방주의 원칙을 전제조건, 국가정체성, 그리고 대칭성이라는 요소를 중심으로 안정된 연방국가 7개국의 사례를 비교분석함으로써 본 장은 연방주의 원칙을 구현하는 통치체제의 정형화 모델을 창출하는 비교연방주의 연구에 이론적 틀을 제시했다. 이러한 작업은 나아가 통치체제 전환, 예를 들어 탈중앙화를 명시하는 체제 전환이나 또는 반대로 재통합과 정을 통해 통일국가를 건립하는 로드맵을 구상하는 정책적 함의도 포함될 수 있다. 분명한 점은 앞서 지적했듯이 연방주의가 제대로 구현되기 위해서는 다른 방식의 민주주의적 거버넌스보다 훨씬 더 치밀하고 정교하게 통치 기제가 복합적으로 운영되어야 한다는 사실이다. 왜냐하면 연방주의 원칙은 권력을 복수의 정부단계간에 분산시키는 데 그치지 않고, 권력분산을 통해 주권공유를 실현하는 데 통치의 목표를 두고 있기 때문이다(Hueglin and Fenna 2006, 53). 따라서 연방주의 원칙에 대한 개념적 이해가 절실하며 그런 맥락에서 본 장은 연방주의를 이론적으로 이해하려는 노력의 일환이다.

▎참고문헌

김영일. "프루동(P. - J. Proudhon)의 연방주의와 민주주의 이해."『國際政治論叢』
　　제41권 1호. 2001.
_____. "연방적 사회구성과 민주적 리더쉽."『21세기 정치학회보』제12권 2호.
　　2002.
_____. "연방주의 비교연구."『國際政治論叢』제44권 3호. 2004.
손병권·이옥연 공저. "미국과 캐나다의 연방제도 비교 연구: 건국과정과 헌법을 중
　　심으로."『國際政治論叢』제44권 4호. 2004.
이상균. "유럽통합과 독일연방주의의 미래."『한국정치학회보』제30권 4호. 1996.
이옥연. "연방주의, 재정분산과 정당간 경쟁."『國際政治論叢』제42권 3호. 2002a.
_____. "오스트리아, 호주, 캐나다, 독일의 연방주의 비교."『한국과 국제정치』제
　　18권 4호. 2002b.
_____. "다층구조 거버넌스로서의 연방 체제."『한국정치학회보』제37권 5호.
　　2003.
_____. "연방제를 통한 통합과 분권의 구현: 캐나다의 경험을 중심으로."『세계지
　　역연구논총』제24권 1호. 2006a.
_____. "미국의 연방주의: 탄생과 유지의 비결."『미국학』제29권. 2006b.
_____ (Okyeon Yi). "Institutional and Political Dimensions of Fiscal
　　Federalism in the Multilevel Government, the U.S. Case."『세계지역연
　　구논총』제25권 2호. 2007.
임종운. "캐나다 연방주의 변천과 재정문제 조정."『지역사회연구』제11권 2호.
　　2003.
한종수. "독일 연방주의와 시사점."『유럽연구』제7권 1호. 1998.

Althusius, Johannes. "Politics as the Art of Associating." In Karmis, Dimitrios
　　and Wayne Norman, eds. *Theories of Federalism, A Reader* (New York:
　　Palgrave, 2005).

Bakvis, Herman, and William Chandler, eds. *Federalism and the Role of the State* (Toronto: University of Toronto Press, 1987).

Barnett, Randy. *Restoring the Lost Constitution: The Presumption of Liberty* (Princeton: Princeton University Press, 2004).

Bakvis, Herman, ed. *Representation, Integration and Political Parties in Canada* (Toronto: Dundurn Press, 1991).

Bakvis, Herman, and Grace Skogstad, eds. *Canadian Federalism: Performance, Effectiveness, and Legitimacy* (Oxford: Oxford University Press, 2002).

Birch, Alex. "Approaches to the Study of Federalism." *Political Studies*, vol.14(1), pp.15-33, 1966.

Blackshield, T., and G. Williams. *Australian Constitutional Law and Theory* (Sydney: Federation Press, 1996).

Bullmann, Udo. "Austria: The End of Proportional Government?" In John Loughlin, ed. *Subnational Democracy in the European Union: Challenges and Opportunities* (Oxford: Oxford University Press, 2001).

Burgess, Michael. *Comparative Federalism: Theory and Practice* (London: Routledge, 2006).

_____, ed. *Canadian Federalism: Past, Present and Future* (Leicester: Leicester University Press, 1990).

Burgess, Michael, and Alain-G. Gagnon, eds. *Comparative Federalism and Federation: Competing Traditions and Future Directions* (New York: Harvester Wheatsheaf, 1993).

Calhoun, John. "On the Relation which the States and General Government Bear to Each Other." In Karmis, Dimitrios and Wayne Norman, eds. *Theories of Federalism, A Reader* (New York: Palgrave, 2005).

Davis, S. Rufus. *The Federal Principle: A Journey through Time in Quest of a Meaning* (London: University of California Press, 1978).

Davidson, A. *The Invisible State: The Formation of the Australian State, 1788-1901* (Cambridge: Cambridge University Press, 1991).

Downs, William. "Federalism Achieved the Belgian Elections of May 1995." *West European Politics*, vol.19, pp.168-75, 1996.

_____. *Coalition Government, Subnational Style: Multiparty Politics in*

Europe's Regional Parliaments (Columbus: Ohio State University Press, 1998).

Duchacek, Ivo. *Comparative Federalism: The Territorial Dimension of Politics* (New York: Holt, Reinhart & Winston, 1970).

Elazar, Daniel. *Exploring Federalism* (Tuscaloosa: Univesity of Alabama Press, 1987).

Emy, Hugh. *Australian Politics: Realities in Conflict* (South Melbourne: MacMillan Australia, 1988).

Filipov, Mikhail, Peter Ordeshook, and Olga Shvetsova. *Designing Federalism: A Theory of Self-Sustainable Federal Institutions* (Cambridge: Cambridge University Press, 2004).

Fitzmaurice, John. *The Politics of Belgium: A Unique Federalism* (London: Hurst & Co., 1996).

Forsyth, Michael. *Unions of States: The Theory and Practice of Confederation* (Leicester: Leicester University Press, 1981).

Gamper, Anna. "The Principle of Homogeneity and Democracy in Austrian Federalism: The Constitutional Court's Ruling on Direct Democracy in Vorarlberg." *Publius*, vol.33(1), pp.45-57, 2003.

Green, Simon, and William Paterson, eds. *Governance in Contemporary Germany: The Semisovereign State Revisited* (Cambridge: Cambridge University Press, 2005).

Gunlicks, Arthur. *The Länder and German Federalism* (Manchester: Manchester University Press, 2003).

Helms, Ludger, ed. *Institutions and Institutional Change in the Federal Republic of Germany* (New York: St. Martin's Press, 2000).

Hooghe, Liesbet. "Belgium: Hollowing the Center." In Amoretti, Ugo and Nancy Bermeo, eds. *Federalism and Territorial Cleavages* (Washington, D.C.: The Johns Hopkins University Press, 2004).

Hudson, Wayne, and John Kane, eds. *Rethinking Australian Citizenship* (Cambridge: Cambridge University Press, 2000).

Hueglin, Thomas, and Alan Fenna. *Comparative Federalism: A Systematic Inquiry* (Petersborough: Broadview Press, 2007).

Irving, Helen, ed. *The Centenary Companion to Australian Federation* (Cambridge: Cambridge University Press, 1999).

James, P., ed. *The State in Question: Transformations of the Australian State* (Sydney: Allen & Unwin, 1996).

Jeffery, Charlie, ed. *Recasting German Federalism* (London: Pinter, 1999).

John (Lord) Acton. "Nationality." In *History of Freedom and Other Essays* (London: MacMillan & Co., 1907).

King, Preston. *Federalism and Federation* (London: Croom Helm, 1982).

Lauber, Volkmar, ed. *Contemporary Austrian Politics* (Boulder: West view Press, 1996).

Lecours, A. "Solving the Belgian Paradox: Political-Institutional Fragmentation, National Identity and Nationalist/Regionalist Politics." *Canadian Review of Studies in Nationalism*, vol.29, pp.210-226, 2002.

Lusztig, Michael, Patrick James, and Jeremy Moon. "Falling from Grace: Nonestablished Brokerage Parties and the Weight of Predominance in Canadian Provinces and Australian States." *Publius*, vol.27(1), pp.59-81, 1997.

Luther, Kurt, and Peter Pulze, eds. *Austria 1945-1995: Fifty Years of the Second Republic* (Brookfield: Ashgate, 1998).

Luther, Kurt. "Must what goes up comes down? Of pillars and arches in Austria's political architecture." In Kurt Luther, ed. *Party Elites In Divided Societies: Political Parties in Consociational Democracy* (London: Routledge, 1999).

McIntyre, Andrew. *The Power of Institutions: Political Architecture and Governance* (Ithaca: Cornell University Press, 2003).

McRae, K. *Conflict and Compromise in Multilingual Societies, Belgium* (Waterloo: Wilfrid Laurier University Press, 1986).

Pelinka, Anton. "Austrian Euroscepticism: Democracy, Sovereignty and Welfare." In Robert Harmsen and Menno Spiering, eds. *Euroscepticism: Party Politics, National Identity and European Integration* (Amsterdam: Rodopi, 2005).

Pufendorf, Samuel. "Regular States vs. Systems of States." In Dimitrios Karmis and Wayne Norman, eds. *Theories of Federalism, A Reader* (New York: Palgrave, 2005).

Riker, William. *Federalism: Origin, Operation, Significance* (Boston: Little, Brown & Company, 1964).

Savoie, Donald. *Governing from the Centre: the Concentration of Power in Canadian Politics* (Toronto: University of Toronto Press, 1990).

Stevenson, Garth. *Unfulfilled Union: Canadian Federalism and National Unity*, 4th ed. (Montreal: McGill-Queen's University Press, 2004).

Watts, Ronald. *Federations: Experiments in the Commonwealth* (Oxford: Clarendon Press, 1966).

Watts, Ronald. "German Federalism in Comparative Perspective." In Charlie Jeffery, ed. *Recasting German Federalism* (London: Pinter, 1999).

Zimmerman, Joseph. *Interstate Relations: The Neglected Dimension of Federalism* (Westport: Praeger, 1996).

Yi, Okyeon. "How Does Federalism Condition The Employment-Welfare Relationship?: Integrating Social Welfare Policy and Active Labor Market Policy into Youth Employment Policy in Canada." *Journal of International and Area Studies*, vol.13(2), pp.73-94, 2006.

제2장

연방제와 민주주의[*]

I. 머리말

"연방주의는 정부 운영 사안에 관련된 문제의 내용 자체와 별도로 문제를 바라보는 관점의 틀을 제공한다."[1]

일레이저(Elazar)가 위에서 정의했듯이 연방주의는 정부조직 운영문제의 실질적 내용 자체뿐 아니라, 이와는 별도로 정부조직 운영을 바라보는 시각을 부여하고 있기 때문에, 연방주의를 제도화한 국가 간에도 연방주의를 실행하는 단계에서 국가 간, 집권행정부 간, 또는 시대 간 차이가 나타난다. 이 경우 제도 및 조직을 근거로 연방국가의 정부조직 운영방식을 외형상으

* 이 글은 "연방주의, 재정분산 및 정당간 경쟁,"『國際政治論叢』제42권 3호; "오스트리아, 호주, 캐나다, 미국의 연방주의 비교,"『한국과 국제정치』제18권 4호; 그리고 "다층구조 거버넌스로서의 연방체제,"『한국정치학회보』제37권 5호를 합쳐 자료를 업데이트하며 재정리했다.
1) Elazar(1987), p.185.

로 분류하는 검토 작업은 연방주의 비교연구의 골격을 형성하나, 비교연구
에 있어서 그릇된 비교의 기준을 제공하여 오도된 분석을 초래할 수 있다.
예를 들어, 미국과 캐나다는 정부단계간 권력을 분산시키거나 공유한다는
점에서 유사하지만, 공공정책과정에서 연방주의를 구현하는 사고방식이나
관점이 각자 상이하기 때문에, 매우 상반된 결과가 창출된다. 반면, 각 국가
의 유형을 국가별 제도적, 지형적, 역사적, 문화적 특유성 등 상황적 맥락에
전적으로 의거해서 분류하면 비교연구는 사례연구로 일관되기 때문에, 체계
적 비교의 기준 설정 자체가 그 의미를 상실할 뿐 아니라, 비교연구의 궁극
적 필요성을 거부하는 결과를 낳는다.

    본 장은 사례연구로서 연방국가의 주요 특성을 검토하는 작업과 비교연구
로서 연방국가의 비교 척도를 정비하는 작업을 병행함으로써, 비교연구의
준거를 확립시키며 나아가 다층구조 거버넌스로서의 연방주의에 대한 개념
정리와 비교연방체제론 정립에 있어서 비교연구를 토대로 한 경험적 분석모
델의 시도가 가능함을 시사하고자 한다. 사례연구 대상 중 호주, 캐나다, 오
스트리아, 독일, 벨기에, 스위스 등 6개국은 각각의 특성보다 공통적으로 의
회제를 선택한 점, 중앙-지역 간 독립적 선거를 통한 분권행사에 대한 민주
적 절차가 정착되어 있다는 점, 정당 간 경쟁이 정부단계간 일정한 양태로
발전되었다는 점 등을 공유하고 있다. 이와 대조적으로 미합중국은 안정된
연방국가 7개국 중 유일하게 중앙 및 지역정부 단계에서도 분권정부(divided
government)가 가능하다. 더불어 벨기에는 다른 6개 연방국가와 달리 1995
년에서야 단일국가 체제를 탈피하려고 헌법을 개정한 신생 연방국가이다.
반면 스위스는 오랜 역사에도 불구하고 1970년 이후에야 모든 성인 남녀에
게 투표권이 주어진 국가이다. 그럼에도 불구하고, 본 장은 비교기준에 따라
위에 열거한 7개국 모두를 분석할 수 있으며, 무엇보다 그러한 비교분석을
통해 연방주의의 개념 정리가 가능해진다는 점을 강조하고자 한다.

    무엇보다 연방주의는 사회적 갈등해소의 창구, 소수계층의 보호막, 지역
적 이익을 대변하는 포럼(forum), 또는 정책변환의 실험대 등을 제공하는 등
다양한 기능을 가지고 있다. 각 국가가 연방주의를 실행함에 있어서 그 실현

방식은 각국에 내재되어 있는 상이한 여건에 따라 혹은 동일국가라도 시대
별로 각기 대처해야 할 문제점이 다르기에 특정한 측면을 강조한 형태로 나
타난다. 그러나 이러한 상황적 또는 역사적 이질성에도 불구하고, 연방주의
는 공통적으로 "정치조직간 새로운 정치의 장을 마련하기 위해 합의한 바를
충실히 이행하려는 서약(Burgess and Gagnon 1993, 17)"으로 압축해서 정의
할 수 있기에, 연방주의를 실행하는 정치체제는 정부단계간 중앙-지역(inter-
state) 관계, 중앙단계에서 제도화된 중앙-지역(intra-state) 관계, 지역 간(inter-
community) 관계 등 다양한 형태의 정부 간 관계 조정을 가장 효율적으로
그리고 가장 민주적으로 실현하는 다단계 국정운영의 방법을 모색한다.2)
    기존의 학설은 민주주의 이상을 구현하는 연방국가 간 차이를 충분하게
설명할 수 있는 주요 변수를 명확하게 제시하지 못할 뿐 아니라, 변수 간의
상호관계를 지나치게 획일화한다. 우선 헌법에서 명시된 정부 간 관계에 대
한 균형을 지방정부와 중앙정부 간의 수직적 관계와 지방정부 간의 수평적
관계로 집약하는 재정경제학자들은 각 정부단계에게 또는 개개의 지방정부
에게 적절한 기능을 분담시키는 일이 다단계 정부조직운영의 정수라고 간주
한다(Posner 1998). 그러나 연방주의의 주요 맥락을 결정하는 중앙-지역의
관계 자체가 끊임없는 개념의 재정립을 요구하기 때문에, 중앙-지역의 관계
를 역할분담이나 상호의존 등의 원칙에만 입각한 정책으로 실현하기는 어렵
다. 더구나 명시화된 법적 조항도 각국의 제도적 절차나 여건에 따라 다르게
해석할 수 있기 때문에, 동일 국가라 하더라도 각 정권이 지향하는 이념 또

2) 알렝-개이뇽(Alain-Gagnon 1993)은 inter-state 관계의 예로 정부단계간 영향력의 배
   분(division of powers between orders of government)을 들며, intra-state 관계의 예
   로 독일에서와 같은 중앙정부단계에서의 지역정부 대변기구, 즉 상원(Bundesrat)의 구
   성을 들고 있으며 그 외 지역정부 간의 공조 등으로 세분화하여 연방주의의 역할을
   정의하고 있다. 양원제도는 연방국가뿐 아니라 단일국가도 종종 채택하고 있다. 하지만
   패터슨(Patterson)과 머간(Mughan)이 지적하듯이 178개국 표본 중에서 20개국이 연
   방국가인데, 이들 모두가 양원제도를 채택한 반면, 158개국 단일국가 중에서 47개국,
   즉 셋 중 하나만 양원제도를 채택하고 있다. 따라서 양원제도는 종종 헌법적 연방국가
   의 주요 특징으로 규정되곤 한다(Lijphart 1999).

는 정책노선에 따라 다른 정책으로 집행되어, 연방국가 간에도 각기 독특한 형태로 다단계 정부조직 거버넌스(multi-level governance)를 창출하는 연방체제가 구현된다. 따라서 재정 연방주의학자들이 제시하는 재정분산 자체로는 연방제를 통한 민주주의 거버넌스의 구현상을 충분히 설명하기 힘들다.

다음으로 법제도적 관점은 특히 중앙-지역 관계 중 중앙정부와 지역정부 간의 수직적(inter-state) 관계와 중앙단계에서 제도화된 중앙-지역(intra-state) 관계에만 치우치기 때문에, 중앙-지역 관계에서 지역간(inter-community) 관계가 차지하는 비중을 과소 평가하는 경향이 있다. 새뮤얼즈(Samuels 1993)는 지역정부들이 지역정부 간 수평적 관계를 조정함으로써 중앙정부를 상대로 지역정부에게 유리한 방향으로 정책결정을 유도할 수 있기 때문에, 중앙-지역 관계에 대한 검토에 있어 수평적 관계인 지역 간 관계도 수직적 관계만큼 중요하다고 주장한다. 리나디(Leonardy 1999)는 한 발 더 나아가 중앙-지역 관계는 수직적이나 수평적인 관계로 명확하게 구분 지을 수 없다는 점을 강조한다. 예를 들어, 중앙정부는 종종 수직적으로뿐 아니라 수평적으로도 주정부 간 재정원을 균등하게 재배분해야 하는데, 수직과 수평의 이분법적 관점은 중앙-지역 관계를 단순하게 중앙정부 위주로 규정하는 오류를 범할 수 있다. 이는 편협한 제도적 관점에 사로잡혀 재분배에 대한 결정권을 중앙과 지역정부가 공유할 수 있는 연방체제의 절차를 간과한 결과이다.

무엇보다도 중앙-지역 관계에 있어서, 지역정부가 중앙정부와 대등한 입지에서 결정과정에 참여할 수 있는 정부단계간 독립적 선거라는 연방체제 내 절차가 있다. 지역정부가 중앙정부에 비해 국정운영능력 면에서 대체로 불리하다는 점은 검증되었지만, 그렇다고 지역정부가 항시 중앙정부에게 종속적인 것은 아니다. 연방체제는 중앙과 지역정부단계에서 상호 독자적인 선거를 통해서 정부를 구성하는 절차를 제공하기 때문에, 독립적 지역선거를 통해 선출된 지역정부는 중앙정부로부터 독자적인 정책을 표명하고 그를 수행할 수 있는 정통성을 바로 독자적 선거에서 찾을 수 있다. 그러나 헌법적으로 연방주의를 통치질서로 채택한다고 명시한 안정된 연방국가들 간에도 이러한 정치-정책적 자립도에는 큰 간극이 발견된다.

본 장은 연방제와 민주주의의 상관관계를 연방국가 7개국을 대상으로 비교하고자 한다. 다단계 정부구조를 가진 국가는 각 단계의 정부에 적절한 기능을 안배하고, 이에 필요한 재정지원에 대한 결정도 내린다. 물론 민주주의 국가에서는 각 단계에서 선출된 정치인들에게 정책구상 및 집행에 관한 책임을 선거에서 물을 수 있는 제도적 장치가 있으나 특히 헌법적으로 연방제를 표방하는 민주주의 국가는 단일국가와 달리 연방정부와 하위정부단계인 지역정부 간에 정책결정의 책임소재지를 분산시킬 것을 공식적으로 표명하고 있다. 그러나 이러한 공통점에도 불구하고 연방주의를 원칙으로 하는 국가들 간에 민주주의 이상인 대표성을 구현하는 데 현저한 차이점을 나타낸다. 이 글은 연방제가 어떻게 민주주의가 지향하는 대표성의 극대화를 이루는지, 구체적으로 어떠한 경로로 주의 대표성과 인민의 대표성이 병행하며 실현되는지 검토하고자 한다.

II. 연방제와 민주주의

"무슨 이유로 한 국가의 중앙정부에게 모든 정부의 기능을 수행하게 하지 않고 다수의 정부에게 분산시키는 방안이 채택되는가?"[3]

"집중된 권력은 위험하다. 액튼(Acton)의 명언에 가장 잘 집약되어 있듯이, 권력은 부패하기 마련이며, 절대적 권력은 절대적으로 부패하기 마련이다. 연방주의는 절대적 권력의 창출을 억제하며 나아가 폭정을 방지하는 방편이다."[4]

---

3) Ronald Fisher ed., *Intergovernmental Fiscal Relations* (Boston: Kluwer Academic Publishers, 1997), p.3.
4) William Riker, *The Theory of Political Coalitions* (New Haven: Yale University Press, 1962), p.140.

  연방주의가 제도적으로 체계화되면 권력분산이 수직적으로 중앙-지역 단
계간, 수평적으로 정부부처(행정부-입법부) 간 또는 입법부 내 상하원 간에
이루어진다. <표 1>은 우선 권력의 분배를 입법부와 행정부 간 관계를 한
축으로, 중앙과 지역 간 관계를 다른 축으로 연방국가 7개국을 분류하고 있
다. 중앙과 지역의 관계를 구분하는 축은 종류에 의한 분류라기보다 정도차
이에 근거한다. 즉, 미국이나 캐나다의 연방체제는 이중분리구조를 근간으
로 하지만, 행정적 집행기능이 지역정부에게 보다 치우쳐 분배되어 상호 의
존하는 경향도 보인다. 이와 대조적으로 스위스, 독일, 오스트리아의 연방체
제는 일반적 정책틀 편성과 구체적 정책집행 기능이 중앙과 지역-지방정부
에게 분담되어 상호 의존하고 있지만, 정부단계간 재정소재분리를 강조하는
경향도 있다. 따라서 중앙과 지역 관계의 이분법적 구분보다 이중분리와 상
호의존 중 어느 성향이 강한가에 따른 구분에 의해 연방제를 분류하는 편이
낫다. 입법부와 행정부 간 관계 축에서는 좀 더 명확한 분류가 가능하다.
즉, 행정부와 입법부가 별도로 구성되면 권력분리의 형태를 띠며, 행정부가
입법부로부터 구성되고 입법부의 신임 여부에 따라 그 존폐가 결정되면 권
력합산의 형태를 띤다.
  그러나 연방국가라도 지역의회의 영향력에 따라 독립적인 지역선거를 통

<표 1> 권력 분산[5]

	이중분리구조	상호의존구조
권력분리	미국	스위스
권력합산	캐나다, 호주, 벨기에	독일, 오스트리아

출처: Watts, "German Federalism in Comparative Perspective," in Jeffery ed., *Recasting German Federalism* (1999)

---

5) 왓츠(Watts)는 '이중분리구조' 대신 중앙과 지역 간 '입법-행정권의 공유'를, '상호의
   존구조' 대신 '입법과 행정권의 총괄적 분리'를 분류항목으로 사용했다(1999, p.275).

<표 2> 7개국 연방국가의 지역의회 영향력

	지역 대표성	지역 비대표성
0	벨기에[1]	벨기에[1]
1	오스트리아(법안개정)	
2	호주(이의재기+헌법외기구)	
3	미합중국(이의재기+법안개정+법안통과)	
4		캐나다 (이의제기+법안개정 +법안통과+헌법외 기구)
5	독일 (법안제출+이의제기+법안개정 +법안통과+헌법외기구) 스위스 (법안제출+이의제기+법안개정 +법안통과+국민투표)	

출처: Tsebelis and Money, *Bicameralism* (1997)에서 정리; 상원의원 선출방법과 상원의
　　재정법안권한에 관한 구체적 서술은 이옥연(2002A)을 참조
1. 벨기에 지역단계 정부의 효율성에 대한 논란이 크므로 대표성에 대한 판단을 유보한다

해 선출된 지역의회가 정치과정에 중요한 역할을 할 수 있는지 결정된다. 즉, 제도적으로 지역정부의 이익을 대표하는 주체가 지역대변인으로서의 자격, 즉 지역대표성이 미흡하고 지역재정에 관련된 의사결정과정에 참여할 수 있는 권한이 결여된 경우, 지역의회의 영향력은 명시적으로나 암시적으로나 실현되지 않기 때문에 연방제를 통한 거버넌스는 종종 실제적 분권 없이 명분상의 탈중앙화에 그친다. <표 2>는 헌법기구인 연방상원과 헌법외 정부단계간 관계기구 또는 직접민주주의의 권한 및 지역대표성을 종합해서 지역의회의 영향력을 평가하고 있다. 덧붙여 연방주의와 의회제가 병행하는 호주, 캐나다, 오스트리아에서는 정부단계간 관계를 다루는 경로가 어느 정

부단계에서든 입법부보다 행정부처에 편중된 경향이 있다. 단 독일의 경우에는 입법부 간의 접촉도 행정부 간의 접촉만큼 빈번하고 중요한 반면, 연방주의와 대통령제를 병행하는 미국은 예외적으로 정부단계간 관계가 한편으로는 주지사나 주행정부처 간의 정책모임을 통해서, 다른 한편으로는 지역정부 관계조정기관인 이익단체의 로비 활동을 통해 결정된다. 복합구성국가인 스위스는 정부단계간 관계가 전반적으로 소수의 지도자 중심으로 지역-지방 주도로 이루어지는 반면, 벨기에의 정부단계간 관계는 현 시점에서 규정하기 어렵다.6)

다음으로 상원이 지역정부의 이익 대변기관으로 효율적인 역할을 하려면, 즉 연방 상원이 주정부의 대표성을 실현하려면 다음 세 가지의 조건을 충족해야 한다. 첫째, 상원의원의 선출방식이 지역주민들의 선호도를 직접적이든 간접적이든 반영해야 한다. 둘째, 상원의원은 재정법안에 관한 결정권을 가지고 있어야 한다. 셋째, 또한 상원이 위의 두 조건을 충족시키지 못하더라도 헌법외 정부 간 관계기구가 상비기관으로 정립되어 있으면 최소한의 지역정부 간의 유대관계 조성과 중앙정부를 상대로 한 타협기능을 수행할 수 있다고 상정한다. 안정된 연방국가 7개국의 상원의원 선출법은 <표 3>에 요약되어 있다. 지역주민의 선호도가 지역정부의 구성에 반영되었는가의 여부는 선출방법의 외형보다 선출의 근거를 검토하면 알 수 있다. 공통적으로 이들 7개 연방국가들은 모두 상원의원을 지역구 단위로 선출한다.7)

---

6) 스위스 캔톤의 자주적 성향은 캔톤 간 재정원의 균등화를 시도했던 연방정부의 노력 (La Nouvelle Péréquation Financière 1996)이 불발로 그친 사례에서 잘 나타난다.
7) 6개국 모두 연방과 지방의 중간단계인 지역을 지역정부의 기본단위로 삼고 있다. 호주와 미국은 state, 독일과 오스트리아는 *Land*, 캐나다와 벨기에는 province 또는 *provin* 을 상원 선거구 단위로 지정한다. 그러나 의석분배에 있어서 다소 차이점을 보인다. 호주와 미국은 각 주에 동등한 상원의석을 배분하는 반면, 오스트리아, 독일, 캐나다는 비록 엄격하게 인구비례를 준수하지 않지만 인구밀도에 비례해서 의석을 배분한다. 벨기에는 직접선거에 의한 의석은 오스트리아, 독일, 캐나다와 마찬가지로 인구에 비례해서 플레밍과 불란서계 선거인단에 각각 25, 15석을 배분하며, 공동지역구의회가 추천하는 의석은 세 개의 지역구 중 플레밍과 불란서계에 동등하게 10석씩, 독일계에 1석을 배분하며, 상원의원의 천거에 의한 의석도 직접선거에 의한 의석처럼 인구비례를

〈표 3〉 7개국 연방국가의 상원의원 선출 방법[1]

임명	간접선거	직접선거[2]	혼합
독일(*Land* 정부), 캐나다(총독)	오스트리아	호주, 미국, 스위스	벨기에 (간접+상원의원 +계승)[3]

1. 출처: www.ipu.org/parline-e/report/*.*
2. 미국의 경우 주 당 2명씩, 호주의 경우 주 당 6명과 자치령(Territory) 당 2명씩, 스위스의 경우 캔톤 당 2명과 반캔톤 당 1명씩 직선으로 선출한다
3. 벨기에는 1995년 헌법을 연방국가체제로 전환하면서 위의 상원의원방식을 직접+추천+상원의원+계승으로 변경했다. 1999년 선거결과 40명은 개방형 정당명부의 d'Hondt 방법으로 3개의 복합공동구역과 2개의 언어지역에 의한 선거구역을 근간으로 선출되었고, 21명은 직접선거 결과에 따라 공동구역의회(Community Council)가 소속의원 중에서 추천했고, 10명은 직접선거 결과에 따라 상원의원이 천거했고, 현재 3명의 남자 왕족 출신의 상원의원이 포함되어 있다

그러나 유사한 선출방법이라도 선출을 관장하는 기관의 특성에 따라 지역정부와의 유대관계가 결정된다. 예를 들어 독일과 캐나다의 상원의원들은 모두 임명되지만, 독일은 지역정부가 임명권을 가지고 지역의회(*Landtag*)의원 중 각 *Land*의 인구에 비례해서 정당의 의석분포도에 따라 연방 상원의원을 추천하는 반면, 캐나다는 총독(Governor-General)이 총리가 권하는 대로 임명한다. 즉, 독일의 상원의원은 지역주민이 직접 선출한 지역정부가 추천했기 때문에 지역정부와 지역주민에 대한 책임감과 귀속감을 느끼지만, 캐나다의 상원의원은 연방하원의 다수당이자 집권당의 총수인 총리가 실제적 임명권을 가지고 있기 때문에 지역정부나 지역주민과의 유대관계가 미미하다. 다른 예를 들면, 호주와 미국의 연방 상원의원은 공통적으로 주 단위로 동등하게 직접선거에 의해 선출되었으나, 미국의 상원의원과 달리 호주의 상원의원은 주 의회에 의정결과를 보고할 의무가 없다.[8] 그 결과, 호주의

기준으로 플레밍과 불란서계에 각각 6, 4석을 분배한다.
8) 베드나(Bednar)는 직접 선출된 연방상원의원은 원칙적으로 주정부보다 주 거주민에게

<표 4> 7개국 연방국가 상원의 재정법안에 관한 권한

법안제출	법안 내용에 대한 이의 제기	법안 개정	법안 통과
독일, 스위스[2]	호주, 캐나다, 독일, 미국, 스위스	오스트리아, 캐나다, 스위스, 독일, 미국	캐나다[1], 스위스[2] 독일[3], 미국[4]

1. 캐나다의 상원은 공식적으로 재정법안에 관한 세 가지의 권한을 가지고 있지만, 총리에
   의해 임명되는 연유로 실질적으로 권한을 행사하는 경우가 거의 없다
2. 스위스에서는 상원과 하원이 번갈아가며 재정법안을 제출한다. 그러나 재정법안에 관한
   최종결정권한은 협의위원회에게 주어져 있다
3. 독일에서는 재정법안을 최종적으로 결정할 수 있는 권한이 연방하원, 연방상원, 그리고
   협의위원회 모두에게 주어져 있다
4. 미국에서는 하원만 재정법안을 제출할 수 있으며 재정법안 최종결정권한은 협의위원회에
   게 주어져 있다

상원의원은 주정부에 대한 귀속감이 없다.

더구나 이렇게 다양한 선출방식이 연방상원의원의 재정법안에 대한 결정
권한과 밀접하게 연결되어 있다. 쩌벌리스와 마니(Money)는 재정법안에 관
한 연방상원의 권한을 크게 재정법안을 제출하는 권한, 재정법안의 내용에
대해 반론을 제기하는 권한, 재정법안을 개정하는 권한, 재정법안을 통과시
키는 권한의 4 가지로 분류하고 있다.[9] 위의 <표 4>는 각 7개국의 상원이
가진 재정법안에 관한 권한을 종류별로 정리하고 있다. 벨기에는 헌법적으
로 연방국가로 전환한 1995년 이후에도 연방 상원에게 재정법안에 대한 실
질적인 권한을 부여하고 있지 않다. 그리고, 호주, 캐나다, 독일은 헌법외
정부 간 관계를 담당하는 상비기구도 가지고 있다.

또한 이들 연방국가 7개국 중 미국과 스위스를 제외하고 공통적으로 법제

　책임의 소재가 있으므로 주정부의 대변인으로서보다 주 거주민의 대변인이라는 의식
　이 강하다는 점을 강조한다(2001).
9) George Tsebelis and Jeannette Money, *Bicameralism* (Cambridge: Cambridge
   University Press, 1997).

도적, 절차적인 면에서 헌법상 연방국가를 표명하며, 양원제를 채택하며, 중앙과 지역정부 간, 그리고 지역정부 간 선거가 모두 다른 일정으로 치러진다.10) 그러나 이러한 공통점에도 불구하고, 각국의 연방체제 정부조직형태, 중앙과 지역정부 간 관계조정기구의 종류나 권한, 지역정부단계에서 입법부와 행정부의 관계, 정부단계간 정당의 활성화 정도가 다양하며, 독자적 선거결과 중앙과 지역단계간 정당성향 일치 정도에 따라 이들 변수들이 재정분산에 미치는 영향이 다르게 나타난다. 이 중 제도적 변수를 비교한 결과가 <표 5>이다.

첫째, 지역정부는 연방정부와 지방정부의 중간단계로서, 공통적으로 규모 면에서 지역정부 간 재정운영 조정이 용이하지만, 각 국가 간 특이한 구조와 단위를 가지고 있다.

둘째, 국민의 대변기관인 연방하원에 균형과 견제를 할 수 있는 지역정부(또는 지역주민)의 대변기관인 연방상원의 구성원을 선출하는 방법은 곧 상원의 정체성을 측정하는 척도인데, 앞서 <표 3>에서 볼 수 있듯이 7개국 상원의원들은 직접선거, 간접선거, 지명, 및 임명 등 다양한 경로로 선출된다.

셋째, 상원의원의 선출방식에 부가적으로, 상원의원의 재정법안에 대한 권한은 연방주의를 실현하는 주요 헌법적 기관으로서 상원의 효력을 반영한다. 재정결정권을 크게 법안제출, 법안내용에 대한 이의제기 또는 수정요구, 법안 개정, 법안 통과 등 4개의 권한으로 분류할 때, <표 4>에서 보듯이 7개국 상원의 지역정부 대변능력은 정도의 차이가 크다.

넷째, 헌법외 기구로서 중앙과 지역정부 간 또는 지역정부 간 관계를 조정하는 기구가 상비되어 있으면, 상원의 재정결정권과 더불어 상원의 역할과는 이질적인 지역정부의 대변인 기능을 수행하게 되는데, 이러한 헌법외 기

---

10) 선거일이 다르면, 중앙과 지역의 독립성을 부각시킬 수 있다. 즉, 지역선거를 지역정부의 정무이행에 대한 평가의 기회나 중앙정부에 대한 불만표시의 기회로 활용할 수 있다. 전자는 적극적으로 직접적으로 지역선거를 지역의 독자성을 실현시킬 수 있는 경로로 이용하는 반면, 후자는 소극적으로 간접적으로 지역선거를 지역의 탈중앙 성향을 표출하는 경로로 이용한다.

〈표 5〉 연방국가의 연방체제 비교

국가	지역정부	중앙-지역정부 선거일	상원의원선출	재정결정권[1]
호주[2]	state(6) & territory(2)	중앙-지역간 다른 선거일, 지역간 다른 선거일	직접선거; 동일의석	재정 법안수정요구 & 상설 정부간 관계기구
캐나다[3]	province(11)	중앙-지역간 다른 선거일, 지역간 다른 선거일	총독임명 ↑총리지명; 의석 인구비례	재정법안 수정요구, 재정법안 개정, 통과 & 상설 정부간 관계기구
오스트리아	Land(9)	중앙-지역간 다른 선거일, 지역간 다른 선거	간접선거; 의석 인구비례	재정법안 개정
독일	Land(16)	중앙-지역간 다른 선거일, 지역간 다른 선거일	지역의회 지명(Landtag); 의석 인구비례	재정법안 제출, 수정, 개정, 통과 & 상설 정부간 관계기구
벨기에	provins(14)	중앙-지역간 다른 선거일, 지역간 다른 선거일	혼합[4]	실질적 권한 없음
스위스	canton(26)[4]	중앙-지역간 다른 선거일, 지역간 다른 선거일	직접선거; 동일의석	재정법안 제출, 수정, 개정, 통과 & 상설 정부간 관계기구
미국	state(50)	중앙-지역간 같은 선거일, 지역간 같은 선거일	직접선거; 동일의석	재정법안 수정, 개정 & 통과 상설 정부간 관계기구

출처: Tsebelis, Money, *Bicameralism* (1994); Lane 외, *Political Handbook OECD Countries* (1997); Downs, *Coalition Government, Subnational Style* (1998); Patterson, Mughan, *Senate: Bicameralism in the Contemporary World* (1999); Okyeon Yi Hong, *Federalism, Fiscal Centralization, and Partisan Competition* (박사논문 chap. 5, 2002)

1. 재정결정권은 상원의 권한과 상설 정부 간 관계기구의 존재를 병기했다
2. 호주는 각각 1978년과 1989년부터 2개의 'territory'—Northern Territory, Australian Capital Territory—를 추가했으며, NT는 1994년부터 지역선거를 실시하기 시작했다
3. 캐나다는 1978년부터 Yukon Territory를 추가해서 12개 'province'로 지역정부가 구성되어있지만, Northwest Territories는 비당성(non-partisan) 선거를 치르므로 자료비교에서 제외시켰다
4. 스위스 지역정부는 캔톤(canton)으로 통하나 지역마다 지역의회의 명칭이 다르다. 자세한 것은 〈표 12〉를 참조하기 바란다

구의 종류와 특성도 각국마다 다양하다.

더불어 정당 간 경쟁의 두 가지 측면을 연방체제와 결부해서 비교해 보면, 첫째, 중앙과 지역 간 정당제도가 독자적으로 발전한 경우 정당 간 경쟁이 지역단계에서도 활발하며 결과적으로 정부단계간 독자적 정당제도가 정립되어 발달할 가능성이 크다. 캐나다, 호주, 벨기에는 중앙과 지역 간 이중적 정당제도를 가지므로 다단계 정부조직의 거버넌스에 직간접으로 영향력을 발휘할 수 있는 반면, 미국의 지역 정당들은 중앙 정당들로부터 독자성이 결여되어 있기 때문에 정치과정에서 종종 제외된다. 스위스의 지역정당들은 미국처럼 중앙정당과 동일한 명칭을 달고 있으나, 조직이 지역적으로 극도로 분화되어 있으며 특히 이중적 과반수의 헌법적 장치를 통해서 소규모의 캔톤에 근거하는 정당도 정치과정에 중대한 결정권을 행사할 수 있다. 독일은 중앙과 지역 간 독자적이면서도 상호의존적인 정당제도를 가지고 있으므로 다단계 정부조직의 유기체적 역할을 맡고 있고, 오스트리아는 초기에 미국형 정당제도에 가까웠지만, 1990년대 이후 독일형 정당제도로 전환하고 있다.

둘째, 중앙과 지역 간 경쟁이 정당 간 경쟁과 더불어 또는 정당 간 경쟁으로 대체되어 표출되는가의 여부이다. 이는 분권의 제도화가 재정적 권한분배와 밀접하게 관련되어 있는 복합적인 문제이다. 민주국가의 재정운영은 각국의 고유한 역사적, 제도적, 상황적 특성으로 인해 파생되는 제반 문제들을 해결함으로써 일반시민들이 선거를 통해서 표출했던 정책들을 실현하는 주요 도구이다. 따라서 동일한 국가라 하더라도 집권정당에 따라 판이한 재정운영방침을 수립한다.

더욱이 단일국가와 달리, 연방 민주국가는 헌법상 중앙정부와 지역정부 간 재정운영의 책임을 나누기로 한 계약을 명시하기 때문에 재정분산이 더욱 명확하다. 따라서 연방 민주국가의 재정운영은 단일국가와는 체제상 다른 분산된 재정구조를 가지고 집권정당의 성향에 따라 적합하게 재정정책을 변형하지만, 각기 고유한 제도적 여건으로 인해 재정정책의 책임소재를 분산하는 경우 심한 정도의 차이를 보인다. 연방 민주국가는 중앙정부와 지역

정부가 재정운영을 통해 지출의 공을 자기 몫으로 돌리려 하고 재정적 지원의
책임을 회피할 수 있는 기회(credit-claiming and burden-shifting opportunities)
를 제도적으로 제공한다. 정당과 정치인들은 이러한 기회를 충분히 활용하
려고 경합할 것이며, 이러한 맥락에서 재정정책이 경제적 효율성에 근거하
여 결정된다고 상정하기 어렵다. 그러나 기회가 많다고 해서 모든 정당과
정치인들이 성공적으로 자신들이 원하는 방향으로 재정을 운영하지는 못한
다. 즉, 같은 정당이 집권하더라도 중앙정부와 지역정부의 권력 장악의 정도
에 따라 재정정책에 미치는 정당성향의 영향력이 달라지며, 이는 중앙정부
에 대해서 지역정부의 대변인 역할을 하는 제도적 장치가 얼마나 유효한지
와 연결된다.

쩌벌리스(Tsebelis)는 정책참여자들을 거부권을 행사할 수 있는 정책참여
자(veto player)와 유명무실한 정책참여자(nominal player)로 구분하여, 이들
이 정책결정과정과 정부의 안정성에 궁극적으로 미치는 영향력에 대하여 중
점적으로 분석하고 있다.11) 특히, 다단계 정부구조를 가진 경우, 비록 veto
player의 수는 증가하지만, 이로 인한 의회 구성도의 변화 자체가 반드시
충격적인 파급효과를 초래하지 않는다고 주장한다. 따라서 의회내각제하 양
원제도에 이를 적용한 경우, 비록 하원내 의석 분포도의 변동으로 내각의
구성정당이 바뀌더라도 하원의원과 다른 경로로 선출된 상원의원이 있기 때
문에, 의사과정 자체에 급격한 변동으로 연결되지 않는다.12) 예컨대 번

---

11) veto player의 수가 클수록, 정책결정이나 정책전환의 가능성이 줄어든다. 더불어
veto player들의 응집력이 강할수록, 또한 veto player들의 입지가 각기 독창적일수
록, 정책에 대한 합일점을 찾기가 어려워지므로 정부나 내각의 불안정으로 발전하기
가 쉽다(George Tsebelis, "Veto Players and Law Production in Parliamentary
Democracies," 1999).

12) 쿠터는 가상의 실례를 들어 상원이 안정된 의정활동에 기여하는 것을 보여준다. 다수
결의 원칙에 근거하여 $100를 나눈다고 가정하자. 5개의 선거구역에 분배된 현 상태
는(A:33, B:0, C:33, D:34, E:0)이며 유일한 대안은(A:0, B:30, C:40, D:0, E:30)이
다. 다수연립인 BCE는 현 상태보다 대안을 선호하므로 변동이 예상된다. 앞의 구성
도가 하원이라면 상원이 3개의 지역으로 구성되어(X=A+B:33, Y=C:33, Z=D+E:34)
라고 가정하자. 이 경우 대안은(X:30, Y:40, Z:30)으로 다수연립인 XZ(=A+B+D+E)

(Bawn)은 쩌벌리스의 주장을 연방국가인 독일에 적용하여, 연립정부의 구성원이 바뀌더라도 상원(*Bundesrat*)이 급격한 정책변동에 제동을 걸기 때문에 정책과정이 상당히 안정적이라는 점을 입증하고 있다.[13)

그러나 헌법적인 연방국가라도 상원이 하원과 더불어 재정문제에 대한 결정과정에 참여하는 경우는 제한되어 있다. 독일식 연방제는 이러한 제한적 경우에 해당하는 사례로, 중앙정부와 지역정부 간의 권한 분할이 헌법에 명시되어 있을 뿐 아니라, 제도적으로 상원이 지역정부의 대표기관으로서 실제적 권한을 가지고 지역정부와 관련된 모든 법안의 의결과정에 참여한다. 결국 연방제와 민주주의의 상관관계에 대한 체계적인 설명을 위해서는 상원이 지역정부의 이익을 대변할 수 있는 권한, 즉 지역정부의 재정운영과 관련된 법안에 대해 입법기능을 가지고 있는 연방국가와 이러한 역할이 갖추어 있지 않는 연방국가를 구별할 수 있는 기준이 필요하다. 왜냐하면 중앙정부와 지역정부의 재정권 분할을 고찰하려면, 지역의회의 구성과 기능 자체를 분석하는 것이 상원의 구성과 기능을 분석하는 것보다 더 정확하기 때문이다.[14) 더구나, 상원의원들이 지역정부의 대변인 역할을 수행하는 제도적-관습적 장치가 결여된 경우, 단순하게 상원의원의 소속 정당을 기준으로 하원의 구성과 비교하는 것은 재정분산의 연구에 그다지 큰 의미가 없다고 본다. 왜냐하면 중앙정부와 지역정부 간의 관계나 또는 지역정부들 간의 관계를 조정하는 기구가 상원에 한정되지 않기 때문이다.[15)

독자적 지역선거가 중앙과 지역 간 갈등을 표출시키는 절차를 제공한다는

는 현 상태를 대안보다 선호하므로 안정이 예상된다. 즉, 하원에서는 A와 D를 불리하게 하는 대안이 다수결로 통과하지만, 상원에서는 다수연립이 현 상태에 만족하므로 대안의 통과를 막는다.

13) Kathleen Bawn, "Money and Majorities in the Federal Republic of Germany," 1999.
14) 중앙정부와 달리 지역정부는 복수의 개체이기 때문에, 정당별 영향력을 비교하기 위해서 독자적인 산출법이 필요하다. 이에 대한 상세한 서술은 다음 부분에서 다루어진다.
15) Michael Burgess and Alain Gagnon, eds., *Comparative Federalism and Federation* (New York: Harvester Wheatsheaf, 1993).

사실은 인정하나 비록 분산체제가 경제학자나 정치학자, 더 나아가 정책 결정자에게 호평을 받는 '우수한' 체제일지라도 연방체제 자체가 도덕적으로 또는 사상적으로 기타 제도보다 본질적으로 뛰어나다는 보장은 없다. 라이커가 경고했듯이 연방체제가 경제든 정치든 개인이나 주정부의 대표성 증진에 기여한다고 단정하는 것은 '이념적 과오(ideological fallacy)'이며 나아가 이러한 단편적인 단정은 학문적 발전에도 오히려 장애가 된다. 이러한 점에 유의하여 다음 절에서는 안정된 연방국가 7개국이 민주주의가 추구하는 대표성을 어떠한 경로로 실현하는지 국가별로 검토하고자 한다.

III. 연방제 민주주의 비교

1. 미합중국

연방과 주정부 간 분권에 대한 토론은 미국 내에서 계속되는 정부단계간 관계정립의 난관을 단적으로 보여준다.16) 통치의 편의를 목적으로 연방주의를 도입한 호주나 상대편으로의 융화를 거부하는 집단 간 대결상황을 잠정적으로 그러나 지속적으로 해소하기 위해 연방주의를 선택한 캐나다와 대조적으로 미국은 권력분산을 제도화하여 공화정에 기반을 둔 민주주의를 구현하기 위해 연방주의를 채택하였다. 그럼에도 불구하고 1787년 연방헌법이 비준된 이래 미국의 연방주의도 시대적 여건과 집권행정부에 따라 변천을 거듭하며 발전해 왔다. 분기점이라고 할 수 있는 남북전쟁이 종료되기 전까지는

---

16) 19세기 미국의 발명품으로 치부된 연방주의에 관한 상반된 논의에 관해 자세한 내용은 Dimitrios Karmis and Wayne Norman, eds. *Theories of Federalism, A Reader* (New York: Palgrave, 2005), pp.105-188을 참조하기 바란다.

〈표 6〉 미국 연방주의의 시대적 변모, 1900년대~1990년대[1]

기간[2]	집권행정부/정치적 여건	정부단계간 관계
과도기(1895~1911) Melville Fuller	공화당이 다수당	19세기 협조 연방체제 종식
진보농업주의(~1921) Edward White	민주당 내각(1913~1921)	루스벨트(T. Roosevelt)하 주정부의 실험
정상화(~1931) William Taft	공화당 집권	주 정보의 실험 재강조
위기중앙주의(~1945) Harlan Stone	민주당이 다수당	뉴딜(New Deal) & 연방-주 정보 공조
탈중앙화 복원(~1961) Fred Vinson(~1953) Earl Warren(~1969)	공화당 대통령	주정부의 역할 증대
집중된 협조(~1968) Earl Warren	민주당이 다수당	인권운동, 도시재개발, 빈곤퇴치 운동
강압적 협조(~1981) Warren Burger	입법-행정부 다수당이 양분화	연방주도 정책을 주정부가 실행
신이중주의(~1993) Warren Burger(~1986) William Rehnquist	공화당 대통령	레이건(Reagan)의 신연방주의 → 연방보조↓
반(反)분산(~2001) William Rehnquist	입법-행정부 다수당이 양분화	연방참여·주 혁신 & 적자예산 종식

출처: Elazar, "Opening the Third Century of American Federalism," *The Annals of the APSA* (1990), p.13; Weissert and Schram, "The State of American Federalism," *Publius* (1998)
1. 1980년대 이후는 Weissert와 Schram의 상기 논문을 바탕으로 Elazar의 도표에 맞추어 요약했다
2. 해당 기간에 재직한 연방대법원장(들)의 이름을 기입했다.(http://www.supremecourthistory. org/02_history/subs_timeline/02_a.html 2006.12.28 검색)

연방과 주가 팽팽하게 맞선 이중적 병행구조의 연방체제가 지속되었다.

앞서 언급했듯이 이중주권의 원칙은 연방과 주가 동시에 정책분야에 대한 최종적 권한을 행사할 수 있다고 규정하고 있으나 권력분산을 통한 자유구현이라는 이상형을 설정한 건국의 시조들은 명확한 로드맵을 제시하지 않았다. 따라서 이중주권의 원칙을 둘러싼 논란은 끊이지 않았고 심지어 대부분 주에서는 주의 주권이 완전하기 때문에 연방의회법령이 주나 주의 거주민의 자유를 침해한다고 판단되면 그러한 법령을 주가 무효화시킬 수 있다는 주장이 지배적이었다. 그러나 남부 주들의 패배로 이중주권의 원칙에 대한 해석으로 무효화 원칙은 더 이상 허용되지 않았으나 해석을 둘러싼 분쟁 자체가 그친 것은 아니다. 앞의 <표 6>은 그 이후 20세기 미국의 연방주의 변천사를 요약한 것이다.

<표 6>에서 주시할 점은 집권정당의 이념성에 의해 중앙과 지역의 관계가 추시계처럼 변동한다는 사실이다. 즉 효율적 재정운영과 책임재정정책을 강조하는 보수적 공화당이 연방정부단계에서 우위적 위치를 차지한 시기에는 주정부의 자율권이 강화되는 반면, 중앙 집중적 정책과 정부의 적극적 역할을 강조하는 진보적 민주당이 집권한 기간에는 연방정부의 주도로 주정부의 협조가 유도되는 연방체제가 전개되었다. 또한 이렇게 중앙 집중과 지역분산이 정치 주기적으로 반복되는 배경에는 연방과 주정부 간 관계에 대한 대법원의 헌법적 해석이 주기적으로 변동한다는 점도 작용한다.17) 의회의 자문기관에 그치는 캐나다의 대법원과 대조적으로 미국의 대법원은 의회에서 제정된 법의 합헌성 여부에 대한 판결권을 가지고 있다. 그러나 대법관의 임명권은 대통령에게, 인준권은 상원에게 주어지기 때문에, 임명된 대법관의 이념에 따라 헌법 해석이 변하는 결과가 나타나는데, 이는 곧 헌법적 해석이 정치적 영향, 즉 현직대법관의 이념성향 분포도를 염두에 둔 결석 대법원직 임명에 대한 관심에 휩쓸릴 가능성이 높음을 시사한다.18)

---

17) Thomas Dye, *American Federalism: Competition Among Governments* (Lexington: Lexington Books, 1990), p.76.

〈표 7〉 지자체 협의기구

명칭	창설연도	주요활동영역
U.S. Conference of Mayors	1932	인구 3만 명 이상 거주하는 대도시 이익대변, NLC와의 합병실패
National League of Cities (American Municipal Association)	1924	다양한 도시들의 이익 대변
National Association of Counties	1935	지나친 다양성 때문에 활동사항 부재
National Governor's Association	1908	1965년 이후 공화당과 민주당소속 주지사 간 의장직을 순차적으로 역임
Council of State Governments	1935	주정부와 연방정부 간 연락책

출처: www.usmayors.org/, www.nlc.org/, www.naco.org/, www.nga.org/, www.csg.org/

미국 연방주의에서 특이한 점은 수평적 관계를 정례화하는 주 간 관계기구들이 대부분 연방정부의 주도로 창립되었다는 점이다. 이는 연방정부가 주정부나 지방정부를 개별적으로 상대하기에 역부족이었기 때문에 집단적으로 구성원들 간 수렴한 의견을 정책에 반영하고자 주정부 및 지방정부로 구성된 단체결성을 선도했기 때문이다.[19] 각 주정부나 지방정부도 정기적으

18) 이는 정치인들이 대법관을 매수 또는 포섭한다는 의미가 아니라, 정치인들의 이념성향과 정치인들에 의해 임명 또는 등용되는 대법관의 이념성향이 대체적으로 유사하기 때문에, 정치인들에 의해 임용된 대법관이 정부단계간 관계에 대한 헌법의 해석이 정치인들의 선호도와 일치하는 방향으로 변동할 가능성이 높다는 의미이다. 따라서 원칙적으로 종신제인 대법관직의 공석을 채우는 기회를 최대한으로 활용하려는 정치인들 간의 암투는 치열하다. 이러한 사법부 정치/정치화(judiciary politics/politicization)는 연방대법원의 중재역할을 강조한 토크빌에게 아마도 충격으로 다가올 것이다.

19) 경쟁연방주의가 아닌 행정적 협조연방주의가 주류를 이루는 호주나 캐나다와 대조적인 미국에서 이렇게 연방주도의 주 간 관계기구가 창립된 사실은 흥미롭다. 상세한 논의는 Anne Marie Cammisa, *Governments as Interest Groups: Intergovernmental Lobbying and the Federal System* (Westport: Praeger, 1995)를 참조하기 바란다.

로 회동하여 상호 협상을 벌이는 동시에 연방정부를 상대로 집단이익을 극
대화할 필요성을 느끼게 되면서 이들 단체들은 공적 이익집단으로 변모했
다. <표 7>은 이러한 자체적 협의를 도모하고 나아가 연방정부를 상대로
효율적인 로비활동을 벌이기 위해 조직된 주정부나 지방정부로 구성된 단체
들을 보여준다.[20] 미국의 지자체 협의기구 대다수는 비록 초기에 연방정부
의 독려에 의해 창설되긴 했으나 이후 연방정부에 대한 압력단체로 발전한
'동원된 이익집단'으로 발전했다. 그 결과 지역/지방정부 간 협의를 통해 도
달한 합일점은 대체적으로 구체적 정책에 한정되어 있다. 또한 이러한 로비
단체들은 연방정부와 주정부 또는 지방정부 간 관계에서 정책구현을 위해
가장 적절한 정부단계를 대상으로 모두 압력을 가할 뿐 아니라 주민발의
(initiative), 주민투표(referendum) 및 주민소환(recall) 등 주 차원의 직접 민주
주의를 제도화한 주도 상당수 있다. 결과적으로 주 간 관계기구는 입법기능
이 제한된 주 의회에 의존하지 않는 경향을 보여준다.

2. 캐나다

호주가 통치의 편의를 도모하기 위해 연방제를 도입했다면, 캐나다는 당면
한 집단 간 알력다툼을 해소하려는 절박함에서 연방제를 도입했다(Burgess
and Gagnon 1993). 그 결과, 캐나다의 연방주의는 실질적으로 지역정부의
요구를 연방정부의 기대치보다 우선시하지만 공식적으로는 지역정부의 우
선 순위가 공권력의 근거가 되는 명문으로 정착되지 않거나, 지역정부의 독
자적 이익이 실질적으로 대변될 수 없게 하는 제도와 절차의 이중성이 병행
하는 기묘한 형태를 취한다. 게다가 캐나다의 중앙-지역 관계에서 중앙정부

---

20) 이외에 주정부를 상대로 로비활동을 전개하는 단체들이나 특정 지역 내 구성원만 규
    합하여 이익대변 활동을 하는 단체도 다수 존재한다. 이들 단체는 공통적으로 워싱턴
    D.C.에 상주기관을 설치하고 전문 로비스트를 채용하여 단체구성원들에게 보다 우호
    적인 공공정책을 연방정부가 채택하도록 종용한다.

가 명분상 우위입지를 고수하고 있음에도 불구하고, 중앙에게 독자적인 권한으로 부여하지 않은 '잔여' 권한을 지역에게 돌리는 호주헌법과 달리, 캐나다의 헌법은 중앙과 지역정부 간 독자적 권한이 있음을 명시하고 있다. 그러나 지역정부의 독자적 권한은 품목별로 제시된 것이 아니기 때문에, 지역정부는 복합적으로 얽혀 있는 권한들을 중앙정부와 공조해서 풀어나가야 한다(Sproul-Jones 1993). 따라서 외관상으로 완벽하게 보이는 재정분산을 연방주의가 헌법에 명시한 대로 이루어진 성공사례로 해석하기보다, 사회 저변에 산재하는 갈등해소를 위해 중앙정부가 지역정부를 회유 또는 매수하는 과정에서 생긴 부산물이라고 해석하는 편이 적절하다.

　양면성을 지닌 중앙 편중현상은 제도적으로 연방상원의 실질적 무력화와 '협조행정적 연방주의(cooperative executive federalism)'로 나타난다. 첫째, 명시된 권한 면에서 보면, 캐나다의 연방상원은 강력한 지역정부의 대변기관의 역할을 수행할 수 있다. 그러나 상원의원의 선출방법을 검토하면 지역정부의 대변기관 기능이 효력을 발휘하지 못한다는 점을 알게 된다.21) 따라서 그 출신 주의 정부를 연결하는 정치적 연계가 없는 상원의원에게 지역정부의 대변인 역할을 기대할 수 없다.22) 둘째, 협조행정적 연방주의란 중앙과 지역 간 주요 정책결정이 각 정부단계의 의회를 통한 심의보다 각 정부단계의 행정부를 통한 조정에 의해 이루어지는 권력분산형태를 가리킨다.23) 특

21) 연방하원의 다수당 당수이며 집권내각의 총수가 지명한 인사들을 총독(Governor-General)이 연방상원의원으로 임명한다. 1975년 전에는 종신 임기였으나, 그 이후에는 75세까지의 임기로 바뀌었으며, 1986년에는 지역정부에게 자문을 구한 후 상원의원들을 지명하는 관행이 정립되었다.
22) 상원의원직은 집권정당에 대한 충성의 대가로 주어지는 "the choicest plums in the patronage basket (Rush in Burgess 1990, 148)"라는 인용에서 상원의 무력함을 도출할 수 있다.
23) 연방국가를 포함한 다단계 정부구조를 가진 체제에서 중앙정부와 지역정부의 결정이 대부분 다수결로 이루어지므로, 중앙정부와 지역정부의 결정사안 간에 큰 차이가 발생할 때, 중앙정부가 지역정부에게 일률적인 정책집행을 요구하면 지역정부의 정책선호도가 유효적절하게 충족되지 못한다. 이를 최소화하기 위해 지역정부들이 자발적인 협약을 통해 중앙정부에 대한 정책에서의 합치점을 찾는다면, 중앙-지역 간 세력균형

히 지역정부의 문제를 다루는 연방상원의 역할이 실효를 발휘하지 못하는
호주나 캐나다에서는 연방주의 실현에 의회의 직접적 역할은 제한되는 반
면, 각 정부단계의 행정부 부처간 정책 중심의 공조 연방체제가 성립된다.
그러나 일반적으로 지역정부보다 중앙정부가 더 큰 재원을 보유한다는 점을
감안할 때 중앙-지역 간 표면적 협조가 중앙정부의 지역정부 회유-포섭으로
이루어지는 공조, 즉 매수한 협조로서, 근본적으로는 중앙정부에게 치우쳐
서 영향력이 분포되어 있음을 간과할 수 없다.

　정치문화는 특히 재정 연방주의에 대한 원칙과 관련해서 정부 간 이체자금
(intergovernmental transfers)의 운영상을 검토함으로써, 연방주의에 대한 가
치관, 즉 중앙의 역할에 대한 관점에서 엿볼 수 있다. 캐나다와 독일은 지역
간 재정원의 균등화를 헌법에서 명문화하고 있기 때문에 중앙정부가 적극적
으로 수직적 및 수평적 평등을 실행해야 할 의무가 있다. 다만 지역 또는
지방정부를 상대로 독일의 연방정부가 명문화된 우위를 내세울 수 있다면,
캐나다의 연방정부는 실질적 우위를 암시할 수 있을 뿐이다. 이와 대조적으
로 약화된 형태로서 재정원의 균등화가 명문화된 호주에서는 지역정부가 대
법원의 불리한 해석으로 조세권을 행사할 수 없기 때문에, 차선책으로 중앙
정부와의 적극적인 타협을 통한 재정원 확보경합으로 인해 중앙으로부터의
이체자금이 증가하고 있다. 이 경우 캐나다와 달리 호주의 연방정부는 재정
적 우위를 기반으로 협조를 유도하면서 그에 대한 공헌을 각인시킬 수 있다.

　따라서 표출된 재정분산은 이중적 의미를 안고 있다. 한편으로 '퀘벡
(Québec)주 문제'에 대한 해결법으로 다른 모든 주들에게도 동등한 조세징
수와 예산지출에 대한 지역정부의 자율권을 부여한 결과 이상적인 분산운영
을 유지한다. 그러나 다른 한편으로 이러한 자율권의 집행은 헌법외 정부단
계간 기구를 통해서 지역행정부처 간 협상의 결과로 이루어지고 있다. 이는
독립적으로 선출된 지역의회가 제도적으로 실질적인 역할을 박탈당하게 되
는 근거를 마련하며, 이에 대한 불만이 연방에 대한 반사적 역반응으로 표출

이 중앙정부로 치우치는 것을 막을 수 있다(Wildasin 1997).

된다. 즉, 연방상원과 연대관계가 없기 때문에 연방정부에 대한 발언무대를 잃었을 뿐만 아니라, 지역정부 간의 접촉에서도 발언기회를 상실한 지역의회는 결국 독립적인 지역선거라는 절차를 지역주민에게 지역정부에 대한 정무책임을 묻는 기회보다, 현 연방집권정당에 대한 반감을 표시하는 출로로 활용하고 있다.

연방하원과 지역의회의 자유당 전체적 의석점유율을 선거연도별로 비교하면, 1960년대부터 1980년대까지 자유당은 연방정부단계에서 지속적으로 과반수 의석을 차지했음에도 불구하고 지역의회에서는 전체적으로 이에 훨씬 못 미치는 지지도를 차지했음을 관찰할 수 있다.24) 더구나 제 3당들이 활보하던 1970년대에는 지역정부단계에서 전국적 주요정당인 자유당이나 보수당 모두가 지지기반을 잃었다.25) 그러나 1984년 총선에서 지난 20여 년간 집권내각을 꾸려온 자유당이 실권하자마자, 연방 집권정당인 보수당에 대한 반감표시로 지역정부단계의 자유당 지지도가 증가하면서 1970년대 수준이 회복되었다.26) 이러한 지역의회의 독자적 정당성향(partisanship)이 재정분산과 지역선거를 연계하는 매개체 역할을 하지 못하고 있다는 주장은 지속적인 재정분산의 배경에 중앙과 지역 간의 알력을 이용해서 실질적인 재정분산에 대한 요구를 하는 지역정부에게 지역의회가 명분을 부여하는 촉매역할을 했다는 점을 간과했다고 반박할 수 있다. 즉, 지역의회의 반동적 행보가 연방정부를 상대로 하는 지역정부의 주장에 묵시적인 무게를 실어주기 때문에, 연방정부는 지출권한의 분산에 비례하여 세수책임을 전가함으로

24) 상세한 정부단계간 정당별 의석점유율 비교는 4장 "연방제를 통한 통합과 분권: 캐나다"에서 참조하기 바란다.
25) New Democratic Party/Cooperative Commonwealth Federation이나 지역정당인 Parti Québècois 및 Social Credit/Crédit Social 등이 주요 제3당들이다.
26) 1957년 선거로 집권한 보수당을 1963년 총선에서 승리한 자유당이 몰아낸 후 1979년 선거에서 잠시 보수당에게 밀렸지만, 9개월 후 1980년 총선에서 보수당을 누르고 재집권했다. 그러나 1984년 선거에서 보수당에게 패배한 자유당은 10년 후인 1993년에 6개월의 보수당 단기 내각을 실각시키며 같은 해 11월에 Chrétien 수상이 이끄는 자유당내각을 수립했다(*European Journal of Political Research*, vol.24과 vol.33).

써 중앙-지역 관계의 균형을 유지하고 있다.

3. 호주

호주의 연방제는 사상적, 안보상의 필요보다 단순히 통치의 편의를 위해 채택되었다(Emy 1988). 따라서 연방제의 이념적 기반, 특히 재정분산의 원칙에 대한 관심이 적었다. 이러한 역사적 이유뿐 아니라, 호주대법원이 조세권한에 대한 해석에서 연방정부에게 유리한 판결을 내림으로써 재정적 중앙집중화의 기반이 마련되었기 때문에, 헌법에 명시된 지역-지방정부의 고유 권리행사마저도 실질적인 구속력을 가지지 못한다(Wildasin 1997).27) 조세 권한을 박탈당한 지역정부를 더욱 구속하는 것은 중앙에서 지역정부에게 이양하는 과잉세수인데, 연방정부는 지역정부에게 지출권리 행사에 대한 조건을 일방적으로 부과함으로써 세수와 더불어 지출의 양면에 비대한 영향력을 행사한다. 이러한 연방정부의 독주는 연방법에 부합하지 않는 주법을 무효화시키는 권리를 연방정부에 부여한 헌법 109조에 의해 연방정부는 대법원의 유리한 판결에 힘입어 중앙으로 편중된 재정집중으로 나타난다. 특이한 점은 1970년경부터 1980년경까지 중앙정부의 지출수준이 세수수준과 동등하게 중앙정부에 집중된 시기에 정부 간 관계를 전담하는 헌법외 기구가 신설되었다는 사실이다.

<표 8>은 정부단계간 관계조정기구의 창립시기를 나열하고 있다. 결과적

---

27) 호주헌법의 90조는 관세 및 '간접세(excise)' 세금의 징수권한이 의회에 국한된다고 명시하지만, 호주 대법원은 물품세(sales tax)도 'excise' tax에 포함된다고 해석함으로써 지역정부의 세원확보에 심각한 제동을 걸은 셈이었다. 게다가, 2차 대전 중 전쟁 동원으로서 연방정부가 소득세를 독점 징수하였는데, 이 관행이 종전 이후 수차례에 걸친 정치적-법적 대립에도 불구하고 지속되었다. 1976년에 수립된 조세공유제도 연방정부가 징수한 소득세의 일정 비율을 주정부 단위로 주민 일인당 일정액만큼 이양하도록 규정하고 있으므로 지역정부의 재정적 독립은 실질적으로 불가능하다(Wildasin 1997).

으로 정부단계간 기구가 상설되었음에도 불구하고, 이 헌법외 정부 간 관계
협약기구는 지역정부의 이익대변의 기능보다 중앙정부의 정부 간 관계정책
을 조율하는 기능을 강조했기 때문에 중앙-지역 관계의 균형이 오히려 중앙

〈표 8〉 호주의 정부단계간 관계조정기구[1]

주	연도-주관부서	명칭
연방	1975 수상(PM); 1983년 이후 내각	Community Development Branch; Ministry for Commonwealth-State Relations
뉴사우스웨일스 (NSW)	1974 주 총리	Senior Administrative Assistant
빅토리아 (Victoria)	1975 주 총리	Intergovernmental Relations Branch
퀸즐랜드 (Queensland)	1974 주 총리	Intergovernmental Projects Branch
사우스 오스트레일리아 (S. Australia)	1976 주 총리	Intergovernmental Relations Branch
웨스턴 오스트레일리아 (W. Australia)	1975 주 내각	Ministry for Federal Affairs(1983년 이전); Ministry for Intergovernmental Affairs
태즈메이니아 (Tasmania)	1976 주 내각	Ministry for Education, Recreation and Federal Affairs; Ministry for Federal Affairs(1977년)

출처: Warhurst, "Managing Intergovernmental Relations," in *Federalism and the Role of the State,* Bakvis and Chandler, eds. 1987; MacIntyre, *Political Australia: A Handbook of Facts* (1991)

1. 워허스트(Warhurst)와 맥킨타이어(MacIntyre)간 다소 다른 점들이 발견된다. South Australia의 경우 1979년부터 1982년까지 주 법무처장이 연방관계부처장도 겸임했다고 워허스트(Warhurst)는 밝히나, 맥킨타이어(MacIntyre)는 전혀 언급하지 않는다. Western Australia의 경우 워허스트(Warhurst)는 1976년 Premier 산하 Director of Inter- governmental Relations를 언급할 뿐이다. 또한 Tasmania의 경우 워허스트(Warhurst)는 책임자를 통해 수집한 자료에 의거하여 Premier 산하 Director of Policy Administration 을 언급할 뿐이다

정부로 치우치게 되었다는 결론을 도출할 수 있다.

제도적으로 호주의 지역정부는 오스트리아의 지역정부보다 중앙정부로부터 자율성을 주장할 수 있는 여지가 있다. 호주 지역정부에는 의전적 역할을 담당하는 임명된 주지사와 지역하원의원에 의해 선출된 주 총리 등 두 명의 최고 행정수반이 공존한다.28) 따라서 중복적인 역할을 해야하는 오스트리아의 주지사보다 호주의 주 총리가 상대적으로 큰 자율권을 가질 수 있다. 그러나 지역정부의 자율권이 가시화되지 않는 이유를 대법원의 방해뿐 아니라 상원의 능력 부족과 지역정부의 자율 의지 결여로 나누어 볼 수 있다. 첫째, 호주의 연방상원은 대표성을 갖추고 있으면서도 주의 이익을 효과적으로 대변할 도구가 없다. 주의 크기에 관계없이 동일한 수로 직접선거를 통해 선출된 상원의원들의 재정에 관한 권한은 앞서 <표 4>에서 보듯이 법안의 내용에 대한 수정요구를 제시하는 데 그친다. 따라서 상원의원은 각자 출신 주의 대표로서 그 이익을 대변할 재량권과 더불어 자주의지가 부족하다고 해석할 수 있다.29) 둘째, 주 의회와 연방 하원의 정당구성간의 미약한 차이는 주 의회가 연방하원으로부터 독자적인 정책을 표명하려는 의지가 부족하다고 해석할 수 있다.30)

---

28) South Australia와 Tasmania를 제외한 주 하원은 The Legislative Assembly이며, 이 두 주에서는 The House of Assembly이다. Queensland에서는 1922년 주 상원이 폐지된 이후 단원제가 계속되었다. 두 Territory(Northern Territory, Australian Capital Territory)에서는 그 외 주에서와 달리 임명된 의전적 주지사가 없다.

29) 연방상원이 제한적이나마 재량권을 발휘할 때, 즉 연방상원이 하원법안에 대한 수정을 요구하며 돌려보내는 경우, 상하원 간 타협으로 인해 입법과정이 지연되는 까닭에 상원을 '방해'기관(obstructive chamber)이라 칭하며, "연방제를 채택한 대가"로 자조하기도 한다(Patterson and Mughan 1999, 105). 반면, 연방상원의 '방해'가 관료화된 정부의 독주를 규제하는 감독의 기능을 가지기 때문에, 연방제의 유지에 도움이 된다는 주장도 있다(Uhr 1995).

30) 주 별로 살펴보면, 호주노동당(ALP)이 항시 다수정당인 New South Wales를 제외하고 다른 주에서는 연방정부단계에서와 마찬가지로 ALP와 Liberals 간의 교체가 주기적으로 이루어진다. 총체적으로 주정부단계에서는 ALP가 과반수에는 못 미치지만, 1995년 이전까지 다수당 지위를 유지했으나, Liberals와의 격차가 미미하다.

오스트리아에서는 주정부가 연방정부의 기본 틀에서 일탈할 경우 대법원으로부터 제재를 받을 수 있음에도 제한적이나마 재정분산이 이루어지는데 반해, 호주의 주정부에게는 그러한 법적 제재에 대한 두려움이 없는데도 불구하고 독자적인 지역선거를 통해 연방정부의 간여에서 벗어나려는 의지가 결여되어 있다. 이는 독자적인 세수원의 확보가 법제도적으로 제한되어 있는 호주의 현실과 더불어 주정부의 자율성을 위축시키는 주요 원인이다. 결과적으로 호주의 주정부는 독립적인 지역 선거를 연방정부로부터 독자적인 정책이나 노선을 표명하고 채택하는 기회로 전환하지 못하고 있음을 시사한다. 즉, 호주의 '억제된 연방주의(bottled federalism)'는 제도적 제동장치에 의한 결과인 동시에 이러한 현실에 자포자기한 주정부단계 정치인들의 의지 부족이 낳은 산물이다. 전자가 후자를 초래했지만, 후자가 지속되면서 전자에 대한 반발이 정치적-법적 설득력을 상실하게 된 결과, 연방주의를 공식적으로 천명해왔음에도 불구하고 연방주의를 경원시하는 관행이 정착되었다.

그러나 1983년경 이후에는 재정집중의 경향이 완화되어서, 1995년에는 중앙정부의 지출률이 종전의 세수율 수준으로 감소했고 세수율은 종전보다 10%정도가 더 감소했다. 이러한 변화를 어떻게 해석할 것인가? 정부단계간 집권정당의 이념성향이 다를 경우, 정부단계간 경쟁이 정당 간 경쟁의 형태로, 즉 이념적 대립의 형태로 표출될 수 있다.[31] 또는 정부 간 집권정당의 노선경향이 다를 때, 이념-사상적 대립보다 정치적 숙적이라는 의식으로 인해 상대정당을 신뢰하지 못하기 때문에, 자율적인 정책의 수행권한을 확보하려는 재정권 쟁취로 나타난다고 해석할 수 있다.

정부단계간 집권정권이 동일했던 1980년 이전시기에는 헌법의 해석에 따른 조세권한의 중앙집중화로 인해서 재정분산이 제도적으로 불가능했기 때문에, 중앙정부가 정부 간 관계기구를 통해 지역정부를 회유-포용함으로써

---

31) 예를 들어, 좌파 중앙정부는 보수파가 우세한 지역정부에게 재정집중화를 요구하며, 재정의 통제권을 중앙으로 이양시킴으로써 좌파정당이 선호하는 정책, 예컨대 복지정책, 부의 재분배에 관한 일련의 정책들, 특히 누진세율이 적용된 소득세 적용 등 일련의 정책을 중앙에서 보다 효율적으로 집행할 수 있다.

중앙-지역 간 재정단일화로 전개되었다. 그러나 1980년경 이후부터 중앙과
지역정부의 집권정당이 달라지면서, 재정단일화가 이루어지기 이전상태로
의 환원을 요구할 수 있는 민주적 입지가 조성되었고, 지역의회에서 선출된
주 총리들이 연방정부와 다른 정당성향을 정부단계간 의견충돌의 형태로 정
부 간 관계기구에서 표출할 수 있었다. 이러한 맥락에서 본다면, 비록 대법
원과 연방상원으로 인해 '억제된 연방체제'에서도, 중앙과 지역정부 간 독립
적인 선거라는 절차를 통해서 지역정부의 재정자율권에 대한 주장이 사실적
인 적법성을 부여받을 수 있었고, 궁극적으로 과거 재정분산수준을 회복하
였다는 결론을 도출할 수 있다.

4. 독일

독일의 현 연방체제는 2차 대전 종료로 생긴 부산물이다. 독일식 연방주
의는 중앙집중화를 선호하는 사민당(SPD)의 반발에도 불구하고, '독일문제'
에 대한 예방과 치유책으로서 제기된 것으로, 지역정부에게 독립적인 재정
원을 이양하는 미국의 연방주의와 임의로 정한 영토분할체계가 병합해서 탄
생되었다(Nicholls 1997).[32] 이에 따라 독일의 헌법(Basic Law)은 중앙과 지
역 간 입법과 집행의 기능적 상호의존을 명문화하고 있다.[33] 결과적으로 연
방정부는 입법영역에 중점을 두는 반면, 지역정부는 모든 정부단계에서의
법안의 집행을 주로 담당하고 있다(Jeffery 1999). 이러한 기능적 상호의존형
연방체제는 재정운영과 결정에 있어서 양면적인 구조를 가지고 있다. 정부

---

32) 기존 영토분할경계와 새로운 분할경계가 일치하는 지역은 Bavaria뿐이다(Parkes
   1997).
33) 30조가 지역정부단계(Länder)의 우위성을 전제하고 있는 반면, 70조는 지역정부단계
   의 제한적 입법권을, 72조는 연방국가와 공조하면서 행사할 수 있는 입법권(concurrent
   powers)을 명시하고 있다. 연방정부에게는 75조에서 전반적인 틀을 제공하는 입법권
   한(framework legislative powers)이 주어짐으로써 연방정부에게 입법영역의 우선권
   을 부여한다.

단계간 분배뿐 아니라 지역정부 간 분배에 있어서도 조세원의 분배에 관해
엄격하게 균등주의의 원칙을 고수하므로 재정균등화체계가 정교하게 발달
되어 있는 반면, 중앙과 지역 간 공유하는 결정권 영역과 독자적인 영역이
헌법상 명시되어 있으므로 결정과정에서 지역과 중앙의 대등한 위치를 제도
적으로 보장하고 있다(Smith et al. 1989).[34]

　　제도화된 세력균형이라는 측면에서도, 캐나다와 대조적으로 독일에서는
중앙에 대한 지역의 평등한 협상기회가 제도적으로 보장되어 있기 때문에,
중앙과 지역관계가 어느 한 쪽 정부단계로 치우쳐져 있지 않다. 따라서 독일
의 연방주의는 중앙과 지역 간 관계 정립이 캐나다처럼 지역분리주의에 대
한 중앙의 반사작용으로 구현된 유형도 아니라, 중앙과 지역 간 기능과 권한
면에서 세분화와 상호의존을 조화롭게 실현한 형태이다.

　　구체적으로 <표 9>에서 보듯이, 독일연방상원(*Bundesrat*)의 구성원은 지
역의회가 지명하므로 비록 직접 선출되지 않았어도 지역구민이 선출한 지역
의회의원이 선택했기 때문에 지역적 대표성의 요건을 갖추었고, 지역정부의
이권이 관여된 재정법안에 대한 모든 헌법적 권리를 갖추고 있다.[35] 또한, 독
일연방상원은 정부 간 관계를 전담하는 기구 중 <표 9>에서 보이는 'Federal
State' 헌법기구의 하나로, 모든 안건이 과반수로 결정되며, 주로 중앙과 지
역의 수직적 관계를 다룬다. 따라서 연방정부단계에서 연방하원과 연방상원
간 정당구성의 차이가 나타나면, 정부단계간 경쟁이 정당 간 경쟁과 병행으
로 또는 대체되어서 구현된다. 정부단계간 경쟁이 정당 간 경쟁으로 나타나
는 경우, 특히 독일연방상원에 주어진 거부권이 행사될 가능성이 높으며, 실

---

34) 독일연방정부는 총 세수의 55%를 징수하는 반면, 국방비를 포함한 총 정부지출의
　　45%를 집행하므로, 세수차액을 지역정부 간 공평하게 분배하기 위한 정교한 장치가
　　발달했다(Conradt, 1989).
35) 지역정부의 권능 수립이나 행정절차 규제에 대한 연방법, 이러한 법을 수행하기 위한
　　강령, 유럽문제에 대한 법안 등의 한 구절이라도 지역정부의 이권과 관계되면, 독일연
　　방상원의 승인이 필요하다(Jeffery, 1999). 그 결과, 연방법안의 절반 정도의 법안을
　　독일연방상원이 결정할 수 있다.

<h3 align="center">〈표 9〉 독일의 정부 간 관계 전담 기구</h3>

단계	정부 간 관계 전담 기구
'Whole *Länder* State' (연방과 주정부단계 대표 간 회동)	1) Conference of the Heads of Governments of the Federation and the *Länder* 2) Conferences of Party Leaders in the Bundestag and the *Landtage* 3) Conference of Parliamentary Presidents of the Federation and the *Länder*
'Federal State' (연방정부단계에서 연방과 주정부단계 대표 간 회동이 제도화됨)	1) Bundesrat 2) Permanent Advisory Council(of the Plenipotentiaries of *Länder*) 3) Committee of Mediation(*Bundestag*과 *Bundesrat*간 이견조정) 4) Missions of the *Länder* to the Federation
'Third Level' (주정부단계에서 주정부대표 간 회동)	1) Conference of Minister-Presidents 2) Conference of Ministers of *.* (예. 내무부, 외무부, 재무부, 법무부, 등)

출처: Leonardy, "The Institutional Structures of German Federalism," in Jeffery, ed., *Recasting German Federalism* (1999), pp.8-9

제 일정기간동안 상대적으로 거부권이 빈번하게 사용되었다.

그러나 연방상원의 거부권(veto) 행사가 일정 시대에 집중적으로 제기되었다는 단순한 이유 때문에 연방상원의 거부권행사 자체를 입법활동의 장애물로 간주하는 것은 무리다. 오히려 연방정부의 세력팽창에 대항해서 지역정부의 이익을 옹호할 수 있는 제도적 헌법 장치(safeguard)가 있기 때문에, 선거로 인해서 하원의 정당구성이 급격하게 변하는 경우에도, 의사결정과정의 변동이 최소화되고 결과적으로 입법과정이 안정된다고 해석하는 편이 더욱 정확하다. 실제로 연방상원의 거부권 행사의 빈도와 특히 거부권이 폐기되지 않고 실현된 경우라도 거부권 성사의 총 회수를 전체 법안수의 비율로 산출했을 때 입법과정에 미치는 여파가 미미하다.

또한 정부단계간 관계조정기구도 다른 연방국가들보다 더욱 전문화·체계화되어 있다. <표 9>에서 특히 'Whole *Länder* State' 기구는 연방정부와 지역정부의 행정부서 간 회동과 더불어 정당지도자 간의 회동이 쌍무적 평등한 관계를 전제하고 있으며, 정부단계간 관계에 관련한 모든 문제를 과반수 결정대신 상호협상을 통해 모든 안건들을 결정하고, 결정된 안건들은 연방상원이나 지역의회의 승인을 받아야 한다. 이는 다른 연방체제에서 찾기 힘든 양식으로, 결정과정에서 정당 간 경쟁이 정부단계간 경쟁과 더불어 또는 대체되어서 연방체제의 주요 정치수단으로 대두될 수 있다.

'Third Level'은 연방정부를 포함시키지 않고 지역정부 간 수평적 관계를 다루는 헌법외 기구이며 연방정부 문제나 지역정부 문제가 모두 의제로 상정될 수 있으며, 과반수보다 더 엄격한 만장일치로 결정된 후 연방상원이나 지역의회의 승인을 필요로 한다(Jeffery 1999). 다른 연방체제에서와 마찬가지로 'Third Level' 헌법외 기구에서는 지역정부의 행정부처 간 회동 이외에 지역의회의 정당지도자 간 회동은 없다. 이러한 배경에는 독일에서 1970년대 이후 대부분의 *Land*(연방주)에서 정당 간 경쟁으로 대체되었음을 감안할 때, 정치적 성향은 다른 두 단계의 기구에서 다루어지기 때문에, 'Third Level'에서는 정치적 성향을 최대한 배제한 이슈(issue) 중심의 행정전문화를 추구한 결과라 보여진다. 즉, 오스트리아, 호주, 캐나다 등과 비교해서, 독일의 연방체제는 결정과정이 독특하게 삼분화되어 있으며, 각 기구에서의 의사결정방법도 서로 다르게 상정함으로써 연방체제의 장점을 최대한 구현하려고 모색한다.

독일의 정당제도도 역시 특이하게 발달되어 있다. 신정당은 *Land*단계에서 성장하면서 연방단계로 진출하기 때문에, 중앙과 지역이 밀접한 관계를 가지면서도 각자의 정당제도를 운영한 결과 정당 간 경쟁이 연방선거와 지역선거에서 각기 독특한 형태로 나타난다. 따라서 독일에서는 정부단계간 정당구성이 다른 경우 더욱 큰 파장효과가 있다.

5. 오스트리아

오스트리아는 헌법상 연방국가를 표명함에도 불구하고 정치적으로 중요한 대다수의 결정권이 실질적으로 연방정부에게 이양되어 있기 때문에, 연방국가와 탈중심화된 단일국가의 중간형태, 즉 상징적 연방국가 또는 준연방국가의 꼬리표를 달고 있다. 오스트리아 헌법에 의거하면, 정책결정권은 연방정부의 독자영역, 지역정부의 독자영역, 연방정부가 입법기능을 지역정부가 행정기능을 분리수행, 연방정부는 기본틀을 확정하고 그 범위 내에서 지역정부가 입법과 행정기능을 담당하는 4가지 방식으로 책임소재가 결정된다(Lauber 1996). 그러나 이러한 명백한 권한분리도 지역정부의 권한에 대한 변경사항이 있는 경우 상원의 인준을 반드시 받아야 한다는 헌법조항이 1984년에 보완된 후에야 비로소 실질적인 효력을 발휘할 수 있었다. 흥미로운 사실은 1984년 이후에도 지역정부는 연방정부의 선처를 바라야하는 불리한 위치에서 벗어나지 못했다는 점이다. 이러한 중앙집권적 성향은 재정운영에서 명백하게 드러난다.

오스트리아의 재정분산이 미흡한 까닭은 역사적 연원과 이를 제도화시킨 구조적 연원에 있다. 첫째, 2차 세계대전 이후 경제재건을 필두로 정책에 대한 이견조정을 충돌보다 협의를 통해 해결하려는 분위기(consociationalism)속에서 비대한 연립내각이 연이어 성립하고 동시에 지역정부의 독자성을 억제하려는 경향이 강했다(Luther and Pulzer 1998). 둘째, 연방상원의원들은 지역단위의 인구에 비례하여 지역의회에 의해 간접적으로 선출되는데, 연방하원의 정당 구성도와 유사하고 정당지도부의 강력한 제재를 받기 때문에, 상원의 독자영역인 지역정부의 대변 기능이 실효를 발휘하지 못한다. 게다가 연방상원의 유보거부권(suspensive veto)은 재정법안에는 적용되지 않기 때문에, 지역정부의 이익을 효과적으로 옹호하기 어렵다. 셋째, 1984년 이전까지 7개 지역헌법은 연방내각처럼 지역내각도 비대한 연립내각 구성을 의무화한 까닭에 지역정치과정이 탈정치화하는 결과를 야기했다(Lauber 1996). 넷째, 지역의회에서 선출된 지사(governor)는 지역정부의 행정수반(chief executive)

〈표 10〉 오스트리아 정부단계간 정당구성 비교

기간	연방하원(Nationalrat)					주의회(Landtag)				
	SPÖ	ÖVP	FPÖ	KPÖ	기타	SPÖ	ÖVP	FPÖ	KPÖ	기타
1962	46.1	49.1	4.8	0	0	45.0	46.7	6.8	1.4	0
1966	44.8	51.5	3.6	0	0	45.1	47.7	6.0	1.1	0
1970	49.1	47.3	3.6	0	0	47.7	45.4	6.0	0.2	0.7
1971	50.8	43.7	5.5	0	0	48.1	44.9	6.0	0.2	0.7
1975	50.8	43.7	5.5	0	0	46.8	47.7	5.4	0	0
1979	51.9	42.1	6.0	0	0	47.1	47.5	5.3	0	0
1983	49.2	44.3	6.5	0	0	46.6	48.2	5.1	0	0
1986	43.7	42.1	9.8	0	4.4	44.9	49.1	4.7	0	1.3
1990	43.7	32.8	18.0	0	5.5	42.8	44.2	10.9	0	2.0
1994	35.5	28.4	23.0	0	13.1	37.3	38.6	19.6	0	4.5
1995	38.8	28.4	22.4	0	10.5	37.3	37.5	19.9	0	5.3
1999	35.5	28.4	28.4	0	7.6	31.0	41.6	22.9	0	4.4
2002	37.7	43.2	9.8	0	9.3	30.6	42.6	21.9	0	4.9
2006	37.2	36.1	11.5	0	15.3	37.3	42.9	11.1	0.9	7.9

출처: *Statistisches Jahrbuch für die Republik Österreich*
1. 연방하원(*Nationalrat*) 선거일에 준해 주 의회의 정당별 의석점유율을 계산했다. 주 의회
   의 정당별 의석점유율은 Okyeon Yi Hong(2002)의 집합체 산술법에 의해 산술되었다
2. SPÖ: Sozialistische Partei Österreichs, socialist(사회당)
   ÖVP: Österreichische Volkspartei, religious(종교당)
   FPÖ: Freiheitliche Partei Österreichs, liberal(자유당)
   KPÖ: Kommunistische Partei Österreichs, communist(공산당)
   기타: Vereinte Grüne Österreichs, environmental; Liberales Forum, liberal; Demokratische
   (Fortschrittliche) Partei, protest(환경당, 자유당, 시위당)

인 동시에 지역주재 연방정부대표의 역할도 맡고 있기 때문에, 연방정부와 지역정부의 경계선이 애매하다.

또한 다른 연방국가의 헌법과 비교해서 오스트리아의 헌법은 특이하게 재정분산에 대해 명시되어 있지 않다(Thöni 1999). 원칙적으로는 재정조정법을 적용해서 구체적 조세분배가 결정되어야 하나, 실질적으로는 연방, 주, 지방정부의 세 정부단계간 조합주의적 결정과정을 거친다. 그러나 이렇게 나온 결정안도 지역법을 번복할 수 있는 연방법의 형태로 제정되므로, 연방정부의 이익이 우선시되는 경향이 강하다. 더구나 앞서 <표 3>에서 보듯이, 주정부에 의해 간접적으로 선출된 연방상원의원은 비록 주정부의 이익 극대화에 관심이 많더라도 재정적 권한이 미비하기 때문에, 지역정부는 중앙정부보다 항시 열등한 위치에 있게 된다. 유사한 배경으로 연방체제가 정립된 독일과 비교해 볼 때, 오스트리아는 주정부단계의 이익이 연방정부단계에서 최소한으로 표출되는 제도를 채택함으로써 연방정부가 경제안정이나 재분배 등의 목표달성에 주력하도록 중앙정부가 지역정부의 고유영역을 합법적으로 침범할 수 있는 여지를 제도적으로 묵인해오고 있다.

주목할 점은 <표 10>에서와 같이 주정부단계의 의회가 전체적으로 볼 때 1970년 이후 연방정부단계와는 다소 독자적인 정당구성을 표출하고 있다는 사실이다. 또한 9개의 주 중 4개주(Vorarlberg, Oberösterreich, Tirol, Niederösterreich)는 지난 30년간 연방정부단계의 다수당인 SPÖ가 아닌 ÖVP가 다수당으로 집권했다. 따라서 연방정부단계와 독립적으로 치르는 주정부단계의 선거에서 주정부단계의 정치인들이 연방정부단계와 별도로 정책노선을 추구할 수 있는 기회가 있었다. 그러나 주정부단계의 정치인들은 자주적 입지를 구축할 의지가 없다. 예를 들어, 1975년 이후 지방행정조직이 재정비되어 숫자는 감소하고 규모는 커져서 지역정부의 입지를 다질 수 있었지만, 1990년 전후를 기점으로 영토확장이 없었음에도 불구하고 숫자의 재증가는 중앙정부의 통치상의 편의를 위한 간섭의 확대와 이를 수락하는 지역정부의 무력함으로 해석할 수 있다.36)

이러한 행정조직의 변화는 재정분산의 변화와도 밀접하게 연결되어 있다.

중앙정부의 지출이나 세수율이 1970년경부터 서서히 감소하다가 1988년경
부터 다시 증가하여 1995년까지 그 수준을 유지함에 따라, 1960년과 대조
해 볼 때 1995년 세수율과 지출률의 격차는 오히려 더 벌어졌다. 이는 지출
률이 50%선에서 큰 변동이 없었음을 감안할 때, 중앙정부가 세수원에 대한
권한을 분배하지 않고 지역정부에게 지출권한을 이전하였거나 지역정부와
지출권한을 공유함으로써 중앙-지역의 불균형을 가중시켰음을 의미한다.37)
　　더구나 헌법외 기구들이 각 정부단계의 중간위치에서, 즉 법적으로 애매
한 입지에서 재정적 기능을 수행하기 때문에, 재정의 불투명성과 궁극적으로
재정에 대한 책임소재의 불명확성이 가중된다(Thöni 1999). 이러한 관행들은
지출과 조세의 책임분리현상을 초래하고 결과적으로 오스트리아의 재정구조
가 정부집중적인 경향으로 치닫게 하고 있다.38) 비록 독자적인 선거를 통해
지역정부단계 나름의 독자적인 정당구성을 함으로써 연방정부단계에 대응하
는 기회가 생겨도, 즉 다수당이 정부단계간 다르기 때문에 이질적인 정당성
향을 통한 이념-노선경쟁이나 정부단계간 재정기능을 둘러싼 경쟁이 가능하
더라도, 비용지출과 세수 간 책임분리의 구조 내에서 지역의 독자성을 대변
하는 제도적 장치의 부재로 인하여, 중앙정부단계의 우위는 오히려 강화되고
있다. 이러한 폐단을 줄이기 위해, 1992년부터 1994년까지 진행된 "연방국
가개혁"에 제시된 안건 중에서 연방상원(Bundesrat)의 개혁이 거론되었으나,
더 이상 진척이 되지 못하고 종전처럼 사회적 화합을 중시하는 관습과 생활

36) 2차 세계대전 직후에는 4,000여 개에 달하던 지방정부의 수가 1980년에 이르러
　　2,300여 개로 줄었다. 그러나 그 이후 수가 점차 늘어나서 1995년에 2,355개에 달한
　　다(Thöni 1999).
37) 지출권 이전(cost shifting)은 한 정부단계의 지출비용을 다른 정부단계가 책임지는
　　것을 말하며, 지출권 공유(cost sharing)는 정부단계간 지출비용에 대한 재원충당을
　　같이 책임지는 것을 뜻한다.
38) 재정 세원 공유법(F-VG 1948)에 의하면, 각 정부단계는 각자의 지출에 대한 책임을
　　지며, 조세권한과 세원 공유권한은 각 정부단계가 각자의 세수를 통제하도록 한다.
　　이 경우 공유 세원을 통해 들어온 세수에 대해서도 해당 정부단계가 결정권을 행사할
　　수 있다(Thöni 1999).

조건의 균등을 지향하는 중앙집중화를 벗어나지 못하고 있다.

6. 벨기에

    1995년 이후에야 연방국가로 전환한 벨기에는 역사적으로 네덜란드어(Dutch) 공동체와 프랑스어(French) 공동체 간의 언어-문화 및 사회경제적 갈등이 표면화되는 것을 꺼리며 단일국가를 표명해왔다. 따라서 공식적 부인과 비공식적 수용이라는 이중적 전개로 인해 1992년 개헌이 본격화되기 전까지 지역정부에게 책임과 결정권을 이양하는 작업이 느리고 순탄하지 못했음을 암시한다.39) 캐나다와 달리 언어구역과 문화공동체의 자율권이 1970년 개헌 이전에는 명시되어 있지 않았을 뿐 아니라, 두 하위조직체(subnational unit)의 경계선이 복잡하게 얽혀 있었기 때문에 자율권이 효율적으로 실현되는 데 난관이 많았다. 공동체(community)는 화란어, 불어, 독일어 공동체로 구성되어 있는 반면, 지역(region)은 단일 언어 구역인 플랜더스(Flanders)와 왈로니아(Wallonia)와 이중 언어 구역인 브뤼셀(Brussels)로 나뉘어져 있다.

    지정학적 기준에서 연방주의가 채택되면, 플랜더스, 왈로니아, 브뤼셀, 독일어 사용 캔톤 모두에게 문화적 사회경제적 사안에 대한 동등한 권리가 이양되어야 한다. 그러나 이중 언어가 사용되는 브뤼셀에게 문화에 대한 권리 행사가 허용되면 브뤼셀 내 언어 구역 간 의견대립 및 충돌이 빈번해지는 문제점이 있다. 설령 문화-언어적 기준에서 연방주의가 채택되어도, 플랜더스 왈룬 브라방 주 외곽에 거주하는 불어사용 소수민은 화란어사용 공동체에 거주하고 있으므로 문화-언어 자치권 허용에 어려움이 따른다. <표 11>은 이렇게 복잡한 벨기에의 지역정부단계 구조도표이다.

    게다가 1995년 개헌을 기점으로 점진적으로 퇴진시키려고 계획한 주

---

39) 따라서 1980년의 르 몽드(*Le Monde*)의 한 기사 헤드라인(headline)에 "벨기에: 150년간의 잠정국가"라고 쓰여 있다(Burgess 1986, p.34).

〈표 11〉 벨기에의 지역정부구조와 입법-행정조직

공동체(community)	지역(region)	언어지역	주(province)	지방(municipality)
독일계공동체		독일어	Namur. Hainaut Liège, Luxembou	단일언어 코뮌(commune)
	왈로니아	불어		
프랑스계 공동체			Brabant Walloon	브뤼셀 코뮌 (commune Brussel) 근경
· 합동공동체 communal Commission	브뤼셀	독일어/불어	Brabant Flamand	
네덜란드계(Flemings) 공동체/Flemings		화란어	Antwerp, Limburg W./E. Flanders	단일어 코뮌(commune)

		councilor 수	지역행정부 각료 수
공동체	Flemings	118+6	11(Flemish Communal Commission을 포함)
	French	75+19	4(French Communal Commission을 포함)
	German	25	3(councilor에서 선출하지 않아도 무방)
지역	Flemish		Flemings 공동체와 합병
	Walloon	75	7
	Brussels	75	5(불어권 3+화란어권 2)
	Flemish CC	(I): 화란어권	3(Flemings 공동체 각료를 포함)
	French CC	(II): 불어권	3(French 공동체 각료를 포함)
	합동공동체	(I)+(II)에서 선출	(3명의 고문과 (I)+(II)에서의 각료 2명 포함)

출처: Fitzmaurice, *The Politics of Belgium* (1996); Elazar et al., *Federal Systems of the World* (1994); Ministry of Interior, Legal Department의 Mr. Edwin Lefebre가 제공한 자료

1. 왈로니아(Walloon)와 플랜더스 주(Flemings province)는 각각 왈로니아(Walloon)와 플랜더스 지역(Flemings region) 의회의 행정감독(tutelle)을 받는다
2. 브라방 주는 브뤼셀을 중심으로 불어권과 화란어권으로 나뉘어져 중앙의 행정감독을 받는다. 1994년 선거 이후에야 '플랜더스 브라방'과 '왈로니아 브라방'으로 나뉘어졌다
3. 독일계 공동체는 왈로니아 지역(Walloon region)과 별도로 소수의 독어권 거주지역을 형성하면서 단일언어 코뮌(commune)을 이루고 자율권을 행사한다

(province)는 지역협의회의 하위조직으로서 잔재하면서, 자체적으로 주협의회가 주 행정부를 선출하지만 주 행정부에 대한 불신임 권한을 행사할 수 없는 특이한 체제를 가지고 있다(Fitzmaurice 1996). 또한 주에서는 내무장관의 제의에 따라 왕실이 임명한 주지사가 주 행정부의 수반으로서 존재한다. 이렇게 복잡한 지역정부 구조를 감안해서 벨기에의 새 헌법과 특수 법령은 공동체와 지역에 대한 분권을 규정하고 있지만, 지역정부 구조의 복잡성은 결국 더 광범위한 잔여권한을 중앙정부에게 묶어두는 역작용을 야기한다. 즉, 직접적으로 선출된 공동체협의회나 지역협의회가 재정능력 부족과 관료체제 미비라는 치명적인 두 가지 취약점을 갖는 동시에 공동체나 지역정부의 관료가 중앙에서 파견된다는 점이 중앙의 지방에 대한 장악을 지속시키는 결과를 초래한다. 또한 중앙정부가 대다수의 세수를 징수하기 때문에 재정분산이 실질적으로 구현되지 못하는 현실은 지나친 재정집중경향으로 나타난다.[40)

1992년 개헌안이 상정되면서 처음으로 중앙정부의 재정장악도가 내림세를 보이지만, 지방자치를 권장하는 단일국가들과 비교해 볼 때 훨씬 열악하다. 지출면에서도 벨기에의 중앙정부가 아직도 70%를 장악하는 반면, 공동체(community), 지역(region) 및 지방(municipality)을 모두 합한 정부단계는 나머지 30%를 쓸 여력밖에 없다. 더구나 세부적 지출을 관장하는 관료가 중앙에서 파견되기 때문에, 독자적 지출의 여지가 극히 미미하다. 또한 세수와 지출의 격차가 연방국가 중 가장 극심하므로, 지출의 분산이 경제적으로 효율적이고 정치적으로 책임이 있는 결과를 가져올 가능성이 역시 희박하다. 달리 말하면 세수와 지출 소재지가 다르기 때문에 경제적으로 낭비가 많은 재정구조로 이어질 가능성과, 정치적으로 이에 대한 정치인과 관료의 책임 회피 여지가 크다는 것이다. 근본적으로 지역정부의 중앙정부에 대한 재정의존도가 지나치게 높은 점은, 지역정부에게 권한을 이양하려는 목적보다 지역 간 뿌리 깊은 문화-언어적 충돌을 무마하려는 목적에서 나온, 국지

---

40) 주는 중앙에서 거두어지는 주 기금을 주요 재정원으로서 의존하고 있는 실정이다.

적 타협의 결과로 채택된 지역자치가 점차 제도화되면서 연방체제의 필요성
으로 부각되었다는 역사적 사실을 반영하고 있다(Lane and Ersson 1978).
이러한 열악한 상황에서 벗어나서 연방주의를 정착시키려면, 조세원을 중
앙정부에서 지역협의회로 분산 배치하고 주의 지출에 대한 관리도 지역협의
회로 이양함으로써 공공사업과 관련된 지역의 독자적 이해를 대변하는 주협
의회의 역할을 축소시키고 대의기관인 지역협의회의 역할을 확대해야 한다.
정부단계간 정당 간 경쟁은 연방주의의 정착을 위한 일련의 노력에 '힘'을
실어줄 수 있다. 벨기에 정당조직의 주요 특징은 공동체나 지역을 근거로 한
정당 및 단일 이슈 정당 등이 병존한다는 점이다. 주요 지역정당인 기독교
사회당(CVP/PSC), 사회당(PS/SP), 자유당(PVV 또는 VLD/PRL) 등은 이념적
연원을 공유하지만 근거소재지에 따라 독자적 지역이해를 추구한다.[41]
더구나 1971년 부분적 개헌으로 문화공동체협의회가 도입되면서 공동체
정당의 출현은 중앙정부에게 단일국가가 부적절하다는 메시지를 명백하게
전달하는 데 기여한 경험이 있다. 비록 1974년 21.1%의 의석점유율에서
1981년 13.9%로 그 영향력이 감소했지만, 이는 1981년 이후 환경보호, 이
민/망명정책 반대 등을 내세우는 단일 이슈 정당이 급부상하면서 공동체정
당의 지지기반이 잠식된 결과로서, 공동체정당의 등장으로 벨기에의 정치무
대가 재정립되었다는 사실에는 변함이 없다.[42] 벨기에 정당조직의 또 다른
특징은 '비대칭 연합,' 즉 특정정당의 모든 지역정당이 항시 포함되지 않는
정당 간 연합이 가능하므로 정부단계마다 다양한 정당연합이 가능하다는 점
이다.[43] 이는 복합적 행정조직으로 인해 경계선이 중복되지 않기 때문에 특
히 두드러진다. 과반수를 획득하는 정당이 없기에 정부구성을 위해서 정당
간 연합이 필수불가결한 벨기에에서 이러한 정당조직은 공동체협의회나 지

41) 괄호 안의 정당명칭 중 앞에 기재된 약칭은 플랜더스 소재 정당이고 뒤의 것은 불어
령 왈로니아 소재 정당이다.
42) 대표적 공동체정당으로 민주전선(FDF/RW)이나 공민당(VU) 등이 있다. 대표적 단일
issue 정당으로 환경당(Ecolo/Agalev)이나 극우파 정당(VB 또는 VRL/FN) 등이 있다.
43) Fitzmaurice(1996), p.170; Downs(1998).

역협의회가 중앙정부의 획일적 요구에 맞서 독자적인 정책편성과 실행을 주장할 수 있는 정통성을 제공할 수 있기 때문에, 벨기에의 신생 연방체제를 공고하게 하는 요긴한 거버넌스 도구이다.

그러나 연방주의의 정착에 걸림돌이 되는 요소도 무시할 수 없다. 첫째, 공동체협의체나 지역협의체는 1995년 이후부터 직접 선출된 기구로 민주적 대변기관으로서의 경력이 짧다.44) 둘째, 벨기에 중앙정부가 조세권의 이양에 대해 계속 저항하면 공동체나 지역정부가 독자적 지출을 추구할 동기를 상실하게 된다. 셋째, 벨기에 상원이 개헌과 더불어 지역을 근거로 한 기관으로 변모하면서 지역정부의 이해 조정과 중앙과 지역 및 지방 간 이견 해소의 기능을 부여받았지만, 재정안에 대한 결정권이 없기 때문에 지역이해를 대변하는 헌법적 기구로서의 역할을 수행할 수 없다.45) 넷째, 중앙과 지방의 중간단계에 해당하는 정부조직이 지나치게 복잡하게 편성되어 있기 때문에, 단계 내의 정책 조율기관이 제대로 정비되어 있지 않으며, 나아가 중앙정부를 상대로 효율적인 공동체/지역이해를 증진하는 정부단계간 조정기구가 없다. 다섯째, 중앙뿐 아니라 공동체 및 지역에서도 군소정당 간 연합정부가 상례이기 때문에 정부단계간 타협의 구심점이 너무 산재되어 있다는 단점이 있다. 따라서 벨기에의 잠정적 지위가 비록 헌법적으로 타결되었지만, 상당한 기간이 경과한 후에야 비로소 연방주의 거버넌스가 제도적으로, 그리고 실질적으로 정착될 것이다.

7. 스위스

스위스의 정치제도는 크게 4가지의 특징을 가지고 있다. 첫째, 권력의 집

---

44) 단, 독일 공동체협의회는 1973년부터, 브뤼셀 지역협의회는 1989년부터 직접 선출되었다.

45) 1995년 개헌을 기점으로 상원의원은 직접선거, 직접선거결과에 따른 공동체의회에서 추천, 직접선거결과에 따른 상원의 천거, 남자왕족 계승 등의 혼합방식으로 선출된다.

중화를 최소화하기 위해서 횡적-종적 분권 및 권력 공유를 제도화시킨 미국
의 연방 체제에 추가해서, 조직화된 정부조직과 분산된 시민 간의 종적 관계
및 지리적, 문화-심리적 경계선으로 분리되어 있는 시민 집합체 간의 횡적
관계에서도 분권 및 권력 공유를 상정할 수 있다. 스위스의 연방체제는 바로
미국식 연방체제에 전국적 직접 민주주의를 접목한 형태라고 정의할 수 있
다. 또한 연방의 주요 구성단위인 캔톤(canton)이 연방법의 대부분을 실행하
고 있기 때문에, 각 행정조직의 독자성이 극대화되어 있다.46) 따라서 연방정
부의 활동영역이 다른 연방국가와 비교해 볼 때 상당히 축소되어 있다.

　둘째, 스위스의 정당조직은 지나치게 파편성이 강한 다당제로 발전했으
며, 정당성향뿐 아니라 지역 간 이해를 대변하는 여러 형태의 군소정당이
경합하고 있다. FDP, CVP, SVP, SP 등 4대 주요 정당들은 1960년대 말부
터 소수정당들, 예를 들어 좌파 자유당인 Landesring, 극우파인 NA나 REP,
또는 개혁신당인 New Left/PSA나 Green/GPS 등의 등장으로 세력을 다소
잃었다.47) 더구나 정당정치의 근원이 캔톤 간 정치에 있기 때문에, 동일정당
이라도 정당체제가 캔톤마다 특이하므로, 전국정당은 캔톤단위의 정당을 규
합해놓은 장에 불과하다.

　셋째, 사적 부문이 가능한 한 광범위하게 공공 기능을 수행할 것을 권장하
고 있기 때문에, 사적 부문의 역량이 부족하다고 판단된 이후에 공적 부문의
개입이 이루어진다. 따라서 다른 국가와 비교해서 스위스 정부의 사회 규제

---

46) 주목할 점은 다른 연방국가의 단위보다 독자성이 강한 캔톤이지만, 1848년 연방헌법
　　의 공포 당시와 같은 준 주권국가에 해당하는 권한을 더 이상 누리지 않는다. 그러나
　　미국의 주와 대조적으로, 스위스의 캔톤은 헌법에 명시된 '열거된 권한'을 누리므로
　　자체적으로 세금을 징수할 수 있을 뿐 아니라, 치안, 교육, 종교, 복지 등 영역에서
　　독자적 권한을 행사한다(McKay 1997).
47) 특히 경제계층과 구교-신교를 중심으로 서로 상치하는 정당들이 발전되어 오면서, 도
　　시나 산업/상업지역에 지지기반을 두고 있는 급진자유당(FDP), 구교도 중심으로 조
　　직된 보수적인 기독인민당(CVP), 신교 캔톤지역에서 농촌당으로 출발하였던 오늘날
　　의 스위스 공민당(SVP), 그리고 경제계층 간 격차를 강조하며 보수적인 구교 중심의
　　기독인민당에 대항하는 사회당(SP) 등의 주요 군소정당들이 존재한다.

범위가 현저하게 낮으며, 경제 이익집단이 정책결정과정에 참여하여 이익대변의 정치적 기능을 수행하는 것이 헌법적 권리로 간주된다(Butchi & Cataccin 1993). 그 결과 파편성이 극대화된 정당제도와 대조적으로, 스위스의 이익집단들은 각 캔톤과 지방에 관련된 사안들을 처리하기 위해 고도로 분화되어 있는 동시에 모든 이익집단들이 중앙본부 규제하에 귀속되어 연방정부를 상대로 정책을 조정한다.48) 즉, 다른 국가에서 대부분 정부 주도하에 이루어지는 경제 영역이 스위스에서는 사적 이익집단의 주도로 성사되고 있다.

넷째, 미국의 헌법과 달리 스위스의 헌법은 수차례에 걸친 개헌을 겪으면서, 스위스는 '가장 안정된 정부와 가장 불안정한 헌법'을 가진 국가로 일컬어졌다(Butler et al. 2000).49) 개헌과 관련된 결정은 의무적 국민투표를 통해 이루어지며, 그 외 연방법령이나 국제조약 등은 선택적 국민투표나 일정한 수의 시민이 부분적 개헌을 요구할 수 있는 이니셔티브(initiative) 등의 직접민주주의 절차를 통해서 체제 변화 및 주요 정책결정에 정치인과 일반국민이 참여할 수 있다.50) 더욱이 직접선거를 통해 캔톤의 대표로 구성된 연방상원(Ständerat)이 헌법과 관련된 결정과정에 거부권을 행사할 수 있으므로, 스위스는 어느 연방국가보다 분권화가 가장 첨예화된 국가이다.51)

이러한 4가지의 체제적 특징은 스위스의 권력분산을 제도화시켰으며, 결과적으로 스위스의 정부조직은 지출과 관료인력 면에서 소규모적이어서, 특히 사회로부터의 자율성과 그를 실행에 옮길 능력이 모두 결여되어 있다

---

48) 이러한 현상을 '스위스 정부는 사회를 정치화시키기보다, 강한 정치성향을 띠고 있는 사회에 의해 식민지화되었다'라고 평하고 있다(Hilowitz 1990, p.40).

49) 미국의 헌법과 대조적으로 스위스의 헌법은 정치적 구상의 정점(the place of grand political design)이 아닌, 일상 정치과정의 투쟁도구(a tired old warhorse of the daily political process)에 불과하다(Butler et al. 2000, p.78; McKay 2001, p.115).

50) 연방헌법 3조에 명시된 '열거된 권한(enumerated powers)'의 원칙과 123조에 명시된 '이중 과반수(double majority)'의 규정은 여러 단계 간 및 동일 단계에서도 구성기구 간 동의를 구축해야 하는 복합적 결정과정을 수반한다.

51) 스위스의 헌법은 다른 연방국가와 대조적으로 자국민의 '자발적 복합 정체성(complex self-identification),' 즉 국가, 캔톤, 코뮌 등의 세 단계에 소속되어 있다는 점을 명시하고 있다.

(Hilowitz 1990).[52] 스위스의 재정분산 상태는 시대적 변화가 별로 없으며 소규모의 중앙정부지출뿐 아니라 지출과 세수의 격차가 일정하게 유지되는 특이함을 보여준다. 이는 연방세제의 변화마저 개헌 절차를 거쳐야 하는 제도적 장치의 결과이며, 또한 정부단계의 정치성향, 특히 정당 간 경쟁이 지출과 세수 책임의 분리를 통한 정치화로 나타나지 않음을 단적으로 보여준다. 이와 같이 극도로 분산된 스위스의 연방체제 제도가 분열 대신 통합을 가져올 수 있는 배경에는 정부구성, 정책결정과정, 구성원 조직, 광범위한 타협 등에서 성공적인 전략을 채택하기 때문이지만, 통합을 통한 안정의 대가가 크다는 점도 간과할 수 없다.

의회제의 내각 구성이 대체적으로 하원의 정당구성에 의존하는 것이 보편적인데, 스위스는 거대내각을 원칙으로 하기 때문에 유권자의 선호도 변화에 따른 변동과 관계없이 구성된다.[53] 특이한 것은 내각이 상하원의 합동회의에서 선출되고 내각 전원이 동등한 대우를 누리면서 임기 4년을 보장받으며, 의회의 결의나 국민투표에 의해 정부안이나 프로그램이 부결되는 경우 내각 전원이 책임을 진다는 점이다. 비례대표의 원칙이 내각 구성에도 적용됨으로써 내각의 안정을 가능하게 하지만, 능력보다 출신배경 위주로 등용되는 폐단을 안고 있다. <표 12>는 연방하원의 정당구성과 캔톤하원의 정당구성을 비교하고 있다. 연방하원의 정당구성과 내각구성의 등가성이 1990년대 들어서면서 CVP 의석의 감소와 SVP 의석의 증가로 와해되고 있다. 이는 CVP의 내각 내 영향력이 의회 내 영향력에 비해 과대평가를 받고 있으며, SVP는 반대로 과소평가를 받고 있다는 것을 의미한다. 또한 캔톤의회

---

52) 스위스 연방정부의 지출이 차지하는 비율은 1946년 51%에서 1980년 31%로 감소했으며, 연방정부 고용인원도 1930년 41%에서 1980년 30%로 감소했다.

53) 소위 마법공식(magic formula)에 의해서 FDP, CVP, SP에게 2의석, SVP에게 1의석이 분배되며, 이러한 분배는 불어권 소수에게 2의석과 이태리어권 소수에게 1의석을 보장하며 각 캔톤 출신에게 1의석 이상이 할당되지 않는다. 연방내각의 정당구성은 실제 연방하원(Nationalrat)의 정당구성과 흡사하다. 그러나 2003년 총선을 기점으로 CVP에게는 1의석으로 줄이고, 대신 SVP에게 2의석을 부여하도록 조정해서 시행하고 있다.

<표 12> 스위스 연방하원과 캔톤의회의 정당구성도

연도	연방하원(Nationalrat)				캔톤의회[1]			
	FDP	CVP	SP	SVP	FDP	CVP	SP	SVP
1971	24.5	22.0	23.0	10.5	27.2	32.8	18.5	9.3
1975	23.5	23.0	27.5	10.5	27.1	33.3	17.8	9.1
1979	25.5	22.0	25.5	11.5	26.9	32.7	19.3	8.8
1983	27.0	21.0	23.5	11.5	28.2	31.5	18.5	9.1
1987	25.5	21.0	21.0	12.5	27.5	31.0	16.9	9.0
1991	22.0	18.0	21.5	12.5	25.6	29.5	17.6	9.0
1995	22.5	17.0	27.5	14.5	26.1	28.3	17.7	9.6
1999	21.5	17.5	25.5	22.0	24.7	26.2	19.0	11.3
2003	18.0	14.0	26.0	27.5	23.5	25.0	19.6	17.2
2007	15.5	15.5	21.5	31.0	22.4	23.1	19.6	20.8

출처: 연방하원 www.parlament.ch/poly/rueckblick/d/annexes/annexe_a1.htm; 캔톤의회
    자료는 Yvan Rielle(University of Bern, Institut für Politikwissenschaft)이 제공한
    것을 바탕으로 산출
1. 캔톤의회의 정당구성도는 Okyeon Yi Hong(2002)의 집합체 산술법에 의해 산술되었으
    며, 캔톤의회 선거일이 캔톤마다 다르기 때문에, 연방하원선거 연도에 해당하는 연도만
    선별적으로 기재하였음. 캔톤의회의 명칭은 캔톤마다 다르다(예. *Kantonsrat, Landrat,
    Grosse Rat, Parlement, Gran Consiglio* 등)
2. PRD/FDP: Parti Radical-Democratique, Radical-Democratic Party(급진 민주당)
    PDC/CVP: Parti Democrate-Chretien, Christian-Democratic People's Party(기독민주
        민중당)
    PSS/SPP: Parti Socialiste, Socialist Party(사회당)
    UDC/SVP: Union Democratique du Centre, Swiss People's Party(스위스 민중당)

의 집합적 정당구성과 비교해보면, 진보성향의 사회당(SP)의 영향력이 연방
정부단계에서 과대평가되고 있다는 점을 알 수 있다. 따라서 '마법공식'에
의거한 거대내각구성이 마법의 효력을 발휘하는 대신 정치과정의 무정치화
를 초래하는 맹점을 안고 있다.

  정책결정과정에서 협의 모색을 중요시하는 서구 국가처럼 스위스도 합의
도출을 강조하지만, 이들 국가와 달리 철의 삼각관계(iron triangle)에서 노조
의 역할이 미미하다는 사실을 간과할 수 없다. 노조운동이 종교상 분열로
인해 전국적으로 통합되지 않은 연유도 있지만, 무엇보다 노-사-정 협의체가
구체적 정책 중심으로 발달되어 있기 때문에, 협상은 의정절차 전 단계에서
집중적으로 이루어지고 노조는 특정한 정책 실행을 담당하는 데 주력하고
있다(Butchi & Cataccin 1993). 더욱이 업체별 노사간 타협도 대체적으로 정
부 개입을 배제하는 양자간 동반관계를 선호하기 때문에, 사회에 대한 국가-
정부의 구속력은 극히 미미하다. 그 결과 극도의 이해관계 대치를 회피하거
나 진정시킬 수 있으나, 정부조직과 사회를 결속하는 연방정부의 권한과 명
분이 극도로 제한되어 있다는 폐단이 있다.

  스위스의 정치-경제-사회 지도자들은 이렇게 분산된 제도 속에서 결정을
이끌어 내야 하기 때문에 여러 단계에서 여러 기구에 동시에 속한 경우가
많다(Hilowitz 1990).[54) 그 결과 정책결정과 실행과정에서 타협이 용이하며,
국민투표에서도 실제적으로 타협과 협상을 이끌어내는 도구로서의 역할을
부각시킬 수 있다. 그러나 단계 간 또는 동일단계 내 기구 간 이해대립이
있는 경우, 이를 중재할 최고권한이나 명분이 연방정부에게 주어져 있지 않
은 상태에서 책임자의 중복현상은 이견조정과정을 길고 소모적으로 만들 가
능성이 크다. 결과적으로 지엽적 정책실험이 가능한 미국식 경합 연방체제와
대조적으로, 스위스식 공조 연방체제는 현상유지를 선호하고 따라서 변혁이
나 실험적 개선에 대해 부정적이므로 강한 체제보수적인 경향을 보여준다.

---

54) 의원이 이익단체의 요직을 맡는다거나 연방정부 구성원이 캔톤정부에 참여하기도 한
  다(Elazar 2001).

IV. 결론

본 장은 사례연구와 비교연구를 통하여 다음 몇 가지의 목적을 이루고자 한다. 첫째, 연방주의 비교연구를 위해 헌법적 구상, 제도적 적용, 연방제에서 정당의 역할 및 정당구조, 정부단계간 협조 또는 공조관계, 재정분산 등을 연계적으로 검토해야하다는 점을 강조하고 있다. 또한 비교의 기준이 다면적(multi-dimensional)일 뿐 아니라, 기준 간에도 밀접한 연계성이 각기 다른 양식으로 이어짐을 보여주고 있다.

둘째, 연방국가 모두가 연방제를 천명한 헌법을 가지고 있으나, 연방제 구성체가 연방조직 형성 이전 민주주의적 경험을 가졌는지의 여부와 그 기간, 연방조직 형성의 주요 요인 및 배경 등에 따라 연방조직의 효율성, 이를테면 상원의 구성 및 재정결정권의 여부와 종류 등이 각기 다르게 명시되어 있다는 점을 전반부의 사례연구에서 공통적으로 다층구조 거버넌스에 영향을 미치는 관건이 되는 요소로 부각시키고 있다. 예를 들어, 스위스의 경우 자국의 헌법을 유권해석 및 재해석, 헌법심사, 부분적 또는 총체적 개헌 등의 방법을 통해 연방주의를 제도화하기 때문에, 지역-지방정부가 중앙을 상대로 결정과정에서 실질적 영향력을 행사할 수 있음을 강조하고 있다.

셋째, 동일한 국가라도 집권정부에 따라 각각 특유한 방식으로 연방주의와 정당성향 및 정책기조를 접목시킬 수 있기 때문에, 정당이 다층구조의 민주적 운영을 가능하게 하는 매개체 역할을 어떠한 경로로 수행하는지 살펴보고 있다. 이는 또한 중앙과 지역-지방 간 힘겨루기의 실체가 재정분배에 집중되어 있다는 점을 감안할 때, 재정분산이 재정책임소재의 분산으로 이루어진 경우 민주적이고 능률적인 다단계 정부조직의 운영을 성취할 수 있다는 점을 보여준다.

"모든 연방국가가 해결해야 할 공통적 과제는 능률적인 중앙정부를 공고하게 하고 국가를 통합하는 동시에 다양성의 범위를 확대시키고 연방국가 구성체들의 자유를 보장하는 것이다… 이는 구심력과 원심력의 평형을 유지함으로써, '주'

라는 행성들이 우주공간으로 빨려 날아가거나 '중앙정부'라는 태양이 '주'라는 행성들을 태양의 작열하는 불로 끌어들이거나 하는 것을 막는 일이다."[55]

만약 연방주의의 여러 측면 간 상호연계작용을 검토하지 않은 채 다단계 정부운영의 효율성 증대에 편협한 목표를 설정하고, 국한된 측면, 예컨대 정부 지출규모의 축소 가능성 등에 중점을 두고 연방주의의 탈중앙화 일면만을 문제해결책으로 채택할 경우, 브라이스(Bryce)가 강조하는 연방주의의 궁극적 목표인 '원심력'과 '구심력'의 평형을 유지할 수 없다는 결론에 다다르게 된다. 즉, 지역-지방의 영향력이 제도적으로 발현되지 못하는 여건, 즉 지역-지방정부가 중앙정부를 견제 또는 감시할 수 있는 법적 및 실질적 권한이 미비한 상황에서 탈중앙화의 정치적 매력에만 집착하여 재정의 책임, 특히 지출의 책임만을 단순하게 중앙에서 지역정부로 이양하는 경우, 피상적 연방체제는 오히려 효율적인 정무수행에 걸림돌이 될 뿐 아니라 제한된 재정자원을 낭비하고 나아가 재정분산에 대한 정치적 책임을 지역-지방주민들이 추궁할 수 없는 민주정치의 하수구로 전락할 우려가 있다. 다시 말하자면, 재정운영을 포함해서 책임 있는 업무수행은 자율권을 발휘할 수 있는 구조적 장치를 전제로 하며, 더욱 중요하게 업무성과에 대한 책임을 물을 수 있는 절차가 체계화되어야 가능하다.

다단계 정부조직을 운영하는 묘미는 중앙과 지역에게 다양한 양식으로 연방주의 거버넌스를 구현할 수 있는 제도와 절차가 마련되어 있고, 제도와 절차 간 상호작용이 가능한 연결고리를 구축하려는 정치적 의지를 요구한다는 점을 지적하고자 한다. 따라서 다른 측면과의 상호연계작용을 검토하지 않은 상태로 연방주의의 특정한 기능만을 염두에 두고 문제해결 방안으로 채택할 경우, 토크빌(Tocqueville 1848)이 언급한 연방주의의 거대함(magnitude)과 소규모 (littleness)의 장점을 동시에 구현할 수 있는 가능성이 희박해진다. 예컨대 지역의회 및 지역행정부의 영향력이 제도적으로 발현되지 못하는 여

---

55) 브라이스를 인용(McKay 2001, p.127).

건에서 재정의 책임, 특히 지출의 책임을 단순하게 중앙으로부터 지역정부에게 이양하면, 오히려 효율적인 정무수행에 걸림돌이 될 뿐 아니라 제한된 재정자원을 낭비하는 데 그칠 가능성이 높다. 또한 재정운영과 결정을 포함해서 자율적인 업무 수행을 가능하게 하는 제도적 장치가 정비되어 있지 않은 상황에서 중앙과 지역 간 독립적 선거를 치른다면, 지역정부의 업무성과에 대한 책임을 물을 수 있는 경로로 정착되지 않고 부수적인 선거비용으로 인한 재정낭비와 민주적 대표성이 결여된 정치공작만 심화되어서 국정마비까지 초래할 수도 있다.

결론적으로 정책대안으로서의 연방주의 구현은 각국의 법제도, 절차, 관례 등에 대한 총괄적인 분석을 거친 후에 정책화되어야 중앙-지역 관계가 비로소 적절한 균형을 찾아가며 정립되게 된다는 점에 유의해야 한다.

| 참고문헌

이옥연A. "연방주의, 재정분산과 정당간 경쟁." 『국제정치논총』 제42집 3호. 2002.
_____B. "오스트리아, 호주, 캐나다, 독일의 연방주의 비교." 『한국과 국제정치』
　　제18권 4호. 2002.

Ahmad, Etisham, ed. *Financing Decentralized Expenditures: An Internaitonal Comparison of Grants* (Brookfield: Edward Elgar, 1997).
Bakvis, Herman, ed. *Representation, Integration and Political Parties in Canada* (Toronto: Dundurn Press, 1987).
_____, and William Chandle, eds. *Federalism and the Role of the State* (Toronto: University of Toronto Press, 1987).
Baldwin, Nicholas, and Donald Shell, eds. *Second Chambers* (London: Frank Cass, 2001).
Banting, Keith, Douglas Brown, and Thomas Courchene, eds. *The Future of Fiscal Federalism* (Kingston, Canada: Queens University, 1983).
Bawn, Kathleen. "Money and Majorities in the Federal Republic of Germany: Evidence for a Veto Players Model of Government Spending." *American Journal of Political Science*, Vol.43(3), pp.707-736, 1999.
Bednar, Jenna, William Eskridge, Jr., and John Ferejohn. "A Political Theory of Federalism." In John Ferejohn et al., eds. *Constitutional Culture and Democratic Rule* (Cambridge: Cambridge University Press, 2001).
Budge, Ian, and Hans Keman. *Parties and Democracy: Coalition Formation and Government Functioning in Twenty States* (Oxford: Oxford University Press, 1990).
Burgess, Michael, ed. *Canadian Federalism: Past, Present and Future* (Leicester: Leicester University Press, 1990).
_____, ed. *Federalism and Federation in Western Europe* (London: Croom

Helm, 1986).

_____, and Alain. Gagnon, eds. *Comparative Federalism and Federation: Competing Traditions and Future Directions* (New York: Harvester Wheatsheaf, 1993).

Butchi, Danielle, and Sandro Cattacin. "The Third Sector in Switzerland: The Transformation of the Subsidiarity Principle." *West European Politics* 16, pp.362-379, 1993.

Butler, Michael, Malcolm Pender, and Joy Charnley, eds. *The Making of Modern Switzerland, 1848-1998.* (New York: St. Martin's Press, 2000).

Cammisa, Anne Marie. *Governments as Interest Groups: Intergovernmental Lobbying and the Federal System* (Westport: Praeger, 1995).

Castles, Francis, ed. *The Impact of Parties: Politics and Policies in Democratic Capitalist States* (London: Sage Publications Inc., 1982).

Church, Clive. "Behind the Consociational Screen: Politics in Contemporary Switzerland." *West European Politics* 12, pp.35-54, 1989.

Conlan, Timothy. "Politics and Governance: Conflicting Trends in the 1990s?" *The Annals of the American Academy of Political and Social Science*, Vol.509, pp.128-138, 1990.

Conradt, David. *The German Polity*, 4th ed. (New York: Longman, 1989).

Cook, Curtis, ed. *Constitutional Predicament: Canada after the Referendum of 1992* (Montreal: McGill-Queen's University Press, 1994).

Cooter, Robert. *The Strategic Constitution* (Princeton: Princeton University Press, 2000).

Downs, William. "Federalism Achieved the Belgian Elections of May 1995." *West European Politics*, Vol.19, pp.168-75. 1996.

_____. *Coalition Government, Sub National Style: Multiparty Politics in Europe's Regional Parliaments* (Columbus: Ohio State University Press, 1998).

Dye, Thomas. *American Federalism: Competition Among Governments* (Lexington: Lexington Books, 1990).

Elazar, Daniel. *Commonwealth: The Other Road to Democracy, the Swiss Model of Democratic Self-Government* (Lexington: Lexington Books,

2001).

_____. "Opening the Third Century of American Federalism: Issues and Prospects." *The Annals of the American Academy of Political and Social Science*, Vol.509, pp.11-21, 1990.

_____, and the staff of the Jerusalem Center for Public Affairs, eds. *Federal Systems of the World: A Handbook of Federal, Confederal and Autonomy Arrangements* (London: Longman, 1994).

Emy, Hugh. *Australian Politics: Realities in Conflict* (South Melbourne: MacMilland Australia, 1988).

Feigert, Frank. *Canada Votes, 1935-1988* (Durham: Duke University Press, 1989).

Fisher, Ronald, ed. *Intergovernmental Fiscal Relations* (Boston: Kluwer Academic Publishers, 1997).

Fitzmaurice, John. *The Politics of Belgium: A Unique Federalism* (London: Hurst & Company, 1996).

Garrett, Geoffrey. *Partisan Politics in the Global Economy* (Cambridge: Cambridge University Press, 1998).

Gyford, John, and Marie James. *National Parties and Local Politics*. The New Local Government Series No.24 (London: George Allen & Unwin, 1983).

Hall, Peter. *Governing the Economy: The Politics of State Intervention in Britain and France* (Oxford: Oxford University Press, 1986).

Hibbs, Douglas, Jr. *The American Political Economy: Macroeconomics and Electoral Politics* (Cambridge: Harvard University Press, 1987).

Hilowitz, Janet, ed. *Switzerland in Perspective* (London: Greenwood Press, 1990).

Hong, Okyeon Yi. *Federalism, Fiscal Centralization, and Partisan Competition. Ph.D. Dissertation* (University of Michigan, 2002).

Inman, Robert. "Federal Assistance and Local Services in the United States: The Evolution of a New Federalist Order." In Harvey Rosen, ed. *Fiscal Federalism: Quantitative Studies* (Chicago: University of Chicago Press, 1988).

_____, and Daniel Rubinfeld. "Rethinking Federalism." *Journal of Economic*

Perspectives, Vol.11(4), pp.43-64, 1997.

_____, and Michael Fitts. "Political Institutions and Fiscal Policy: Evidence from the U.S. Historical Record." *Journal of Law, Economics, and Organization*, Vol.6(0), pp.79-132, 1990.

Jeffery, Charlie, ed. *Recasting German Federalism.* (London: Pinter, 1999).

Karmis, Dimitrios, and Wayne Norman, eds. *Theories of Federalism, A Reader* (New York: Palgrave, 2005).

Kincaid, John, ed. *The Annals of the American Academy of Political and Social Science, American Federalism: The Third Century*, Vol.509, pp.9-15, 1990.

Koole, Ruud, and Peter Mair, eds. "Special Issue: Political Data Yearbook, 1995." *European Journal of Political Research*, Vol.28(3/4), pp.262-512. 1995.

Krause-Junk, Gerold, and Regina Muller. *Fiscal Decentralization in Selected Industrial Countries. Regional Project on Fiscal Decentralization* (Economic Commission for Latin America and the Caribbean: United Nations, 1993).

Landon, Stuart. "The Political Costs of Taxes and Government Spending." *Canadian Journal of Economics*, Vol.30, pp.85-111, 1997.

Lijphart, Arend. *Patterns of Democracy: Government Forms and Performance in Thirty-Six Countries* (New Haven: Yale University Press, 1999).

Longley, Lawrence, and David Olson, eds. *Two into One: The Politics and Processes of National Legislative Cameral Change* (Boulder: Westview Press, 1991).

MacIntyre, Clement. *Political Australia: A Handbook of Facts* (Oxford: Oxford University Press, 1991).

MacManus, Susan. "Financing Federal, State, and Local Governments in the 1990s." *The Annals of the American Academy of Political and Social Science*, vol.509, pp.22-35, 1990.

Manor, James. *The Political Economy of Democratic Decentralization. Directions in Development* (Washington, D.C.: The World Bank, 1999).

Mathews, R. L. *Responsibility Sharing in a Federal System.* ed. Research

Monograph No.8, Center for Research on Federal Financial Relations. (Canberra: The Australian National University, 1975).

McKay, David. *Designing Europe: Comparative Lessons from the Federal Experience* (Oxford: Oxford Univ. Press, 2001).

Money, Jeannette, and George Tsebelis. "Cicero's Puzzle: Upper House Power in Comparative Perspective." *International Political Science Review*, Vol.13(1), pp.25-44, 1992.

Nice, David. *Federalism: The Politics of Intergovernmental Relations* (New York: St. Martin's Press, 1987).

Oates, Wallace. *An Essay on Fiscal Federalism. Journal of Economic Literature*, Vol.37(3), pp.1120-1149, 1999.

_____. *Fiscal Federalism* (Aldershot, England: Edward Elgar Publishing Ltd., 1991).

_____. *Fiscal Federalism* (New York: Harcourt Brace Jovanovich, 1972).

Page, Edward, and Michael Goldsmith, eds. *Central and Local Government Relations* (Newbury Park: Sage Publications, 1987).

Parkes, K. S. *Understanding Contemporary Germany* (New York: Routledge, 1997).

Patterson, Samuel, and Anthony Mughan, eds. *Senates: Bicameralism in the Contemporary World* (Columbus: Ohio State University Press, 1999).

Pryor, Frederic. *Public Expenditures in Communist and Capitalist Nations* (Homewood: R. D. Irwin, 1968).

Racheter, Donald, and Richard Wagner, eds. *Federalist Government in Principle and Practice* (Boston: Kluwer Academic Publishers, 2001).

Riker, William. *The Theory of Political Coalitions* (New Haven: Yale University Press, 1962).

Samuels, Richard. *The Politics of Regional Policy in Japan: Localities Incorporated?* (Princeton: Princeton University Press, 1983).

Shah, Anwar. "Fostering Fiscally Responsive and Accountable Governance: Lessons from Decentralization." In Robert Picciotto and Eduardo Wiesner, eds. *Evaluation & Development: The Institutional Dimension* (New Brunswick: Transaction Publishers, 1998).

Tsebelis, George. *Veto Players and Law Production in Parliamentary Demo-cracies: An Empirical Analysis. American Political Science Review*, Vol.93(3), pp.591-608, 1999.

_____, and Jeannette Money. *Bicameralism* (Cambridge: Cambridge University Press, 1997).

Tufte, Edward. *Political Control of the Economy* (Princeton: Princeton University Press, 1978).

Watts, Ronald, ed. *Comparing Federal Systems,* 2nd ed. (Montreal: McGill-Queen's University Press, 1999).

Weissert, Carol, and Sanford Schram. "The State of American Federalism, 1997-1998." *Publius*, Vol.28(1), pp.1-22, 1998.

Wellisch, Dietmar. *Theory of Public Finance in a Federal State* (Cambridge: Cambridge University Press, 2000).

Wildasin, David. *Fiscal Aspects of Evolving Federations* (Cambridge: Cambridge University Press, 1997).

Woldendorp, Jaap, Jans Keman, and Ian Budge. "Party Government in 20 Democracies: an Update(1990-1995)." *European Journal of Political Research*, Vol.33(1), pp.125-164, 1998.

_____. "Party Governments in 20 Democracies: 1945-1990." *European Journal of Political Research*, Vol.24(1), pp.1-119, 1993.

Wright, Deil. "Policy Shifts in the Politics and Administration of Inter-governmental Relations, 1930s-1990s." *The Annals of the American Academy of Political and Social Science*, Vol.509, pp.60-72, 1990.

Zimmerman, Joseph. *Interstate Relations: The Neglected Dimension of Federalism* (Westport: Praeger, 1996).

www.parlament.ch/poly/rueckblick/d/annexes/annexe_a1.htm

제3장

연방제를 통한 통합과 분권: 미국[*]

I. 머리말

연방주의 원칙은 정부단계를 연방과 주로 나누어 각각 주권을 부여함으로써 제한된 정부에 의한 통치를 목표로 한다. 또한 연방주의의 원칙 중 하나인 주권분립은 수직적 권한분산을 가리키나 수평적 주 간 관계가 원활해야 주권분립이 효율적으로 운용된다. 그러나 미국헌법 어디에도 '연방주의(federalism)'란 언급은 없다. 더구나 헌법에는 연방정부와 주정부 간 책임분산에 대해 구체적 언급도 없다. 다만 수정헌법 10조가 주 주권주의를 옹호하는 헌법적 근거로 인용되는 반면 헌법 1조 8항의 통상구절과 유연성구절은 국가주권주의를 옹호하는 헌법적 근거로 인용될 뿐이다. 그렇다면 미국헌법에 표명된 핵심 원칙 중 하나인 연방주의를 반영한 헌법조문에는 어떤 내용이 적혀 있는가? 미국헌법은 연방정부와 주정부에게 어떤 권한을 위임하는

---

* 이 글은 "미국의 연방주의: 탄생과 유지의 비결," 『미국학』 제29권 1호와 "권력분산을 통한 권력공유의 묘(妙)," 『미국학』 제30권 1호를 합쳐 재정리했다.

가? 연방정부와 주정부 간 권한분산의 균형점에 대한 관점차이는 무엇인가? 연방정부와 주정부 간 또는 주정부 간 주권분립에 대한 분쟁이 발생하면 연방대법원은 어떤 판결을 내려왔는가? 또한 주 간 관계를 명기한 헌법 4조는 어떤 원칙에 의해 주정부 간 상호의무를 규정하는가? 본 장은 권력분산을 통해 권력공유의 묘(妙)를 추구하는 통치체제를 규정한 미국의 연방주의 원칙을 수직적 측면과 수평적 측면에서 살펴보고자 한다.

미국의 헌법은 인민주권(popular sovereignty), 연방주의(federalism), 권한분산(separation of powers), 균형과 견제(checks and balances), 제한정부(limited government) 그리고 사법심사(judicial review)의 원칙에 기반을 두고 있다. 이 중 연방주의 원칙은 수직적으로 연방정부와 주정부 간 관계를 규정하여 각 정부단계가 독자적인 권한과 임무를 지니고 있음을 가리킨다. 이는 원론적으로 연방정부와 주정부 간 수직적 주권분립(division of powers)을 의미하지만 실질적으로 연방정부와 주정부 간 권한과 임무에 관한 명확한 규정은 시대적으로 변해왔다. 동시에 연방주의 원칙은 수평적으로 연방국가의 구성원으로서 주정부 간 관계를 규정하여 수직적 주권분립이 구현되기 위한 수평적 협의체제 운용수칙을 규정하고 있다. 이는 원칙적으로 대칭적인 권력분립을 표명하고 있으나 정치적, 재정적, 행정적 측면에서 상호형평성을 벗어나는 경우가 오히려 정례에 해당한다.[1]

우선 헌법조문에 명시된 연방주의 원칙을 살펴보면, 기본적으로 헌법 1, 2, 3조는 대체적으로 연방정부에게 위임된 권한을 명시하고 있다.[2] 미국헌법 1조 8절은 연방의회에게 부여한 명시권한(express powers)을 항목별로 기

---

[1] 예를 들어 대외문제인 이라크 전쟁수행을 위해 인력 및 물자가 차출되면서 버몬트주에서는 주와 지방 경찰인력이 대거 국가방위군으로 소집되어 형사소송절차에 차질이 빚어질 정도였다. Walters et al., "Intergovernmental relations and federalism: Its past, present and future, and does anyone care?" in Laurence O'Toole, ed., *American Intergovernmental Relations: Foundations, Perspectives, and Issues* (Washington, D.C.: CQ Press, 2007), p.345.

[2] 미국헌법은 연방정부와 주정부의 주권분립을 구현하는 데 있어서 정부단계별 행정부보다 연방 입법부와 주 입법부 간 권한과 임무를 분명하게 규정하는 데 주력하고 있다.

술하고 있다.3) 이 중 1항은 소위 재정권한(power of purse)으로 조세징수나 파산규제 및 화폐주조 등을 규정하며 3항은 통상구절(commerce clause)에 해당하는데 대외통상, 주간 통상 및 원주민과의 통상 규제를 규정하며 10항부터 16항에 이르는 전쟁권한(war powers)은 전쟁선포 및 군대징집 권한을 연방의회에게 위임하고 있다. 명시권한을 열거한 구절 이외 나머지 1개는 소위 유연성구절(elastic clause)로서 바로 이 18항에는 연방정부가 제대로 기능하기 위해 필요하고 적절하다고 판단되는 경우에 법령을 제정하거나 혹은 의회조사나 소환을 요구할 수 있는 암시권한(implied powers)이 연방의회에 위임되어 있다. 그 외에도 헌법에 직접적으로 명기되어 있지 않으나 미합중국을 대표하는 정부로서 연방정부에게 필수적인 권한들, 특히 대외관계와 연관된 내재권한(inherent powers)이 연방정부에게 위임되어 있다.

　동시에 미국헌법은 연방정부에게 위임된 권한을 명기할 뿐 아니라 연방정부에게 금지된 부인권한(denied powers)도 헌법 1조 9절에서 7개 구절에 걸쳐 상세하게 다루고 있다.4) 게다가 수정헌법 1조부터 10조에 해당하는 권리장전(bill of rights)은 전반적으로 강화된 연방정부의 권한을 통제하려는 목적에서 연방정부에게 일정한 권한을 금지하고 있다. 특히 수정헌법 9조는 헌법에 열거되지 않은 권한일지라도 인민에게는 더 많은 민권이 보존된다고 규정하고 있다. 비슷한 맥락에서 수정헌법 10조는 명시권한, 암시권한 또는 내재권한으로 연방정부에게 위임된 권한이 아니면서도 주정부에게 금지된 권한이 아닌 잔여권한(residual powers)을 모두 주정부나 인민에게 부여하고 있다. 따라서 헌법은 주정부의 보존권한(reserved powers)을 열거하고 있지 않고 다만 판단기준에 대한 지침만 수정헌법 10조에서 제시하고 있다. 또한

---

3) 이 중 17개 구절에 열거된 26개의 명시권한들은 따라서 열거권한(enumerated powers)이라고도 일컬어진다.

4) 독립 이전에 영국의회나 왕정이 영국식민지에 대해 강압적으로 주장한 권한들이 바로 이 부인권한의 대다수를 이룬다는 사실이 흥미롭다. 자세한 논의는 Forrest McDonald, *States' Rights and the Union: Imperium in Imperio 1776-1876* (Lawrence: University Press of Kansas, 2000)을 참조하기 바란다.

수정헌법 11조는 3조 2절 1항에 명기된 연방사법부의 고유 사법권(original jurisdiction)을 결과적으로 일부 철회하여 주의 거주민이나 외국 시민이 주를 상대로 연방사법부에 제소할 수 없도록 규정함으로써 주 주권면책(state sovereign immunity)의 헌법적 근거를 제공하고 있다.5)

연방주의 원칙은 또한 미합중국을 구성하는 주 간 수평적 관계의 운용수칙을 제시하기 위해 연방정부와 주정부 간 관계에서 상호 보장과 의무를 규정하고 있다. 4조 4절에서 연방정부의 임무를 명시하여 대의민주주의가 연방정부뿐 아니라 주정부에서도 실현되도록 강제하고 주정부에 대한 외국의 침공이나 내적 봉기를 진압함으로써 주정부에 대한 연방정부의 책임을 분명히 명시하고 있다. 또한 4조 3절에서 연방정부에게 주 영토의 경계선을 보장할 책임이 주어져 있다고 명시하고 있다. 그 대신 주정부는 대통령 및 부통령, 연방 상·하원의원을 선출하는 연방선거에 대한 책무를 지니게 된다. 결과적으로 권한을 제도적으로 분산시켜 놓았지만 권력을 공유해야만 원활한 통치가 가능해진다는 건국 시조(始祖)들의 치밀한 의도가 미국헌법에 잘 반영되어 있음을 의미한다. 그러나 앞에서 지적했듯이 연방정부와 주정부 간 주권분립을 둘러싼 분란의 소지가 헌법 자체로는 종식되지 않기 때문에 6조 2절의 최고성 구절(supremacy clause)을 통해 연방사법부의 사법심사권의 길을 열어놓고 있다. 이는 미국헌법, 연방법 및 외국과의 조약이 미국의 최고 법령이므로 주 헌법과 주법은 이를 위배할 수 없음을 의미한다. 따라서 최고성 구절은 연방대법원이 연방정부와 주정부 간 분쟁이 발생하는 경우 심판의 역할을 수행해야 한다는 헌법적 근거를 제시한다.

특이한 점은 연방주의 원칙을 근간으로 통치하는 경우에 발생하는 독특한 문제로서 연방정부와 주정부 간 관계에 관한 수직적 주권분립은 이론적으로

---

5) 이러한 쟁점의 시초가 된 소위 분권화(devolution)에 관한 상세한 논의는 John. Kincaid, "The devolution tortoise and the centralization hare: the slow process in down-sizing big government," in Frederick Drake and Lynn Nelson, eds., *States' Rights and American Federalism, A Documentary History* (Westport: Greenwood Press, 1999)를 참조하기 바란다.

나 정책적으로 많은 관심의 대상이 되는 반면에 수평적으로 주정부들이 제
각기 뿔뿔이 흩어지는 것을 방지하는 주 간 관계를 규정해야할 필요에 대해
서는 그다지 논의가 되지 않는다는 사실이다.6) 그러나 부인할 수 없는 엄연
한 사실은 연맹체제에서 연방체제로 전환을 꾀했던 건국 시조들은 헌법 4조
를 통해 국가 단합을 장려하여 주정부에게 독립주권국가로서보다 단일국가
의 구성원으로서 역할을 수행할 것을 기대했다는 점이다.7) 이는 근본적으로
연방정부의 권한 강화 자체를 위해 긴요했지만 주 간 분쟁이 발생할 경우
연방정부가 개입해 문제를 해결하는 방법 이외에 주 간 협약을 통해 자체적
으로 분란을 종결하고 나아가 그러한 분쟁이 발생하기 이전에 방지하기 위
해서도 절실했다.

　결국 미국의 연방주의를 둘러싼 논의에서 연방주의가 초래할 수 있는 위
험은 권력이 과도하게 중앙에 집중되거나 아니면 권력이 과도하게 탈중앙화
되어 분산되는 경향에 있다고 결론지을 수 있다. 이렇게 상반된 연방주의의
구현상은 미국의 연방주의가 제도화되는 과정에서 어렵지 않게 목격할 수
있다.8)

　예를 들어, 대통령이 수반인 행정부에 대해 입법부인 의회가 견제와 균형

---

6) 보다 상세한 논의로 Joseph Zimmerman, *Interstate Relations: The Neglected
   Dimension of Federalism* (Westport: Praeger, 1996)과 Martha Derthick, "The paradox
   of the middle tier," in Laurence O'Toole, ed., *American Intergovernmental
   Relations: Foundations, Perspectives, and Issues* (Washington, D.C.: CQ Press,
   2007)를 참조하기 바란다.

7) 상세한 논의는 Martin Diamond, "What the Framers meant by federalism," in
   Laurence O'Toole, ed., *American Intergovernmental Relations: Foundations,
   Perspectives, and Issues* (Washington, D.C.: CQ Press, 2007)를 Alexander Hamilton,
   James Madison and John Jay, *Federalist Papers,* edited and with and Introduction
   by Gary Wills (New York: Bantam Books, 1787-1788/1982)의 No.39와 대조해 참
   조하기 바란다.

8) 이러한 현상은 비단 미국에 한정되지 않는다. 비교정치 시각에서 논의한 내용은
   Mikhail Filippov, Peter Ordeshook and Olga Shvetsova, *Designing Federalism: A
   Theory of Self-Sustainable Federal Institutions* (Cambridge: Cambridge University
   Press, 2004)를 참조하기 바란다.

을 유지하며 독자적으로 국정을 운영하는 현재와 달리 건국 초기에는 비록 국민국가의 필요성에 의해 전국 단위로 대통령을 선출했지만 국가의 최고 권력기관은 각 주의 대표들로 구성된 입법부인 연합의회(Confederation Congress)로 출범했다는 사실을 유념해야 한다. 또한 미국 연방주의의 상징으로 지역대표성과 함께 인민대표성을 함께 실현한 양원제를 손꼽는 현재와 달리 건국 초기에는 의회가 단원제였음에 유의해야 한다.9) 나아가 연방의회가 독자적으로 세금을 부과하고 징수할 수 있는 현재와 대조적으로 건국 초기에는 연합의회가 배정만 할 뿐 실질적 징수는 주 의회가 수행했다는 점을 주시해야 한다.

무엇보다 연방주의에 대한 유권해석의 권한을 행사하는 연방대법원의 기능은 건국 초기에는 거의 미비했으며 사법부는 전적으로 주정부단계에 국한되었으므로 각 주는 근본적으로 독립국가에 준하는 자격을 가지고 있었음을 알 수 있다.

더구나 미국 연방주의는 지난 300여 년간의 역사적 변모에도 불구하고 지속하고 있다. 이는 연방주의를 실험하여 당면한 국정문제를 해결하는 데 실패한 다수의 국가들과 대조해 볼 때 경이적이다. 그렇다면 그 성공의 배경에 어떠한 비결이 있을까?

본 장은 이에 대한 답을 제시하기 위해 첫째, 연방주의의 정립과정, 제도화, 개헌 및 대법원 판결을 중심으로 헌정주의적 측면을 검토하고, 둘째, 제도적 권력분산에 기반을 두고 권력공유를 구현하는 통치를 지향한 주권분립의 수직적 및 수평적 측면을 살피고, 셋째, 책임소재지 분산을 구체적으로 언급하지 않으면서도 안정된 다층적 거버넌스를 구현하는 운용의 묘(妙)에 대해 되새겨 보고자 한다.

---

9) Michael Burgess, *Comparative Federalism: Theory and Practice* (New York: Routledge, 2006), p.204.

II. 미국 연방주의의 정립과정

영국의 폭정10)에 반발하며 시작한 미국 독립혁명은 폭정이 권력의 집중으로부터 나온다고 보았기 때문에 건국 초기 미국의 정부조직체제는 권력의 분산을 통치형태의 근간으로 상정하였다. 물론 건국 초기부터 국가원수로서 대통령을 추대했으나 대통령은 행정부의 수반이나 혹은 나아가 최고 통수권자라는 위상과 상당히 거리가 멀었다. 그 대신 주권체인 주의 대표들로 구성된 의회가 국가의 최고 권력기관이라는 공감대가 형성되었다. 특히 연합헌장이 행정부에 대해 별도로 명시하지 않음으로써 권력분산이 그 자체로 통치 거버넌스의 목적임을 분명히 했다. 결국 권력분산을 구현한 연합의회는 각 주의 독자성을 보장하며 주 대표들의 의견을 반영하는 데 주력하는 문자 그대로 다원적 기관이었다.

이러한 연합헌장체제는 오늘날의 국가연합(confederation)에 준하는 형태로 독립선언부터 연방헌법이 제정되기까지 10여 년간 지속했다. 이는 주권이 각 구성단위인 주에 소재하므로 하위단위는 느슨한 형태의 협의체에 연결되어 있는 정부조직형태를 의미한다. 물론 연합을 구성하는 주에게 독립된 주권국가라면 당연히 누리는 권한들이 부분적으로 제한되어 있긴 하다.11) 그러나 근본적으로 연합헌장에 명시된 통치기관들은 구체적인 정부의 기능을 온전하게 발휘할 수 없었다. 예를 들어, 각 주는 연합의회 의원들을

---

10) 이에 대한 자세한 내용은 손병권, "미국 건국초기의 연합의회와 연방의회 비교," 『정당학회보』 제5권 2호(2006)를 참조하기 바란다.

11) 구체적으로 연합헌장 제2조는 "각 주가 주권, 자유 및 독립을 보유하며, 이 연합에 의거해 별도로 연합의회에 명시적으로 이전되지 않은 권력, 관할권 및 권리를 보유한다"고 명시함으로써 각 주의 독자성을 잘 드러내고 있다. 또한 연합헌장 제6조는 각 주가 연합의회를 통해 미합중국과 외국 간 체결된 조약의 규정에 반하는 관세를 부과할 수 없으며 각 주의 방위와 교역 등을 위해 필요하다고 연합의회가 인정하는 이상의 전함과 병력을 보유할 수 없으며 적으로부터 침략당한 경우 등 예외적 상황을 제외하고 연합의회의 동의 없이 전쟁을 수행할 수 없다는 등 각 주의 권한을 제한하는 내용을 담고 있다. 나아가 주 간 조약이나 동맹은 연합의회의 동의를 거쳐야 한다고 규정하고 있다.

통제할 수 있기 때문에 연합의회가 명실상부한 상설 중앙정부로서 독자적으로 위임통치를 할 수 없게 발목을 묶은 셈이었다.[12] 무엇보다 주요 권한을 행사하기까지 각 주의 자발적 동조를 반드시 확보해야 하는 연합의회에게 구성단위를 구속할 수 있는 실질적 통치는 어려웠다.

근본적으로 정치적, 경제적 편의를 위해 제정된 연합헌법은 연합의회가 각 주에 대한 중앙정부의 수직적 구속력과 각 주 간의 수평적 연대가 매우 약한 느슨한 형태의 협의체 역할을 수행하도록 규정했다. 따라서 마치 각 주권국가 대사에 준하는 각 주 대표들로 구성된 연합의회에서 제정된 법률은 각 주에 대한 강제력을 가지지 않기 때문에 연합의회는 궁극적으로 주정부의 상위기관이 아니었다. 특히 연합의회는 주를 통하지 않고 직접 인민들에게 직접적으로 영향력을 행사할 수 없었다. 구체적으로 연합의회는 독자적으로 인민들에게 세금을 징수할 수 없었을 뿐 아니라 대외통상을 규제할 수 없었다. 독자적인 국고수입을 확보할 중요한 수단을 지니지 못한 중앙정부의 재정은 취약할 수밖에 없었고 심지어 병력 유지마저 주정부에 의존할 지경이었다. 즉 연합의회는 주정부의 동의를 얻지 못하면 인민들에게 직접적 영향력을 행사할 수 없는 허약한 기관이었다.

이러한 연합헌법체제의 취약점을 시정하기위해 1787년 헌법회의는 전국적 관할권을 지닌 강력한 중앙정부가 국내외적 조정비용을 감소시키고 공공재 공급을 원활하게 만든다는 주장을 제기했다.[13] 특히 매디슨은 전국적으

---

12) 구체적으로 연합헌장 제5조는 연합의회 의원의 임명, 소환, 급여를 각 주의 입법부가 통제하도록 명시하고 있으며 나아가 의원 임기는 1년으로 그나마 6년간 최대 3년 이상 재직하지 못하도록 제한하고 있다. 또한 연합헌장 제9조는 연합의회의 주요 권한들인 전쟁 수행권, 나포허가장 발부권, 조약 체결권, 주화 제조권 등이 13개 주 중 9개 이상 주의 찬성을 필요로 한다고 명시하고 있다. 무엇보다 각 주에서 2인부터 7인까지 선출한 대표들로 구성된 연합의회는 단원제를 채택하고 있을 뿐 아니라 의사결정도 1인 1표제가 아니라 1주 1표제로 이뤄졌다. 이러한 주의 평등성 원칙과 앞서 언급한 초다수제(9/13주의 찬성 필요)는 결과적으로 연합의회의 효율적인 통치력을 저해했다.

13) 연합의회를 대체할 연방의회는 주간 및 미국과 외국 간 국방, 안보 및 통상 등의 문제가 발생할 경우 이를 조정하는 역할을 담당하도록 했다. 주 간 교역분쟁이 발생할

로 실질적 관할권을 지닌 중앙정부가 등장하면 주정부 간 분파싸움에 의해
공공재의 공급에 차질이 생기는 문제를 해결할 수 있다고 주장했다. 즉 연방
주의자들은 소규모의 영토 안에서 주의회는 다수분파의 폭정에 노출되어 있
기 때문에 중립적 심판으로서 사회의 다양한 이해관계를 조정하고 나아가
분파의 해악을 통제함으로써 인민의 자유를 보장해주는 중앙정부가 통치하
는 "광대한 공화국"을 제시했다. 반면에 반연방주의자들은 공화국은 본질상
소규모의 영토에서만 가능하며 통합정부의 성격을 지닌 연방정부의 등장은
주의 권한 침해뿐 아니라 나아가 인민의 자유 침해까지 초래한다고 반박했
다.14) 결국 연방주의자들과 반연방주의자들 간 극적인 타협이 이뤄지며 연
방의회가 출범하면서 새로운 중앙정부의 위상에 변화가 왔다.15) 연방헌법은
주의 평등성을 반영하는 지역대표성과 유권자의 평등성을 반영하는 인민대
표성을 절충한 양원제16)를 채택하였으며 국가의 최고 권력기관이 연방의회
이고 연방의회에서 제정되는 법률이 최고권위를 지닌다고 명시함으로써 연
방정부에게 주정부에 대한 실질적 구속력을 부여했다.17) 나아가 연방의회의

경우 공권력을 지닌 중앙정부의 중재와 조정이 필수적이었다. 또한 미국과 외국 간
안보 및 국방문제가 발생할 경우에도 군대 차출 및 유지 등 외국과의 전쟁을 수행할
때 중앙정부가 각 주들에게 할당금액을 신속히 결정해 줄 필요가 있었다.
14) 이들 간 대립은 결국 1788년 연방헌법 비준으로 결론이 나지만 오늘날까지도 연방주
  의의 해석을 둘러싼 상반된 의견대립은 끊이지 않고 계속되고 있다.
15) 연방주의자와 반연방주의자 간 타협이 성사되기까지 오고간 논의에 관한 자세한 내
  용은 Gordon Wood, *The Creation of the American Republic, 1776-1787* (New
  York: W. W. Norton & Company, 1969)과 손병권 · 이옥연, "미국과 캐나다의 연방
  제도 비교 연구: 건국과정과 헌법을 중심으로," 『국제정치논총』 제44집 4호(2004)를
  참조하기 바란다.
16) 다양한 형태로 지역대표성과 인민대표성을 절충할 수 있는 양원제에 관한 자세한 내
  용은 Ronald Watts, *Comparing Federal Institutions*, 2nd edition (Montreal &
  Kingston: McGill-Queen's University Press, 1999), chapter 9 "The Representative
  Institutions of Federal Governments"와 John Kincaid and G. Alan Tarr, eds., *A
  Global Dialogue on Federalism, vol.1: Constitutional Origins, Structure, and
  Change in Federal Countries* (Montreal: McGill-Queen's University Press, 2005)
  를 참조하기 바란다.
17) 구체적으로 연방헌법 1조 1절은 "미합중국 내의 모든 입법권은 상원과 하원으로 구

독자적 세금 징수권을 원론적으로 부여하고 외국과의 통상 및 주 간 통상에 대한 규제권을 부여함으로써 독자적 재정을 확보하고 인민에 대한 직접적 영향력을 행사할 수 있는 경로가 열렸다.18)

이렇게 연방헌법은 연방의회에게 주정부의 통제를 벗어나 독자적인 권력기관으로 인정받게 할 수 있는 기반을 제공함으로써 전국적으로 실질적인 통치를 수행할 수 있는 명백한 주권체로 자리를 잡았다. 그러나 이러한 연방의회의 권력 강화는 동시에 권력비대로 인한 부정적 효과를 방지할 기제의 필요성을 다시금 일깨웠고 곧이어 헌법차원의 보호 장치로서 권리장전의 하나인 수정헌법 제10조가 제정되었다.19) 아이러니는 새로운 강력한 중앙정부의 등장이 결과적으로 이중주권(dual sovereignty)의 논리를 강화시켜 주정

성되는 합중국 의회에 부여된다"고 규정하며 연방헌법 6조 2절은 "이 헌법과 헌법에 준하여 만들어질 미합중국의 법률과 미합중국의 권위하에 이미 만들어졌거나 만들어질 조약들은 미국의 최고의 법이 된다"고 명시하고 있다. 또한 연방의회 의원들은 임기제한이나 주정부의 소환에 구애되지 않고 주민과 주의 의사를 대변할 수 있었고 임기도 하원의원은 2년, 상원의원은 6년으로 일정 기간 안정된 의정활동을 할 수 있었고 무엇보다 주정부가 아닌 연방정부가 급여를 받았으므로 주정부의 통제에서 자유로웠다. 단 1900년대 초반까지 상원의원들은 직선이 아닌 주의회의 선발로 임명되었기 때문에 주민으로부터의 권한위임이 결여되어 주정부에 예속될 가능성은 컸지만 하원의원보다 3배나 긴 임기에 의거해 하원과 독자적으로 상원에서 국정운영에 참여했음을 볼 수 있다. 무엇보다 1789년 사법부 법에 의해 연방법원체계가 완비됨으로써 사법부에 대한 통제가 연방정부와 주정부로 양분되며 나아가 연방대법원의 연방주의에 대한 유권해석의 기틀이 마련된다.

18) 3항과 1항에 명기된 통상규제권과 세금징수권은 앞서 언급한 1조 1절 및 6조 2절에 명기된 최고성과 8절에 명기된 전쟁선포권, 평화조약 체결권, 조약 및 동맹 체결권, 인디안 교섭권, 계량형 표준 설정권, 화폐주조권, 차입권, 주 간 분쟁해결권, 우편체계 수립권과 더불어 연방의회의 권력 강화를 가져왔다.

19) 수정조항 10조는 새로 제정된 헌법에 의해 "합중국에 위임되지 않았거나 합중국에 의해 각 주에 금지되지 않은 권한은 주에 개별적으로 혹은 인민에게 유보된다"라고 규정하고 있다. 이는 헌법상 명시된 연방정부 권한 이외의 잔여권한에 대해 주정부가 자신의 권한이라고 주장할 헌법적 근거를 제시하고 있다. 이 조항은 결국 새로 제정된 헌법에서 주정부의 권한이 연방의회가 제정하는 최고권한의 법률에 의해서 제한되기는 하나, 헌법에 명시되지 않은 영역에서는 주정부의 재량권이 보장될 수 있는 길을 터놓았다.

〈표 1〉 미국의 연합헌장과 연방헌법 비교

	연합헌장(1781)	연방헌법(1787)
각 단계 정부권한의 명시	- 공동의 이익을 위한 협의체 형성(1조) - 주는 사실상 독립국가로서 권한을 행사함(2조)	연방정부의 권한은 세밀하게 해당 조항에 규정된 항목에 제한됨(1조 8절)
잔여권한의 소재지	잔여권한은 주에 귀속되어 있음(2조)	잔여권한은 주와 인민에 귀속되어 있음(수정헌법 10조)
주의회와 연방의회 간 권한 분산	- 조세, 교역, 조약, 방위, 전쟁 등 연합의회의 동의 또는 인준이 필요함(6조) - 전쟁 수행, 나포허가장 발부, 조약 체결, 주화 제조 등의 권한 행사에 13개 주 중 9개 주의 찬성이 필요함(9조)	- 일반적 권한규정 외에는 특별한 규정 없음(1조 8절) - 연방의회의 세금징수(1조 8절 1항) - 주 간 통상규제권(1조 8절 3항) - 연방정부에 금지된 권한이 명기되어 있음(1조 9절)
연방 하원의원 의석 배정, 선출방식, 임기/임기제한, 표결 및 급여	- 의석 배정: 각 주당 2~7명 - 선출방식: 주의회가 임명 및 소환함 - 임기: 1년, 6년 기한 내 3년으로 제한 - 표결: 각 주당 1표 - 급여: 주정부 지급	- 의석 배정: 인구비례, 1929년 이후 총 435석 고정 - 선출방식: 주민이 선출함 - 임기: 2년, 임기제한 없음 - 표결: 각 하원의원 당 1표 - 급여: 연방정부 지급
연방 상원의원 의석 배정, 선출방식, 임기/임기제한, 표결 및 급여	해당 없음(단원제)	- 의석 배정: 각 주당 2명 - 선출방식: 각 주의회가 선발함(1조 3절 1항; 1900년대 초반까지) - 임기: 6년, 임기제한 없음 - 표결: 각 상원의원 당 1표 - 급여: 연방정부 지급
연방정부의 조세권한	연방의회가 배정하고 주가 징수함	일반규정으로 채무 지불, 공동방위와 복지를 위한 세금징수가 일반화되어 있음(1조 8절 1항)

	연합헌장(1781)	연방헌법(1787)

정부단계간
용어상 차별
(빗금 앞이 중앙정부,
뒤가 지역정부)
	연방/주정부조직 간 지위 차별
	부재
	1) 행정부 수반: 해당 없음
	  (집행부 부재)
	2) 호칭: United States/State
	3) 입법부: 연합의회(Congress)
	4) 입법부 수장: President of
	  Congress
		연방/주정부조직 간 지위 차별
		부재
		1) 행정부 수반: President/
		  Governor
		2) 호칭: United States/State
		3) 하원: House of Representatives/
		  State Assembly
		4) 하원 의장: Speaker of the
		  House
		5) 상원: Senate/State Senate
		6) 상원 의장: 부통령이 겸임

정부단계간 사법부통제	모든 사법부는 각 주정부가 통 제함(1789년 사법부법령에 의해 연 방정부가 통제하는 연방 사법부가 창설됨)	- 연방정부는 연방 사법부 통제 - 주정부는 주 사법부 통제

출처: http://www2.marianopolis.edu/quebechistory/federal/compare.htm, http://www.uscon
   stitution.net/constconart.html, 그리고 손병권(2006) <표 1>과 손병권·이옥연(2005)
   <표 1>, <표 2>를 참조해 발췌 정리

부와 중앙정부 간의 관계는 긴장 속에서 유지될 수밖에 없었으며 결국 이러
한 이중주권에 관한 해석을 둘러싼 이견이 첨예화되며 남북전쟁이 발발했고
그 이후에도 연방정부와 주정부 간 갈등을 초래하는 근거를 제공했다는 사
실이다. 신생독립국인 미합중국이 내생적으로 중앙권력집중형태의 국가가
부재한 상황을 극복하며 통합과 분산의 균형을 실현하려는 연방국가로 변모
하기까지 과정을 앞서 살펴본 내용을 정리하여 <표 1>에서 미국 연방주의
의 정립과정에서 연합헌법(1781)과 연방헌법(1787)이 명기한 정부조직체제
와 통치형태를 비교하였다.

III. 미국 연방주의의 제도화

1. 미국 연방주의와 연방대법원

연방주의에 기반을 둔 통치체제는 권력소재지가 제도적으로 분리되어 있으면서도 권력을 공유하는(separated institutions sharing power) 체제를 헌법에 명기해야 하며 나아가 그러한 헌법 명기에 대한 연방대법원의 사법심사권이 정치적 설득력과 법적 구속력을 동시에 지녀야 한다. 더구나 연방주의를 구현하는 과정에서 적절한 책임소재지 분산에 대한 판단도 시대적으로 변하기 때문에 특히 연방대법원의 중재역할은 연방주의가 성공적으로 유지되는 비결의 열쇠를 쥐고 있다고 볼 수 있다. 연방대법원의 판결은 연방-주/지방정부 간 수직적 권한분산에 관해 가장 큰 영향력을 발휘하며 이러한 공권력은 특히 연방대법원의 사법심사권을 공고하게 한 *Marbury v. Madison* (1803)의 판결 이후 공고해졌다.20)

19세기에는 연방정부의 권한이 주정부에 비해 상대적으로 미약했다. 그러나 남북전쟁 이전인 마샬 대법원장 시절21)에 이루어진 판결들은 주정부에 대한 연방정부, 특히 연방의회의 권한을 확대시킨 결과를 가져왔다.22)

---

20) 헌법 3조에 명기된 사법부 권한에 비선출직으로 구성된 연방대법원이 선출직으로 구성된 입법부나 대통령보다 우위에 있다는 의미를 지닌 사법심사권의 근거가 마련되어 있는지에 대한 논의는 건국당시부터 계속되었다. 다만 헌법 4조의 최고성 (supremacy)에 의거해 연방대법원이 사법심사권을 발동해 헌법에 위배하거나 연방 관할권을 침해하는 주법을 번복할 수 있다고 유추하는 데 어느 정도 공감대가 형성되어 있을 뿐이었다. 그러다가 연방직 임명을 둘러싼 소송사건인 *Marbury v. Madison* 의 판결문에서 마샬 대법원장은 "무엇이 법령에 해당하는지에 대한 판단을 내리는 일은 사법부의 고유한 관할권이고 의무이다(It is emphatically the province and duty of the judicial department to say what the law is)"라고 주장함으로써 당시엔 그다지 큰 정치적 파문이 없었으나 후일에 사법 행동주의의 근거가 되었다.
21) 마샬 법정은 1801년부터 1835년까지 지속되었으며 대략 제퍼슨 대통령부터 잭슨 대통령까지의 기간에 해당한다.

그 중에서 *McCulloch v. Maryland*(1819)는 1816년에 연방의회에서 통과시킨 중앙은행 설치법안에 대한 주정부의 제소를 기각한 판결이었다. 이 1816년 법령은 단일한 조폐를 통해 국가전체에 획일적으로 통용되는 화폐제도를 정착시키려는 목적으로 중앙은행(national bank)을 설립하는 권한, 즉 금융통화정책(monetary policy) 권한을 연방의회에 부여했다. 이에 반발한 메릴랜드 주를 포함한 주정부들은 연방기관인 중앙은행에 중과세를 부과하려 했으나 마샬 대법원장은 주가 연방기관이나 그 경제행위에 세금을 징수하는 일은 위헌이라고 판결했다. 무엇보다 헌법 1조 8절의 "필요하고 적절한(necessary and proper)"구절을 인용해 헌법이 명백하게 금지한 권한이 아니라면 연방의회는 필요하고 적절하다고 판단하는 경우 권한을 행사할 수 있다고 판결함으로써 연방정부의 권한을 다시금 확증시켰다.23)

그러나 화폐통용의 독점권에 관한 문제는 남북전쟁을 치루면서 1862년 의회에서 통과시킨 지폐 법령(Tender Act)에 대한 논쟁으로 다시 한번 불거졌다. 전쟁비용이 폭발적으로 늘어나자 물품에 대한 지불을 금이나 은 대신 합법적 지폐인 '그린백(greenback, 달러지폐의 한 호칭)'으로 해도 된다는 1862년 법령이 유지되고 후에는 전쟁시가 아닌 평시에도 확대되었다. 그 결과 다시 한번 연방정부가 발행-유통하는 유일한 국가화폐와 중앙은행의 역할에 대한 합법성이 확립되었고 금융통화정책에 관한 연방정부의 유일한 권한이 확증되었다. 이러한 일련의 입법노력과 그 정당성을 반박하려는 제소에 대한 연방대법원의 합헌결정들은 또한 전국적 연방소득세를 둘러싼 일련

---

22) 비록 이러한 일련의 판결들은 그 당시에는 사법부의 권한 강화나 연방정부의 권한 확대를 가져오지 않았지만 결과적으로 남북전쟁 이후 판결들은 마샬 법정의 판결 선례에 의해 법적 근거를 확보했고 나아가 20세기의 연방정부 팽창에 기여하게 되었다.

23) 그러나 마샬을 이어 주 권리옹호자인 잭슨 대통령이 임명한 태니(Taney) 대법원장 (1836~1864 재직)은 *Dred Scott v. Sandford*(1857) 판결을 통해 흑인노예들이 미국 시민임을 거부하며 따라서 노예제를 금지한 연방법은 자치권과 사유재산권을 침해했다고 피력했다. 궁극적으로 남북전쟁 이후 수정헌법 14항과 15항 인준을 통해 각각 하원 의석 배정을 위해 노예에 적용한 3/5 수칙이 폐기되고 인종에 관계없이 참정권이 부여되었다.

의 사건에서도 볼 수 있다. 처음으로 연방소득세를 법령화한 시기는 1862년
으로 남북전쟁의 비용충당으로 필요했고, 따라서 전쟁 후 1875년에 폐지되
었다. 그러다가 다시 1895년 경기침체로 인해 연방소득세를 부활시킨 법령
이 통과되었지만 곧 대법원이 위헌이라는 판결을 내렸다. 그러나 궁극적으
로 헌법 16조 수정조항의 인준에 따라 연방소득세는 영구하게 자리 잡았고
연방정부의 합헌적 재정원으로 인정되었다.

연방과 주정부의 이권다툼에 대한 유권해석이 남북전쟁까지 연방대법원
에게 제소된 사건들이 주류를 이루었다면 산업혁명시기부터 대공황에 이르
기까지 주요 관심사는 국가경제에 대한 정부규제를 둘러싼 갈등이었다. 예
를 들어 철도운송과 곡물보관을 관장하는 기업들의 횡포에 대항한 농민공제
운동(Granger movement)이 일어나자 중서부 주 의회들은 농민공제(Granger)
법령들을 제정했다. 이에 반발한 기업들이 그 위헌성에 대해 연방대법원에
제소했고 *Munn v. Illinois* (1876)에서 공익을 위해 사적 재산에 대한 공적
규제, 이 경우엔 주 의회의 규제가 합헌이라는 판결이 나왔다. 그리고 10년
후에는 *Wabash, St. Louis & Pacific Railroad Company v. Illinois* 에서 주
간 통상에 관한 규제 권한은 오로지 연방의회에게 한정된다는 판결을 통해
철도/운송 등과 같은 주 간 통상(interstate commerce)에 대한 연방정부의 규
제권한이 확립되었다.[24] 그 결과 테디 루스벨트(Teddy Roosevelt) 행정부시
대[25]는 연방정부가 개입해서 전국적 철도망에 대한 재정지원을 단행한 시
기로 독과점의 횡포에 대한 연방정부의 규제가 정치적, 법적 당위성을 얻었
다.[26]

<표 2>는 연방주의에 관해 헌법전문에 명기된 조항과 수정헌법 조항을
정리하고 있다.

---

24) 그 결과 주 간 통상위원회(Interstate Commerce Commission)가 설립되었다.
25) 풀러(Fuller) 연방대법원장은 1888년부터 1910년까지 재직하였다.
26) 그리고 연방정부의 국가경제 규제권한의 정점이라 할 수 있는 셔먼 독점금지법
(Sherman Anti-Trust Act)을 1890년에 연방의회가 통과시켰다.

〈표 2〉 연방주의에 관한 헌법전문과 수정헌법 조항

전문	목적	수정	목적 및 발의/승인 연도
1조 8절	- 통상(commerce)구절 - 외국과의 통상, 주 간 통상, 원주민과의 통상에 대한 규제 권한 규정	IX, X	- 권리장전의 일부(1795년) - 중앙의 권한 제한: 중앙정부에게 명시되지 않은 잔여권한은 주나 인민에게 귀속함
1조 8절	- 유연(elastic)구절 - "필요하고 적절하다"고 판단하는 경우 의회의 법령 제정 권한 규정	XI	주에 관한 사법권에 대해 연방사법부의 관할권 제한(1794/1798년)
4조 3절	- 새로운 주의 영합 - 그러나 기존 주의 영토를 분할하거나 기존 주 다수가 병합하여 새로운 주를 형성하려면 연방의회와 주의회의 승인이 필요함	XIII	- 노예제 폐지(1865년) - 사람에 대한 소유재산권 폐지
4조 4절	- 공화국 유지 - 외침이나 내란으로부터 주의 공화국 유지를 보장함	XIV	권리장전을 개인뿐 아니라 주에도 적용함(1866/1868년)
6조	- 최고성(supremacy)구절 - 헌법, 연방법, 그리고 조약이 국가의 최고법이며 모든 주의 판사들은 이를 준수할 의무가 있음	XVI	연방소득세를 정립함 (1909/1913년)
		XXVII	의회가 스스로 구성원의 급여를 인상하는 것을 제한함(1789/1992년)

흥미로운 점은 연방-주/지방정부의 관계는 대법원의 구성 변화, 여론의 변화 등으로 인해 헌법에 대한 유권해석이 달라지면서 심지어 동일한 헌법문항에 근거하면서도 정반대의 판결이 가능하다는 사실이다. 그렇다면 왜 연방대법원의 권위가 이러한 변동에도 불구하고 지속되며 나아가 미국 연방주의의 수호자로서 인정되는가. 물론 앞서 언급했듯이 토크빌이 지적한 연방

대법원의 중재역할이 아주 유효적절하게 구현된다고 볼 수 있다. 물론
1920~30년대와 특히 1960년대 이후 연방대법원이 사법심사권을 발휘해 위
헌이라는 이유로 번복한 연방법이나 주법이 증가했다.[27] 특히 후에 <표 4>
에서 상술하는 *Dred Scott v. Sanford*(1857) 이후에도 *Lochner v. New
York*(1905)[28] 및 *Schechter Poultry Corp. v. US*(1935)[29] 등의 판결로 인
해 폐기론이 부상하며 헌법적 위기를 맞았다. 그러나 흥미롭게도 이러한 유
권해석의 극적인 변동에도 불구하고 연방대법원의 권위는 지속적으로 미국
연방주의의 수호자로서 인정되고 있다. 이는 연방대법원의 수직적 관계에
대한 유권해석이 시대에 따라 때로는 급격하게 반전하는 데도 불구하고 사
법부가 권한남용을 자제함으로써 그 중재역할이 일관성 있게 존중되기 때문

---

27) 구체적으로 1790년부터 1920년 이전까지는 0~9회에 걸쳐 연방법이 위헌이라고 판결
했지만 1920년부터 1940년 이전까지 13~15회로 증가한다. 1940년부터 1960년 이전
까지 다시 예전의 수준으로 돌아가 2~5회에 그치다가 1960년 이후 2000년에 걸쳐
16~24회로 증가한다. 주법의 경우 1790년부터 1860년 이전까지 0~9회에 그치나
1860년부터 1910년 이전까지 23~46회로 증가하고 1910년부터 1940년 이전까지
93~139회로 대폭 증가하며 1940년부터 1960년 이전까지 58~60회로 주춤하더니
1960년 이후 1990년까지 149~163회로 다시 한번 폭증한다. 이후 2000년까지는 61
회에 그치며 또다시 주춤하고 있다. 자료 출처: Laurence Baum, *The Supreme
Court*, 7th ed. (Washington, D.C.: CQ Press, 2000), Table 5-3과 5-4.
28) Lochner v. New York, 198 U.S. 45(1905). 수정헌법 14조의 정당한 과정구절(due
process clause)에 자유계약권(right to free contract)이 내재되어 있다는 연방대법원
의 판결이다. 제과업자의 건강보호를 목적으로 주당 노동시간을 제한한 뉴욕주법이
개인의 계약 권한과 자유를 비이성적이고 불필요하고 임의로 침해했다고 위헌으로
판정했다. 결과적으로 사법부가 보편적인 헌법해석에 의존하는 대신 개인의 권한보다
재산권을 우선시하는 이념성향에 의해 판결을 내렸다는 비판을 받았다.
29) A.L.A. Schechter Poultry Corp. v. United States, 295 U.S. 495(1935). 양계업을
규제하는 1933년 National Industry Recovery Act가 위헌이라는 판결로서 정부의
경제규제에 반발하는 당시 연방대법원의 정치성향을 반영했다. 행정부가 '정당한 경
쟁수칙(code of fair competition)'을 규정한다면 이는 입법부와 행정부 간 권한분산
에 위배된다고 판정하고 있다. 또한 연방의회의 통상권한에 대한 좁은 해석을 내려
이에 반발한 T. 루스벨트 대통령은 연방대법관의 증원을 통해 뉴딜정책의 추진을 도
모했으나 결국 실패했다.

이다. 즉 엄격한 사법심사권 발동 기준을 설정함으로써 사법심사권과 그 정책적 파급효과에 대한 도전이 끊이지 않음에도 불구하고 법적 구속력과 정치적 설득력을 지속시킬 수 있기 때문이다. 이는 소송사건이 전적으로 정치적 분쟁의 성격을 띠는 경우에는 연방사법부가 그에 대한 사법심사 자체를 유보하고 당사자 간 정치적 타협을 통한 해결을 촉구함으로써 연방사법부의 독립성과 권위를 다지고 있기 때문에 가능하다. 또한 이러한 연유로 연방사법부의 판결이 공공정책을 구상하고 집행하는 데 필수적인 기본 지침의 설정에 중대한 영향을 끼칠 수 있는 근거가 되고 있다.

2. 수직적 주권분립: 헌법적 근거와 실상

수직적 주권분립은 앞서 언급했듯이 연방정부와 주정부 간 독자적 권한이 위임되어 있는 관계를 가리킨다. 그러나 연방정부에게 위임된 권한과 달리 주정부에게만 위임된 보존권한은 앞서 언급했듯이 열거되어 있지 않고 수정헌법 10조에서 제시하는 지침, 즉 연방정부에 위임되지 않으면서도 주정부에 금지되지 않은 잔여권한으로 규정되어 있다. 게다가 헌법은 연방정부와 주정부에게 동시권한을 위임하고 있기 때문에 연방정부와 주정부 간 관계는 필연적으로 시대적 요구에 따라 변화하게 된다. 다만 연방정부와 주정부에게 금지된 권한을 명기함으로써 국민국가의 근간을 흔들 여지가 큰 분쟁을 미연에 방지하는데 그치고 있다. 따라서 헌법 1조 9절에서는 연방정부의 권한을 제한하는 부인권한을, 1조 10절에서는 주정부에게 외국이나 다른 주정부들과 연관된 사안에 간여할 수 있는 권한을 금지하는 부인권한을 명기하고 있다.[30] 또한 연방정부와 마찬가지로 주정부의 권한도 제한하여 연방정

---

30) 이는 역사적으로 독립전쟁 직후 수립했던 연맹체제가 효율적인 통치에 치명적 취약점을 드러내자 이를 극복하려고 개헌을 통해 연방정부의 강화를 도모해야 했기 때문에 연방정부와 주정부 간 이해충돌의 여지를 줄일 필요성이 절실했음을 입증한다. 보다 상세한 논의는 Harry Scheiber, "The condition of American federalism: An

〈표 3〉 연방정부와 주정부 간 주권분립

	연방정부	주정부
독자권한	1) 명시권한 - 대외 및 주간 통상 규제 - 화폐주조 - 육군 및 해군 설립/유지 - 조약 체결/인준 - 우편제도 설립/유지 2) 암시권한 - 명시권한 수행을 위해 '필요하고 적절한' 경우 권한 행사 3) 내재권한 - 미국대표정부로서 권한 행사 　(예. 이민 규제)	보존권한 - 주내 통상 규제 - 지방정부체계 수립/유지 - 연방선거 관리 - 공공 의료, 복지, 규범 보호 　(예. 공립학교체제 수립/유지)
부인권한	- 주 수출품에 대한 관세징수 - 주 의회 동의 없이 주 영토 경계선 변경 - 정부관리에 대한 종교 통관시험 부과 - 권리장전과 상충하는 법령 제정	- 대외교역에 관한 관세징수 - 화폐주조 - 외국과의 조약 체결 - 계약 이행 방해 - 연방의회 동의 없이 주간 협약 체결 - 권리장전과 상충하는 법령 제정
동시권한	- 조세 징수 - 차관 - 일반복지 지출 - 은행 설립 - 사법부 수립 - 법령 제정 및 집행	

부와 주정부 간 주권분립을 공고하게 하려는 취지에서 수정헌법 1조부터 10조에 이르는 권리장전 이외에도 13조, 14조, 15조, 19조, 24조와 26조에 부

---

historian's view," in Laurence O'Toole, ed., *American Intergovernmental Relations: Foundations, Perspectives, and Issues* (Washington, D.C.: CQ Press, 2007)를 참조하기 바란다.

분적으로 주정부에게 금지된 권한들이 명기되어 있다. <표 3>은 주권분립을
제도화한 연방국가로서 미국의 정부체계를 보여주고 있다.

이렇듯 미국헌법은 연방주의 원칙을 근간으로 주권분립을 표명하고 있음
에도 불구하고 동시에 동시권한(concurrent powers)을 연방정부와 주정부에
게 위임함으로써 오히려 주권 간 분쟁소지를 더해놓은 점은 흥미롭다. 특히
재정권한에 해당하는 조세징수 및 차관유치, 그리고 일반복지 지출 권한을
연방정부와 주정부가 동시에 수행할 수 있는 길을 열어놓고 있다.31) 나아가
법령을 제정하고 집행하는 권한과 사법부체계를 수립하고 운영하는 권한을
동시에 연방정부와 주정부에게 부여하고 있다.32) 이는 역사적으로 강력한
연방정부를 주장한 연방파와 강력한 연방정부에 대해 우려하는 반연방파들
간 새로운 헌정체제의 인준을 위한 정치적 타협의 산물이다. 그 결과 주권분
립은 연방정부와 주정부 간 중앙집중화와 탈중앙화의 압력을 자신에게 유리
하도록 균형점을 이끌어내려는 끊임없는 탐색전의 양상으로 드러난다.

결국 제도적으로 책임소재지가 분산되어 있으면서도 권력을 공유하는
(separated institutions sharing power) 통치체제는 비록 헌법에 그러한 원칙이
명기되어 있더라도 그에 대한 연방대법원의 사법심사권이 한편으로는 정치
적으로 설득력을, 다른 한편으로는 법적 구속력을 지녀야함을 의미한다. 따
라서 효율적인 연방대법원의 중재역할은 연방주의가 성공적으로 유지되는
비결의 열쇠를 제공할 수 있으며 바로 그러한 연유로 연방주의를 실현하는
과정에서 적절한 책임소재지 분산에 대한 판단도 시대적으로 변하고 있음에
유의해야 한다.33)

---

31) 보다 상세한 재정 연방주의에 관한 논의는 Jonathan Rodden, *Hamilton's Paradox:
The Promise and Peril of Fiscal Federalism* (Cambridge: Cambridge University
Press, 2006)와 Okyeon Yi, "Institutional and Political Dimensions of Fiscal
Federalism in the Multilevel Government, the U.S. Case," 『세계지역연구논총』 제
25권 2호(2007)를 참조하기 바란다.
32) 소송을 통한 수직적 관계조정은 Eric Waltenburg and Bill Swinford, *Litigating
Federalism: The States Before the U.S. Supreme Court* (New York: Greenwood
Press, 1999)에서 보다 상세하게 참조하기 바란다.

역사적으로 보면 1조 8절 18항에서 연방정부에게 위임된 암시권한과 이에 대한 연방사법부의 우호적 유권해석에 의해 연방정부의 권한이 확대되었던 시절도 있었으나 연방주의 원칙에 대한 유권해석이 반드시 연방정부의 권한확대에 기여한 것은 아니다.34) 오히려 연방사법부의 구성이나 당시 여론의 변화에 따라 번복되는 경우도 드물지 않다. 그럼에도 불구하고 연방정부의 권한확대로 이어지는 전반적인 추세 자체를 되돌려놓지 못한 것도 사실이다.35) 이는 명기권한인 1조 8절 1항의 재정권한, 1조 8절 3항의 통상규제권한, 그리고 1조 8절 10항부터 16항에 걸친 전쟁권한의 헌법적 근거에 기인한다.36) 주목할 점은 연방정부의 권한확대가 종종 연방의회뿐 아니라

---

33) 따라서 이렇게 연방주의에 대한 최종 유권해석을 내려주는 연방대법원의 판결은 연방정부와 주정부 간 주권분립에 관해 가장 결정적인 영향력을 발휘하여 연방정부와 주정부 간 균형점 설정뿐 아니라 궁극적으로 공공정책의 향방설정에도 지대한 파급효과를 불러일으킨다.

34) 이러한 사례들은 건국 당시부터 발견할 수 있다. 헌법은 영토확장 권한에 대해 명확하게 표기하고 있지 않음에도 불구하고 제퍼슨 대통령은 대통령의 내재권한을 근거로 프랑스로부터 루이지애나 영토를 구입하였다. 이는 후대에 선례로 남아 연방정부가 알래스카, 하와이 등 주와 푸에르토리코, 괌 등 영토를 합병하는 데 기여했다. 국가 위기 시에 특히 대통령의 권한 확대가 자주 목격되는데 남북전쟁 당시 링컨 대통령의 군대 증원에 대한 연방의회의 사후 승인이나 루스벨트 대통령의 경제공황 타개를 위한 뉴딜 입법안, 또는 연방의회의 통상규제 권한에 근거해 지지한 존슨 대통령의 민권법 등 연방의회의 사후 승인, 공조 또는 최소한 묵인으로 결과적으로 연방정부의 권한이 확대되었다. 그러나 트루먼 대통령이 한국전쟁 수행을 위해 대통령의 내재권한을 발동해 철강회사를 국유화하는 조치를 내린 데 반발해 연방의회가 위헌성을 제소하자 연방사법부가 대통령의 월권이라는 판결을 내린 *Youngstown Sheet and Tube Company v. Sawyer*(1952)도 있다. 결국 연방정부의 권한 확대는 연방의회와 연방행정부 간 암묵적인 타협이 존재해야 최소한 성립할 수 있으며 궁극적으로는 이러한 권한확대에 대해 연방사법부가 위헌요소를 입증하지 못한다는 결정을 내릴 때 비로소 가능하다.

35) Joseph Zimmerman, *Contemporary American Federalism: The Growth of National Power* (Westport: Praeger, 1992), p.190. "… 만약 미국 연방헌법제정자들이 환생해서 자신들이 1789년에 설립한 연방 체제에 비춰 1990년대를 평가하게 된다면 연방의회의 권력집중에 경악할 것이다…"

36) 1789년 필라델피아에서 헌정회의가 소집되었을 당시 미국은 농업중심 국가였으나 백

연방행정부 특히 대통령의 역할변화 및 역할증대와 더불어 가능했고 이런 연유로 연방정부 내 입법부와 행정부 간 권한소재지를 둘러싼 마찰이 불거지며 타협이 성사되지 않는 경우 연방사법부의 중재에 의한 타결이나 혹은 연방사법부가 헌법적 근거가 미약하다는 이유로 개입을 거부함으로써 중재거부에 의한 정국경색의 타결 사례를 간혹 목격하게 된다는 사실이다.37)

<표 4>는 1789년 연방사법부 법령에 의해 연방사법부가 수립된 이후 연방주의 원칙에 대해 결정적 영향력을 끼친 대표적인 연방대법원 판결을 시대별로 정리하고 있다. 굵게 표시된 대법원장 시대에는 대체적으로 연방정부의 권한증대에 호의적인 판결이 내려졌고 그 외 대법원장 시대에는 일반적으로 주정부의 보존권한을 강조하는 판결이 내려졌다.38) 앞서 언급했듯이 헌법에는 구체적으로 연방대법원에게 사법심사권이 명기되어 있지 않다. 다만 연방주의파였던 존 마샬 대법원장이 *Marbury v. Madison*(1803) 판결과 *Fletcher v. Peck* 판결(1810)을 통해 연방법과 주법 모두에 대한 연방대법원의 사법심사권을 강화하면서 부수적으로 연방정부와 주정부 간 관계에서 연방정부의 우위도 강조했을 따름이다. 따라서 마샬 대법원장이 <표 4>에서 상술한 *McCulloch v. Maryland*(1819) 판결에서 주정부가 연방정부의 주권을 침해할 수 없다는 무효화 원칙에 철퇴를 가하는 유권해석을 내렸음에도

여 년이 흐른 18세기 말에는 남북전쟁 이후 가속화된 산업혁명의 여파로 제조업중심 국가로 변신했다. 그 후 양 세계대전과 각종 대외전쟁을 치르면서 미국은 서비스와 정보산업중심 국가로 탈바꿈하고 있다. 결국 미국의 대표정부인 연방정부에게 이러한 경제, 사회, 정치적 변혁은 그에 상응하는 역할변화와 역할증대는 일면 필연적이라고 볼 수 있다.

37) 이는 특히 금융통화나 조세를 둘러싼 정책결정권에 대해 연방정부와 주정부 간 갈등이 불거졌을 때 드러났다. 보다 상세한 논의는 이옥연 A, "미국의 연방주의: 탄생과 유지의 비결," 『미국학』 제29집(2006), pp.188-190을 참조하기 바란다.

38) 앞서 지적했듯이 대법원의 구성이나 여론의 변화 등은 연방정부와 주정부 간 관계를 표명하는 헌법에 대한 유권해석에 영향을 준다. 다만 여기서 강조하고자 하는 점은 동일한 헌법문항일지라도 전혀 다른 헌법적 논리에 의해 선례를 번복하는 판결이 가능하며 이러한 막강한 권한이 사법심사권으로 연방대법원에게 위임되어 있다는 사실이다.

〈표 4〉 연방주의에 중대한 영향을 끼친 연방대법원 판결

대법원	소송	판결내용
Marshall Court (1801~1835)	Fletcher v. Peck (1810)	연방사법부의 사법심사권이 주 법령에도 적용된다고 판결 → 연방법에만 적용된 사법심사권의 확대적용
	Martin v. Hunter's Lessee(1816)	민사사건에 대한 주사법부 판결을 연방사법부에 항소할 수 있다고 판결 → 연방사법부의 민사사건에 대한 항소/상고재판권을 확인
	McCulloch v. Maryland(1819)	연방의회의 암시권한이 합헌이라고 판결 → 유연성구절에 대해 제퍼슨(Jefferson)이 제시한 'necessary and proper = indispensable' 보다 확대해석
	Cohens v. Virginia(1821)	형사사건에 대한 주사법부 판결도 연방사법부에 항소할 수 있다고 판결 → 연방사법부의 형사사건에 대한 항소/상고재판권을 확인
	Gibbons v. Ogden(1824)	연방의회의 주간 통상규제 권한이 모든 경제활동에 적용된다고 판결 → 연방정부의 권한확대에 기여
Taney Court (1836~1864)	Dred Scott v. Sanford(1857)	노예제를 인정하는 주 권한에 대해 연방의회가 개입하는 것을 금지하는 보존권한이 주에 주어져 있다고 판결 → 이중연방주의의 시초; 후에 수정헌법 13조에 의해 노예제를 폐지
White Court (1910~1921)	Hammer v. Dagenhart(1918)	연방의회가 미성년노동에 의한 제품의 주간 통상을 금지함으로써 미성년노동을 간접적으로 규제할 수 없다고 판결 → 이중연방주의의 연장선; 후에 휴즈(Hughes) 대법원장이 번복
Hughes Court (1930~1941)	National Labor Relations Board v. Jones & Laughlin Steel Corp.(1937)	주간 통상에 영향을 미치는 주내 통상도 연방의회가 규제할 수 있다고 판결 → 이중연방주의에 대한 초기 지지를 철회
Stone Court (1941~1946)	Wickard v. Filiburn(1942)	미미한 경제활동이라도 축적되면 주간 통상에 영향을 끼칠 수 있다고 판결 → 뉴딜 법령의 하나인 농업 조정법이 합헌이라고 해석

Warren Court (1953~1969)	Heart of Atlanta Motel v. U.S. (1964)	공공시설의 서비스 제공 거부는 흑인들의 주 간 왕래 의지를 줄인다는 증거에 근거해 공공시설의 인종차별 금지가 연방의회의 주간 통상규제 권한에 해당한다고 판결→ 민권법이 합헌이라고 해석
Burger Court (1969~1986)	Garcia v. San Antonio Metropolitan Transit Authority (1985)	정부 간 면책 여부를 결정할 때 전통-비전통 기준을 일률적으로 적용하기보다 정치적 과정에 의존해 결정하라고 판결 → 공정노동기준법을 주정부에 적용하면 수정헌법 10조를 위배하므로 위헌이라고 판결한 National League of Cities v. Usery(1976)를 번복
Rehnquist Court (1986~2005)	New York v. U.S. (1992)	연방의회는 주에게 연방교부금에 대한 조건이나 규제를 강요할 수 있으나 단순하게 주를 상대로 명령을 내릴 수 없다고 판결 → 공공정책의 주권분립을 근거로 연방정부의 월권행위를 제한
	U.S. v. Lopez (1995)	주 간 통상 규제권한을 근거로 학교 근처 총기소지로 인한 지역경제의 타격을 이유로 공립학교의 1,000 피트 반경 내 총기소지 및 유입을 금한 연방법을 위헌이라고 판결 → 의회의 통상 규제 권한 제한
	Seminole Indian Tribe v. Florida (1996)	인디언 부족이 연방사법부에 주를 상대로 소송할 수 있게 한 연방법을 위헌이라고 판결 → 주 주권 면책(state sovereign immunity)은 주를 상대로 하는 소송이 주의 승낙을 필요로 한다는 의미라고 해석
	Printz v. U.S.; Mack v. U.S. (1997)	총기구입 시 자격요건을 확인하는 절차를 의무화한 연방법(소위 브래디 법)을 위헌이라고 판결 → Brady법을 수정헌법 10조이 명기한 주 권한을 위배한 비지원 위탁(unfunded mandate)이라고 해석
	City of Boerne v. Flores(1999)	도시 구역 획정(zoning)을 규제한 연방법을 위헌이라고 판결 → 수정헌법 14조에 의거해 의료 및 복지정책 프로그램은 민권에 대한 '구제'에 한정될 뿐 민권 확대를 목표로 하지 않는다고 해석
	Alden v. Maine (1999)	초과근무 임금을 요구하는 근로자가 주를 상대로 소송할 수 있게 한 연방법을 위헌이라고 판결 → 주는 연방법에 의거해 주 거주 근로자들이 제기하는 소송으로부터 면제된다고 해석

Jones v. U.S. (2000)	주택 소유자의 자택이 주 간 또는 외국과의 통상에 사용되거나 또는 이와 연관된 목적으로 사용되는 경우 의도적으로 자산에 폐해를 가하는 행위를 연방법에 저촉되는 범죄로 규정하는 연방법을 위헌이라고 판결 → 자택이 상업적 목적으로 사용되지 않았다면 연방법에 의거해 소송을 제기할 수 없다고 해석
U.S. v. Morrison (2000)	1996년 인디언 부족 관련 판결의 연장선으로 여성이 연방사법부에 주를 제소할 수 있게 한 연방법을 위헌이라고 판결 → 연방법의 집행을 목적으로 개인이 제기한 소송으로부터 주는 면제된다고 해석
University of Alabama v. Garrett (2001)	1990년 장애인법에 의거해 주를 연방사법부에 제소할 수 없다고 판결 → 주는 연방법에 의거해 장애인들이 제기하는 소송으로부터 면제된다고 해석

불구하고 주권분립을 둘러싼 분쟁을 종식시킬 수 없었다. 결국 연방주의파들이 주정부의 권한을 회복하려는 정치인들에게 밀려나면서 후임 대법원장들은 주정부의 보존권한을 강조하는 이중연방주의를 내세워 주권분립에 대한 유권해석의 대변동이 뒤따랐다.

　연방헌법은 연방의회에게 주정부의 통제를 벗어나 독자적인 권력기관으로 정착할 수 있는 기반을 제공하여 연방정부가 전국적으로 실질적인 통치를 수행할 수 있도록 연방주의 원칙을 제도화했다. 그러나 이러한 연방의회의 권력 강화는 권력비대로 인한 부정적 효과를 방지할 기제가 필요하다는 우려도 동시에 자아냈다. 그 결과 연방헌법의 비준 직후 헌법차원의 보호장치로서 권리장전의 일부로 수정헌법 제10조가 채택되어 잔여권한이 주정부에게 귀속된 결과 연방정부와 주정부에게 동시권한이 주어지는 헌법적 근거가 마련되었다. 결국 새로운 강력한 중앙정부의 등장은 오히려 이중주권의 논리를 강화시켰고 연방정부와 주정부 간 관계는 계속적으로 긴장 속에서 유지될 수밖에 없었다. 실제로 남북전쟁 이전까지 이중주권 원칙을 둘러싼 끊임없는 논란에서 대부분 주는 심지어 주의 주권이 완전하므로 주나 주

의 거주민의 자유를 침해한다고 판단되는 연방법을 주가 무효화시킬 수 있
다고 주장했다.39) 비록 남북전쟁에서 이중연방주의를 옹호하는 남부 주들이
패배하였지만 20세기 초반 경제공황으로 인한 국가위기에 직면하기 이전까
지 연방대법원은 대체로 주 주권을 강조하는 판결을 내렸다. 그 이후 대공황
과 민권운동을 거치며 역사의 추는 연방정부에게 유리하게 움직였으나
1980년 중반 이후 다시 주정부에게 무게중심이 돌아가고 있는 역사적 사실
은 연방주의 원칙에 대한 유권해석이 유동적임을 입증해주고 있다.

IV. 권력균형점 논의

1. 수직적 관계와 수평적 관계

연방주의 원칙에서 수직적 균형점에 대한 논의는 궁극적으로 연방정부와
주정부 간 적정한 수준의 주권분립을 목표로 한다. 앞서 <표 3>에서 살펴보
았듯이 헌법은 연방정부와 주정부에게 각기 위임한 권한, 금지된 권한과 공
유하는 권한을 나열하고 있다. 그럼에도 불구하고 시대에 따라 연방정부나
주정부는 역할이나 규모면에서 모두 변화했고 그에 상응하는 법령, 사법부
판결이나 정책집행 등을 통해 책무가 더해졌다. 결국 이러한 변화는 연방정

---

39) 1828년 대선에서 석연치 않은 승리를 거둔 후 정치적 자산이 부족한 잭슨 대통령은
연방정부와 주정부 간 관계설정에서 적극적일 수 없었던 반면 훗날 대법원장을 역임
한 칼훈 부통령은 주정부 권한의 우위를 강력하게 주장했다. 결국 연방주의 원칙에
대한 해석은 유혈충돌로 이어졌고 남북전쟁에서 남부 주들이 패배함으로써 무효화
원칙은 더 이상 공식적으로 수용되지 않음에도 불구하고 해석을 둘러싼 분쟁이 그치
지 않았다. 이와 연관해서 Thomas Burke, "In defense of state sovereignty," in
Frederick Drake and Lynn Nelson, eds., *States' Rights and American Federalism,
A Documentary History* (Westport: Greenwood Press, 1999)를 참조하기 바란다.

부와 주정부 간 관계에 변동을 가져와 수직적 관계에 있어서 권력균형점이
변화할 수밖에 없었다. 그러나 변함없는 사실은 연방정부와 주정부 간 적절
한 권력균형점을 둘러싸고 주 권한주의와 국가 권한주의 간 팽팽한 대립은
건국 당시부터 현재까지 계속된다는 점이다.40) 원론적으로 주 권한주의자들
은 주정부와 지방정부가 사회, 경제, 정치 등 제반 문제들을 다뤄야한다고
주장하는 반면 국가 권한주의자들은 인민을 위해 이 모든 문제들을 해결하
는데 연방정부가 보다 효과적으로 대처할 수 있다고 주장한다.

　　그렇다면 연방정부와 주정부 간 적절한 권력균형점은 어떻게 얻어지는가.
이는 연방주의를 제도화하려던 건국 당시로 거슬러 올라가야 정확하게 이해
할 수 있다.41) 실제로 연방주의자인 제퍼슨도 ‘항구적 연방’을 거부하며 연
맹헌법을 고수하자는 반연방주의자들의 반론에 부분적으로 동조하며 국가
권한보다 주 권한의 중요성을 강조했다. 특히 민중봉기를 주창하는 사람들
에게 총기소지는 자연권에 해당하니 제퍼슨은 미국 민주주의의 목표인 자
유 극대화 보장을 제도화함과 동시에 그 근간을 흔들어놓을 수 있는 길도
합법적으로 열어놓았다고 볼 수 있다.42) 따라서 미국의 연방주의를 둘러싼

40) 보다 상세한 논의는 David E. Epstein, *The Political Theory of the Federalist*
(Chicago: the University of Chicago Press, 1984)를 참조하기 바란다. 또한 이러한
수직적 관계에 대한 상치된 논박은 비단 미국에만 한정된 것도 아니다. 비교사례국가
로 독일과 미국을 대조한 Daniel Halberstam and Roderick Hills, Jr. "State autonomy
in Germany and the United States," in Laurence O'Toole, ed., *American
Intergovernmental Relations: Foundations, Perspectives, and Issues* (Washington,
D.C.: CQ Press, 2007)를 참조하기 바란다.
41) 수직적 권력균형점에 대한 논의에서 대조되는 절대 국가주권(absolute state sovereignty)
과 공유 연방주권(shared federative sovereignty)의 개념적 비교는 이옥연 C. "연방
제도 정립과정 비교: 안정된 연방국가 7개국의 다층구조 거버넌스 구축을 중심으로,"
『한국과 국제정치』 제23권 4호(2007)를 참조하기 바란다.
42) 제퍼슨은 건국 시조의 한 사람이며 미국 대통령을 역임했지만 개인적 행적으로 인해
인종차별주의자 또는 주 권한주의를 지지한 민중봉기예찬론자라는 평가도 받는 인물
이다. 제퍼슨의 명성은 1995년 오클라호마 참사의 장본인으로 후에 처형된 맥베이
(Timothy McVeigh)가 체포될 당시 입고 있던 티셔츠 뒷면에 새겨진 인용구를 통해
다시 한번 미국을 흔들었다. 문제의 인용구는 세제개혁을 주창한 농민반란이었던

<표 5> 주 권한주의와 국가 권한주의 비교

	주 권한주의	국가 권한주의
연방정부 수립의 주체	주정부가 제한된 권한을 이양하여 연방정부를 창출함	인민이 주정부와 연방정부를 창출함
연방정부와 주정부 간 관계	연방정부는 주정부를 대체하기보다 주정부를 위해 운영됨	연방정부는 주정부에게 종속되어 있지 않음
인민대표성	주정부는 인민에게 보다 근접해 있을 뿐 아니라 인민의 요구와 필요를 보다 잘 이해함	연방정부는 특정 주에 거주하는 인민이 아니라 국가 내 거주하는 모든 인민을 대표함
헌법적 근거	수정헌법 10조의 잔여권한	헌법 1조 8절 18항의 유연성구절
사법심사권	헌법에 대한 엄격하고 좁은 유권해석 지지 → 사법 자제주의	헌법에 대한 유연하고 폭넓은 유권해석 지지 → 사법 행동주의

논의에서 두 가지의 상반된 주장을 접하며 연방주의가 초래할 수 있는 위험은 권력이 과도하게 중앙에 집중되거나 아니면 권력이 과도하게 탈중앙화되어 분산되는 경향에 있다고 결론지을 수 있다. 이렇게 상반된 형태로 구현된

Shay's Rebellion으로 인해 무력한 연맹체제에 대한 비판이 쏟아지면서 연방체제로의 전환에 대한 요구가 높아지던 당시 대다수 연방주의파 동료들 주장에 반발하며 내놓은 제퍼슨의 반론 중 굵게 표시한 마지막 두 번째 문장이었다.

A little rebellion now and then is a good thing … God forbid we should ever be twenty years without such a rebellion. The people cannot be all, and always, well informed. The part which is wrong will be discontented, in proportion to the importance of the facts they misconceive. If they remain quiet under such misconceptions, it is lethargy, the forerunner of death to the public liberty … And what country can preserve its liberties, if its rulers are not warned from time to time, that this people preserve the spirit of resistance? Let them take arms. The remedy is to set them right as to the facts, pardon and pacify them. What signify a few lives lost in a century or two? **The tree of liberty must be refreshed from time to time, with the blood of patriots and tyrants.** It is its natural manure.

실상을 미국의 연방주의가 제도화되는 과정에서 어렵지 않게 목격할 수 있
다. 구체적으로 권한주의와 국가 권한주의의 관점차이가 구체적으로 무엇인
지 <표 5>에서 살펴볼 수 있다.

앞서 지적했듯이 관세와 노예제 문제가 기폭제로 작용해 결국 주 권한주
의자들과 국가 권한주의자들은 남북전쟁이라는 엄청난 대가를 치렀다. 오늘
날에도 주 권한주의자들은 학교운영지출의 관할권이 주정부에게 귀속되어
있다고 주장하는 반면에 국가 권한주의자들은 교육을 목표로 학교에 전달하
는 연방교부금을 연방정부가 마땅히 통제해야 한다고 주장하며 맞서고 있
다. 전반적으로 경제공황이나 민권운동 등 대규모의 변혁이 미국사회 전반
에 도래하면서 주정부에 귀속되었던 권한 중 실업이나 복지 등 다수에 대해
연방정부가 역할을 증대해서 권한을 확대했다.43) 또한 연방사법부도 연방정
부의 권한확대에 대해 우호적 판결을 내림으로써 향후 공공정책 구상과 집
행에 결정적 영향을 끼쳤다. 그러나 1990년대 중반 이후부터 이러한 진보적
성향의 사법 행동주의에 제동을 걸며 지나치게 비대해진 연방정부의 권한을
원상복구하기 위해 주정부의 권한을 강조하려는 보수적 성향의 사법 행동주
의가 팽배해지고 있다.44) 이러한 방향선회는 1960년대 이후 연방대법원이
수정헌법 14조에 근거해 연방정부의 권한확대에 공조한 결과 인민의 자유를
잠식한 사법 행동주의에 대한 도전이라고 볼 수 있다. 또한 이는 연방정부가
주도하는 연방정부와 주정부 간 관계에 비선출직으로 구성된 사법부가 나서
서 거버넌스의 방향을 제시하는 결정적인 역할을 하는 강압적 연방주의에
대한 경종이기도 하다. 이렇게 시대가 달라지면서 연방주의 원칙에 대한 정
의와 그에 따른 연방정부와 주정부 간 권력균형점에 대한 시각이 변할 뿐

43) Robert Nagel, *The Implosion of American Federalism* (Oxford: Oxford University Press, 2001), p.16. 따라서 저자는 명확하게 규정된, 제한된(defined and limited) 정부 개념의 허상을 꼬집고 있다.
44) Randy Barnett, *Restoring the Lost Constitution: the Presumption of Liberty* (Princeton: Princeton University Press, 2004), p.131. 특히 저자는 사법심사권의 광의해석에 대한 경종을 울리고 있다.

아니라 구체적으로 남북전쟁 이후 미국 연방주의가 구현되는 실상에서도 변화가 나타나고 있다.45)

이처럼 연방주의 원칙을 근간으로 하는 통치체제의 주요 해결과제로서 적절한 연방정부와 주정부 간 수직적 주권분립은 상대적으로 많은 관심의 대상이 되어 왔다. 그와 대조적으로 연방을 구성하는 주정부들이 제각기 따로 운용되는 것을 방지하는 주 간 관계를 규정한 수평적 관계에 대해서는 그다지 논의되고 있지 않다. 헌법 4조는 주정부 간 어떤 방식으로 법령, 채무계약, 사법 처벌 등을 상호간 준수해야할지 강제하고 있다. 이러한 조문은 특히 연맹체제로부터 연방체제로의 전환을 위해서 필수적이었다. 왜냐하면 주정부가 종전의 독립주권국가 지위 대신 단일국가의 구성원임을 수용해야만 국가단합이 실질적으로 가능하기 때문이다. 그러나 보다 정확하게 말하자면 수평적 관계의 정립은 주 간 분쟁이 발생할 경우 강력한 연방정부의 개입을 통한 문제해결보다 주 간 협약을 통해 자체적으로 분란을 종결하고 나아가 그러한 분쟁이 발생하기 이전에 방지하는 헌정주의에 기반을 두는 결사체 민주주의의 구현을 의미한다. 따라서 적절한 수직적 관계의 정립을 위해서는 적절한 수평적 관계의 정립이 필요할 뿐 아니라 바람직하다.46)

그렇다면 구체적으로 헌법 4조에서는 어떤 내용의 주 간 관계가 명기되어 있는가. 우선 헌법 4조 1절은 신의와 신용구절(Full Faith and Credit clause)로 주정부는 상호간 출생, 결혼, 채무, 유언 등을 법적으로 증명하는 각종 공문

---

45) 집권정당의 이념성향에 따라 수직적 관계가 때로는 중앙에게 때로는 비중앙에게 치중하며 이러한 '추시계' 작용은 수직적 관계에 대한 대법원의 헌법적 해석의 주기적 변동과 더불어 수직적 주권분립은 많은 이론적, 정책적 관심을 모은다.

46) 그러나 주 간 관계가 반드시 협조의 형태를 취할 필요는 없다. 오히려 상호 갈등을 해소하는 데 있어서 경합을 통해 이견조정을 이루어가는 과정에서 수직적 관계의 적정 균형점에 합의할 수 있기 때문이다. Ross Stephens and Nelson Wikstrom, *American Intergovernmental Relations: A Fragmented Federal Polity* (Oxford: Oxford University Press, 2007), p.73. 보다 상세한 논의는 Thomas Dye, *American Federalism: Competition Among Governments* (Lexington: Lexington Books, 1990)를 참조하기 바란다.

서의 합법성, 사법절차를 거친 민사소송에 대한 판결의 구속력, 그리고 민사
에 연관된 주의회 법령의 강제력을 인정할 것을 요구한다.47) 그러나 이렇게
표면상으로 간단해 보이는 신의와 신용구절을 실질적으로 구현하기까지 상
당한 애로점이 있다.48) 만약 한 주의 법령에 대해 다른 주가 공공정책의
이유로 강력하게 반발하며 적용 예외를 주장한다면 구태여 준수할 필요는
없다는 의미로 해석된다. 문제는 궁극적으로 특정 연방법에 의거해 타주의
주법을 인정하지 않으면 모든 주에게 균등하게 적용해야 하는 연방정책프로
그램의 수혜기준이 주에 따라 차등을 두는 결과를 초래하게 된다는 데에 있
다.49) 따라서 이러한 의문점에 대해 공신력 있는 해답이 필수불가결하며 이
는 주 간 신의와 신용구절에 대한 최종 유권해석에 대한 요구에 연방대법원
이 응답해야만 연관된 공공정책의 향방이 명확하게 정해진다는 목소리가 커
지고 있다.

　　다음으로 헌법 4조 2절 1항은 우의구절(comity clause)로 한 주에 거주하
는 주민이 누리는 특권과 면책권을 다른 주에 거주지를 둔 주민도 그 수준에
준하는 수혜를 받아야 한다고 규정한다. 이는 거주지가 다르다는 이유만으
로 타주 주민에게 혜택제공을 거부하는 차별이 불가함을 분명하게 밝혀 국
가 단합을 도모하는 데 주요 취지가 있다. 그러나 헌법에는 특권과 면책권이
구체적으로 어떤 권리나 자유에 해당하는지 열거되어 있지 않고 대신 사법
부 판결을 통해 주 간 자유로운 여행이나 이주, 또는 자유로운 소유재산 거

---

47) 그러나 주 형사법을 다른 주에게 준수하도록 강요할 수는 없다.
48) 실례로 동성애자들 간 민사상 결합(civil union)을 허용한 1999년 버몬트 주법에 반
　　박하며 30여 개 주가 결혼이란 한 남자와 한 여자 간 결합임을 옹호하는 소위 결혼
　　방어법을 제정했다. 이러한 주의 반란은 1996년에 공화당이 주도하는 연방의회가 이
　　미 결혼 방어법을 제정하여 동성애자들 간 결합에 반대하는 주에게 면책권을 부여한
　　전례에 의거해 가능했다.
49) 앞서 언급한 사례의 경우 연방법을 근거로 주에서 제정한 결혼 방어법은 결국 동성애
　　자 커플에게는 연방정부가 지원하는 각종 복지혜택이 적용되지 않는다는 정책적 결
　　과를 수반하는 파급효과를 낳게 되므로 이는 동성애 결혼을 합법화한 버몬트 주에서
　　민사상 결합을 한 주민들과 비교해 타 주의 동성애자들에게 불공평한 처사일 뿐 아니
　　라 주 간 복지혜택의 불균형을 야기한다.

래 및 영업 계약 등 특정 권리들이 축적되어 왔다. 동시에 사법부는 주 거주민과 타주 주민들 간 '정당한 구별'을 지울 권리가 주정부에 있다고 인정했다.50)

또한 헌법 4조 2절 2항은 범죄자 인도(extradition)에 대한 주 간 책무를 규정한다. 이는 사회의 기본질서를 파괴한 범법자에 대해 합법적 절차를 통해 유죄 여부를 심사한 후 응당한 처벌을 받게 하기 위해 주 간 협조를 통해 사법정의를 구현하는 데 목적이 있다. 물론 주 간 관계 조정에서 연방정부도 상당히 중요한 역할을 수행한다는 사실을 부인할 수 없다.51) 그러나 동시에 주 간 관계 조정이 주간 이견조정을 통해 상호타협안으로 귀결될 수도 있다. 이는 주정부 이하 지방정부 간 관계에도 적용된다. 다만 헌법 1조 10절은 주정부든 지방정부든 자체적 협의를 통해 산출한 협약은 의회의 동의를 필요로 한다고 규정한다.52) 결국 주 간 분쟁이 발생하여 한 주가 다른 주를 제소하면 연방대법원만이 문제가 되는 사안의 유일한 중재자로서 기능하게 된다.53)

---

50) 예를 들어 대다수 주립대학들의 등록금은 주내 주민과 타주 주민 간 다르게 책정되어 있다. 또한 주정부의 보존권한 중 하나인 선거관리를 수행하기 위해 주정부는 선거권이나 피선거권을 행사하기 위한 일정한 기간의 거주 조건 충족을 요구할 수 있다.

51) 따라서 중죄에 대한 기소를 회피해서 주 경계선을 벗어나서 이동하는 행위에 대해서는 연방정부가 나서서 연방범죄로 규정한 연방법을 제정했고 연방대법원은 주지사에게 연방정부의 지시를 따를 의무가 있다는 판결을 내렸다.

52) 현재까지 의회 동의를 거쳐 체결된 주간 협약은 200여 개에 달하며 그 중 대다수가 주간 경계분쟁에 대한 타결안에 해당한다. 현대로 오면서 주 간 관계의 주요 관건은 수자원 사용, 수질이나 대기 환경문제, 주 횡단 수송체계 운영, 산불 방지 등 지역적 사안이 대부분이다.

53) 대표적인 최근 사례로 엘리스 섬의 법적 소유권을 둘러싼 뉴욕 주와 뉴저지 주 간 법적분쟁에서 연방대법원이 뉴저지 주에게 매립지에 대한 소유권 주장을 받아들인 1998년 판결이 있다. Tinsley Yarbrough, *The Rehnquist Court and the Constitution* (Oxford: Oxford University Press, 2000), pp.90-92.

2. 주권분립의 대칭성과 국가정체성

앞서 지적했듯이 주권분립을 통치의 목표로 내세운 정부체제에서 정부 간 관계는 크게 중앙과 비중앙 간 수직적 관계와 비중앙 간 수평적 관계로 나뉜다. 미국은 바로 주권분립을 표명하는 연방주의 원칙을 헌법에 명기하고 있기 때문에 수직적 관계 뿐 아니라 수평적 관계를 원활하게 유지해야하는 부담을 지닌다. 연방주의는 정부단계를 중앙과 비중앙으로 나누어 각 정부단계에게 일정한 권한과 책임을 부여하는데, 특히 비중앙 간 공조가 제대로 이루어지지 않으면 중앙과 비중앙 간 정책 구상이나 정책 집행은 매우 어려워진다.54) 따라서 예를 들어, 특정 주가 수직적 관계에서뿐 아니라 수평적 주 간 관계에서 특수성을 주장하며 특정 공적 영역에서의 중앙과 동등한 지위를 요구한다면 이는 연방주의의 주권분립에 대한 심각한 도전을 의미한다. 앞서 주 간 관계에서 언급했듯이 주 간 상호 신뢰와 우호에 대한 협약이 지켜지지 않으면, 궁극적으로 중앙이 비중앙 구성단위체와의 관계에서 형평성을 유지하며 중앙과 비중앙 간 주권분립을 영구적으로 존속한다는 보장에 대한 신뢰를 훼손할 수 있다.55)

미국과 같이 연방주의 원칙을 근간으로 하는 통치체제는 규모와 자원 및 성분에 있어서 상이한 주들로 구성된 정치적 공동체를 운용하는 과정에서 주 간 결합과 더불어 주의 독자적 권한 유지를 동시에 보장하는 거버넌스를

---

54) 또한 하위 정부 간 법률에서 극심한 편차가 존재한다면 이는 상위 정부가 하위 정부 간 관계를 조정한다는 명분으로 중앙의 규제 권한을 확대할 수 있는 합법적 근거를 제공하게 된다. 이러한 결과는 연방주의가 표명하는 주권분립을 손상할 수 있으므로 하위 정부 간 협약은 연방제의 유지를 위해 필수적이라 할 수 있다. 미국의 주 간 관계를 사례로 연구한 짐머만은 이러한 필요성에도 불구하고 수평적 관계에 대한 연구가 심각하게 부족하다고 비판하고 있다. Joseph Zimmerman, *Interstate Relations: The Neglected Dimension of Federalism* (Westport: Praeger, 1996).

55) 만약 중앙은 모든 주들을 총체적으로 대표하는 대변인이 아니라 특정 주(들)에 의해 좌지우지된다는 의혹을 받게 되면 수직적 관계에서 도출된 합의가 마치 특정 주(들)이 조작해 나머지 주들에게 강압적으로 강요된다고 인식되고 결과적으로 이는 나머지 주들에게 중앙을 중심으로 결집할 정당성을 부인하는 단초를 제공할 수 있다.

상정한다. 주목할 점은 중앙과 비중앙 간 수직적 관계는 끊임없이 적절한 균형점을 모색하는 과정에서 수직적 관계가 모든 주들에게 대칭적으로 적용되지 않을 수도 혹은 심지어 특정 주는 대칭적 적용을 거부할 수 있다는 사실이다.56) 문제는 특정 주가 특수성을 요구하게 되면 주 간 수평적 관계에 중대한 파급효과를 초래한다는 데 있다.57) 특히 중앙과 주 간 공통 요소가 그다지 많지 않다면 중앙과 비중앙을 결집시킬 수 있는 정당성을 결여하고 있기 때문에 주의 일탈 가능성이 높아진다. 이 경우 극단적으로는 중앙의 강압적 통제 이외의 대안이 없다는 결론에 이를 수 있다.

---

56) 만약 특정 주들의 관점이 바로 중앙의 관점으로 채택된다는 불신이 팽배하다면, 예를 들어 문화 정체성이 다른 주들은 중앙에서 일률적으로 적용하는 교육정책에 대해 자율성을 주장하면서 수직적 관계뿐 아니라 수평적 관계에서도 특수성을 고집하며 대칭적 정부 간 관계를 거부할 수 있다. 이 경우 다른 주들과 다른 특수한 여건에 처해 있기 때문에 다른 주들 간 협약에 의해 일률적으로 적용되는 제약으로부터 면책권을 가진다고 주장할 수 있다. 심지어 특정한 영역 또는 공공정책 분야에서는 중앙과 비등한 지위를 누리기 때문에 다른 주들이 제정한 법률이나 규칙의 적용에서 제외된다는 치외법권을 주장하기도 한다. 이는 특히 전국적으로는 수적 열세이나 특정한 지정학적 소재지에 집중적으로 거주하며 수적 우세를 차지하는 소수 집단들이 자신들만의 정체성을 유지하기 위해 필요하다고 판단되는 공적 영역, 예를 들어 교육이나 보육정책의 자율성을 확보하고자 할 때 중앙과의 특수한 관계를 내세우며 두드러진다.

57) 이상적인 대칭형 연방주의 원칙은 중앙의 축소판 투영(miniature reflection)인 비중앙에 대한 특수한 형태의 이익 대변이나 보호 장치를 필요로 하지 않기 때문에 원론적으로 주권분립을 기반으로 하는 연방주의 원칙 자체도 무의미하다. 반면에 완벽한 비대칭형 연방주의 원칙은 원론적으로 각 구성단위체마다 중앙과 차별되는 거버넌스를 가능하게 하는 완벽한 구획선을 상정하기 때문에 중앙을 중심으로 비중앙 구성단위체들을 결집하는 자체가 불가능하다. 결국 이 경우 연방주의 원칙을 실현하는 정치체제가 대칭형 구조에 기반을 두면 거버넌스 문제가 발생할 소지는 그리 크지 않다. 반대로 만약 비대칭형 구조에 기반을 두고 있다면 정상적인 운용을 위해서 유일한 해결책은 중앙의 강압적 획일화라는 극단적 결론에 이를 수 있다. 연방주의 원칙의 대칭형과 비대칭형에 대한 논의는 이옥연 C., "연방제도 정립과정 비교: 안정된 연방국가 7개의 다층구조 거버넌스 구축을 중심으로," 『한국과 국제정치』 제23권 4호 (2007)와 Alan Tarr, "American state constitutions and minority rights," in Alan Tarr et al., *Federalism, Subnational Constitutions, and Minority Rights* (Westport: Praeger, 2004)를 참조하기 바란다.

미국의 경우 연방과 주에게 각기 독자적 권한이 위임되어 있으면서도 연방과 주에게 헌법에서 명시하지 않은 잔여 권한을 동시에 위임하는 연방주의의 운영 원칙이 헌법에 명기되어 있다. 그렇다면 수평적 관계에서 주 간 상호 의무와 특권/면책권에 대한 합의뿐 아니라 이 합의에 대한 준수가 제대로 이루어지는지에 따라 상위 정부와 하위 정부 간 수직적 관계뿐 아니라 궁극적으로 연방제의 성패가 결정된다. 게다가 복합사회를 기반으로 하는 미국에서는 사회·경제적 요인이나 문화·이념적 요인이 사회기반의 계층화와 영토성과 중첩되어 주권분립의 비대칭성을 야기할 수 있는 잠재성이 크다. 이는 주권분립을 근간으로 하는 연방주의의 원칙을 제도화하는 과정에서 심각한 문제로 대두할 수 있다. 이러한 효과는 실질적으로 정치과정에서 대칭형이나 비대칭형에 대한 선호도로 표출되기도 한다.58) 그러나 미국은 사회기반의 계층화가 연방주의, 즉 주권분립과 직접적으로 연관되어 있지 않은 특이성을 지니기 때문에 주권분립의 비대칭성에 대한 위험부담이 비교적 낮다.

보다 근원적으로 주권분립의 대칭성 여부는 연방주의의 제도화 절차와 밀접하게 연관되어 있다.59) 역사적으로 미국은 호주와 마찬가지로 통합을 통해 연방제를 창설했기 때문에 통합 이전부터 강력한 권한을 행사하던 주의 자율성을 통제하여 일부의 권한을 새롭게 정립한 중앙에게 위임하기 위해 원심력을 억제하고 구심력의 작동을 도모하는 기제가 필요했다.60) 그렇기

---

58) 특히 재정자립도나 정부단계간 정당구조와 선거결과에 의한 의회 구성의 격차 여부는 중앙과 비중앙 간 그리고 비중앙 구성단위체 간 대칭성 정도를 실질적으로 적나라하게 보여준다. 상세한 논의는 Okyeon Yi, "Institutional and Political Dimensions of Fiscal Federalism in the Multilevel Government, the U.S. Case," 『세계지역연구논총』 제25권 2호(2007)를 참조하기 바란다.
59) 연방제의 정립과정은 방식에 따라 통합(aggregation)과 분화(devolution)로 분류된다. 비록 모든 연방국가가 연방주의를 통치의 원칙으로 표명하더라도, 만약 통합을 통해 연방주의 원칙이 제도화되었다면 중앙과 비중앙 간 원심력을 조율해서 구심력이 작동할 수 있는 법제도, 정치 및 재정적 장치를 구비한다. 반면에 분화를 통해 연방주의 원칙이 제도화되었다면 구심력에 제동을 걸어 원심력을 강화시킬 수 있는 장치를 설치한다.
60) 연합헌장체제로부터 연방헌법체제로의 전환을 위한 헌정회의는 이러한 역사적 맥락

때문에 중앙을 중심으로 국가조직을 재구성하는 응집성, 즉 정치적으로 형성된 국가정체성에 정당성을 부여하는 데 오랜 기간이 소요되었다. 또한 앞서 지적했듯이 종종 국가적 위기가 발생한 경우에만 실질적 변화가 가능하곤 했다.61)

그러나 미국에서는 사회기반의 계층화가 주권분립과 직접적으로 연관되어 있지 않기 때문에 국가정체성에 대한 논란은 대체로 문화-심리적 괴리보다 인위적인 정치 정체성 간 힘 겨루기로 나타난다. 이러한 예외적 중층구조는 정국의 불안정을 제거할 수 있는 방법으로 정치과정을 통해 협상하는 사실상 절차보다 이를 법에 호소하거나 그 판결에 대한 유권해석에 의존하는 법률적 절차에 편중된 선호도로 이어진다. 따라서 상위 정부와 하위 정부 간 혹은 하위 정부 간 법적 분쟁이 발생할 경우, 헌법에 명시된 연방주의의 원칙에 대해 유권해석을 내릴 수 있는 연방 사법권위체의 역할을 강조한다.62) 그 결과 미국에서는 연방주의에 대한 최종 유권해석을 내려주는 최고 사법부의 판결이 수직적 및 수평적 주권분립에 관해 지대한 영향력을 발휘하여 수직적으로나 수평적으로 균형점 설정에도 깊숙이 간여하기 때문에 궁극적으로 공공정책의 향방설정에도 지대한 파급효과를 가져온다.63) 결국 권

에서 소집되었다. James Madison, "Vices of the political system," in Frederick Drake and Lynn Nelson, eds., *States' Rights and American Federalism, A Documentary History* (Westport: Greenwood Press, 1999).

61) 예를 들어 남북전쟁, 경제공황, 민권운동 등의 정치, 경제, 사회적 갈등이 첨예화한 위기상황에서 연방정부의 권한증대가 정치적 설득력을 얻으며 개헌이나 새로운 법률 제정을 용이하게 했다.

62) 이는 우선적으로 사법 관할권에 관한 합의와 이러한 합의를 토대로 통치기제와 통치에 대한 사법심사권의 근거를 요구한다. 또한 원활한 사법부의 역할 수행을 위해서는 연방주의의 제도화 과정 일환으로서 사법체계의 정비도 필수적이다. 미국의 경우는 이중 주권을 사법조직에도 적용하여 이중 사법 관할권을 수립하였으나 상위 정부체계의 사법조직에 하위 정부체계의 사법조직이 융화되는 경우도 있다.

63) 이런 맥락에서 연방주의를 실현하는 과정에서 적절한 책임소재지 분산에 대한 판단 자체가 시대적으로 변하기 때문에 최고 사법부의 중재역할은 연방주의가 성공적으로 유지되는 비결의 열쇠를 쥐고 있다고 할 수 있다. 또한 주간 협약은 연방의회의 동의가 필요하므로 정치적 협상을 통한 사실상 절차는 법률적 절차보다 중요성에서 뒤쳐진다.

력분산을 통해 권력공유를 지향하는 미국의 통치체제는 그러한 통치에 대한 유권해석을 가능하게 하는 사법체계와 절차에서도 여실하게 나타난다. 그러므로 예외적인 미국의 실상은 바로 이러한 운용의 묘를 살리려는 끊임없는 경주에서 그 진가가 판명된다.

V. 맺는말

바야흐로 탈중앙화, 즉 다층구조 거버넌스를 제도화시키는 정치체제를 정립하여 정책결정과정에서 절차상 혹은 실질적인 거부권을 행사할 수 있는 행위자의 소재지를 분산시켜 책임 소재지를 다원화하려는 제도적 개혁이 각광을 받고 있다. 이는 설령 지대한 정치적 대가를 요구하는 헌법적 명시라는 경로대신 실질적으로 권력집중으로 인한 폐해를 줄이는 적절한 방안을 추구하는 사실상 갈등해소 창구를 갈망하더라도 궁극적으로 다른 방식의 민주주의적 거버넌스보다 훨씬 더 치밀하고 정교하게 통치기제가 복합적으로 운영되어야 한다는 사실에는 변함이 없음을 의미한다. 왜냐하면 주권분립을 근간으로 하는 통치체제는 궁극적으로 권력을 복수의 정부단계간으로 분산시키는데 그치지 않고 권력분산을 통해 권력공유를 실현하는 데 목표를 두고 있기 때문이다.

미국의 연방주의 원칙은 제한정부 및 사법심사의 원칙과 더불어 권력분산을 통해 권력공유의 묘(妙)를 가능하게 하는 통치체제를 지향하고 있다. 그렇다면 원론과 실상은 어떠한 간극을 보이는가. 헌법은 연방정부와 주정부 간 관계를 규정하여 각 정부단계가 독자적인 권한과 임무를 지니게 하는 수직적 주권분립을 명시하지만 실질적으로 연방정부와 주정부 간 권한과 임무에 관한 명확한 규정은 시대적으로 변해왔다. 또한 연방국가의 구성원인 주정부 간 관계를 규정하여 수평적 관계의 운용수칙을 제시하고 있으나 정치, 재정 및 행정적 측면에서 상호형평성을 벗어나는 경우가 빈번하다.

본 장에서는 우선 헌법조문에 명시된 헌법조문을 중심으로 구체적으로 헌법이 연방정부와 주정부에게 위임하거나 금지한 권한 및 양 정부에게 동시에 위임한 권한을 통해 연방주의 원칙을 조명했다. 또한 연방정부와 주정부 간 수직적 관계에서 요구되는 상호 보장에 대한 헌법조문과 의무 및 연방을 구성하는 주정부들이 제각기 따로 운용되는 것을 방지하고 국가정체성을 보장하는 수평적 관계에 대한 헌법조문을 검토했다. 그러나 시대적 변천에 따라 연방정부나 주정부의 역할이나 규모면의 변화는 불가피하며 이러한 변화는 궁극적으로 수직적 및 수평적 관계에 변동을 가져와 권력균형점의 변화를 수반한다는 결론에 도달했다. 따라서 연방정부와 주정부 간 적절한 권력균형점을 둘러싸고 주 권한주의와 국가 권한주의 간 팽팽한 대립은 건국당시부터 현재까지 지속되었다는 점을 강조했다. 동시에 연방정부와 주정부 간 적절한 권력균형점이 어떻게 얻어지는지 이해하기 위해 연방주의의 제도화 과정을 헌법적 근거와 연방대법원의 판결을 대조한 후 주권분립의 대칭성이 국가정체성에 어떻게 작용하는지 분석했다.

그 결과 본 장은 제도적으로 권력을 분산시켜 권력을 공유하는 통치를 추구하는 미국의 연방주의를 주권분립의 수직적 측면과 수평적 측면에서 살펴봄으로써 책임분산을 구체적으로 언급하지 않으면서도 안정된 다층적 거버넌스를 구현하는 미국 연방주의에서 드러나는 운용의 묘(妙)에 대해 논의하였다. 또한 이러한 시도는 연방주의 원칙의 운용에 있어서 합헌성 여부를 판가름하는 연방대법원의 정당성에 대한 평가를 수반했다.

연방대법원의 판결은 종종 사법적 해석의 통합을 목적으로 내려진다. 만약 단지 정치적 압력에 굴복해서 판결번복이 이루어지는 전례가 만들어지면 이는 선례를 중시하는 미국의 사법전통을 훼손시키는 재앙을 초래한다. 연방주의 원칙도 예외가 아니다. 수직적으로 그리고 수평적으로 주권분립이 지속적으로 원활하게 구현되려면 이에 대한 유권해석이 보장되는 안정된 사법체계뿐 아니라 그 판결에 승복하는 사법문화가 요구된다.

"개인의 품성처럼 연방대법원의 정당성은 시간이 지나며 확보되어야 한다.

마찬가지로 법치주의에 순종하며 살고자 희망하는 사람들로 구성된 국가의 성격
도 또한 시간이 경과하면서 형성되어야 한다. 따라서 준법성에 대한 신념을 헌법
소원 사건에 대해 판결을 내리고 헌법에서 추구하는 이상에 관해 국민들에게
전파하는 권위가 부여된 연방대법원으로부터 분리시켜 이해할 수 없다."64)

그러나 동시에 단지 사회적 제어력이 상대적으로 감소되어 자칫 양극화
또는 심지어 파편화된 사회로 전락하면서 분열이 조장되어 국가정체성의 상
실로 이어진다는 우려에서 헌법에서 표명하는 제한된 정부 원칙 자체를 도
외시한다면, 궁극적으로 건국의 시조들이 중앙화의 폐단을 최소화하는데 기
여하는 원심력의 작동에 이상 징후가 나타나고 이는 곧 '연방주의의 내폭
(implosion)'을 야기할 수 있다.65) 따라서 원심력의 작용을 제어하기 위한
강한 중앙정부의 필요성을 강조하며 연합헌장체제로부터 연방헌법체제로의
전환을 도모한 건국의 시조들도 동시에 바로 그 원심력의 작용에 의해 중앙
집중화의 폐해가 자체적으로 조정될 수 있다는 신념도 표하고 있다.

"하위 주권체들이 공동이익을 추구하기 위해 결합한다는 원칙에 의거해 형성
된 정치적 결사체 내에서도 하위 주권체들 중 공동의 중심으로부터 멀어지려는

---

64) Planned Parenthood v. Casey(1998), p.868. 인공유산을 사생활권에 포함시켜 보장
한 Roe v. Wade(1986)의 헌법적 근거에 도전한 소송으로 결국 오코너, 케네디, 수터
대법관의 의견에 동참한 블랙먼과 스티븐스 대법관의 판결로 패소했다. 특히 이 패소
판결을 통해 Nagel은 제한된 정부의 실상에 대해 회의적으로 비판하면서 설령 선례
에 대한 법정공방으로 인해 사법체계에 파란이 발생하더라도 그 자체가 국가의 안위
를 저해하지는 않는다고 역설하고 있다. Robert Nagel, *The Implosion of American
Federalism* (Oxford: Oxford University Press, 2001), pp.99-111.
65) 표면적으로 압력이 드러나며 충돌하는 외폭(explosion)과 달리 중앙으로 갑자기 밀려
들어오는 압력으로 인해 폭발하는 내폭(implosion)에 대해 헌법적 논리를 근거로 과
도한 중앙의 강화로 인한 미국적 정체성의 상실에 대해 경종을 울리는 연구로 Robert
Nagel, *The Implosion of American Federalism* (Oxford: Oxford University Press,
2001)과 Michael Greve, *Real Federalism: Why It Matters, How It Could Happen*
(New York: AEI Press, 1999)을 참조하기 바란다. 그레브는 개인권리센터(Center
for Individual Rights) 창립자이기도 하다.

시도가 영구적으로 작동하는 별난 경향이 발견된다⋯[시민들의 충성심을 바탕
으로] 주 정부는 종종 연방정부에게 완벽한 경합상대로 간혹 그 권력에 대항세
력으로서 중앙정부의 개입을 중화시킴으로써 강압적 굴레에서 벗어나도록 돕는
다."66)

　　연방주의 원칙을 근간으로 하면 중앙으로 끌어들이려는 구심력과 중앙으
로부터 일정 거리를 두려는 원심력의 두 가지 상반된 힘이 작용하는 가운데
끊임없이 균형점을 찾아야하는 당혹스러운 통치체제를 상정해야 한다. 비록
구심력과 원심력 간 반비례관계가 존재하나 정치적 풍경에서는 중앙을 중심
으로 결합을 독려하는 국가정체성이 비중앙의 자율성 상실로 직결되지 않도
록 조정할 수 있는 여지가 있다. 따라서 연방주의 원칙을 헌법에서 표명한
미국에게는 국가정체성이 자율성에 상치된다고 간주할 수 있는 가능성을 억
제하여 주권분립의 비대칭성이 증폭되는 것을 미연에 방지하거나 혹은 그
파급효과를 최소화할 수 있는 기제가 필요했다. 권력분산을 통한 권력공유
는 바로 이러한 목적에서 탄생했으며 사회기반의 계층화가 주권분립과 직접
적으로 연관되어 있지 않은 천연의 조건 속에서 빛을 발할 수 있는 행운까지
누렸다.
　　그 결과 미국의 국가정체성에 대한 논란은 대체로 타협이 가능한 인위적
인 정치 정체성 간 힘 겨루기로 나타나며 그러한 연유로 분쟁발생 시 법에
호소하거나 그 판결에 대한 유권해석에 의존하는 법률적 절차에 의존하는
법문화가 정착했다.
　　그러나 동시에 수직적 및 수평적 "주권분립 원칙은 미국이 통치 기략과
통치 과학에게 주는 천상의 선물"이기도 하다. 왜냐하면 권력분산을 통해
권력공유를 구현하는 통치체제는 "정립하기도 쉽지 않을뿐더러 유지하기는
더욱더 어려운" 탓에67) 민주주의를 구현하고자 하는 위정자들과 유권자들

---

66) Alexander Hamilton, *The Federalist,* No.15와 No.17.
67) "⋯principle of divided powers was and is the prime gift of the United Sates
　　to the art and science of government⋯[I]ts embodiment as a system is not easily

에게, 심지어 연방주의 원칙을 헌법에서 표명하지 않는 경우라도, 통치의 정
당성을 부여하기 위해 운용의 묘(妙)에 대해 심각하게 고민하게 만들기 때문
이다.

---

established and usually is even more difficult to maintain," David Walker, *The Rebirth of Federalism* (Chatham: Chatham House Publishers, 1995), p.19.

▎참고문헌

손병권·이옥연. "미국과 캐나다의 연방제도 비교 연구: 건국과정과 헌법을 중심으로." 『국제정치논총』 제44권 4호 2004.

손병권. "미국 건국초기의 연합의회와 연방의회 비교." 『정당학회보』 제5권 2호. 2006.

이옥연. "연방제도 정립과정 비교: 안정된 연방국가 7개국의 다층구조 거버넌스 구축을 중심으로." 『한국과 국제정치』 제23권 4호. 2007.

Yi, Okyeon "Institutional and Political Dimensions of Fiscal Federalism in the Multilevel Government, the U.S. Case." 『세계지역연구논총』 제25권 2호. 2007.

Barnett, Randy. *Restoring the Lost Constitution: the Presumption of Liberty* (Princeton: Princeton University Press, 2004).

Baum, Laurence. *The Supreme Court*, 7th ed. (Washington, D.C.: CQ Press, 2000).

Burke, Thomas. "In defense of state sovereignty." In Frederick Drake and Lynn Nelson, eds. *States' Rights and American Federalism, A Documentary History* (Westport: Greenwood Press, 1999).

Burns, James et al. *States and Local Politics: Government by the People*, 10th ed. (Upper Saddle River: Prentice Hall, 2001).

Cammisa, Anne Marie. *Governments as Interest Groups: Intergovernmental Lobbying and the Federal System* (Westport: Praeger, 1995).

Diamond, Martin. "What the Framers meant by federalism." In Laurence O'Toole, ed. *American Intergovernmental Relations: Foundations, Perspectives, and Issues* (Washington, D.C.: CQ Press, 2007).

Dye, Thomas. *American Federalism: Competition Among Governments* (Lexington: Lexington Books, 1990).

Epstein, David E. *The Political Theory of the Federalist* (Chicago: the University of Chicago Press, 1984).

Greve, Michael. *Real Federalism: Why It Matters, How It Could Happen* (New York: AEI Press, 1999).

Halberstam, Daniel, and Roderick Hills, Jr. "State autonomy in Germany and the United States." InLaurence O'Toole, ed. *American Intergovernmental Relations: Foundations, Perspectives, and Issues* (Washington, D.C.: CQ Press, 2007).

Hamilton, Alexander, James Madison, and John Jay. *Federalist Papers.* Edited and with and Introduction by Gary Wills (New York: Bantam Books, 1787-1788/1982).

Kincaid, John. "The devolution tortoise and the centralization hare: the slow process in down-sizing big government." In Frederick Drake and Lynn Nelson, eds. *States' Rights and American Federalism, A Documentary History* (Westport: Greenwood Press, 1999).

Kincaid, John, and G. Alan Tarr, eds. *A Global Dialogue on Federalism, vol.1: Constitutional Origins, Structure, and Change in Federal Countries* (Montreal: McGill-Queen's University Press, 2005).

Madison, James. "Vices of the political system." In Frederick Drake and Lynn Nelson, eds. *States' Rights and American Federalism, A Documentary History* (Westport: Greenwood Press, 1999).

McDonald, Forrest. *States' Rights and the Union: Imperium in Imperio 1776-1876* (Lawrence: University Press of Kansas, 2000).

McIntyre, Andrew. *The Power of Institutions: Political Architecture and Governance* (Ithaca: Cornell University Press, 2003).

Nagel, Robert. *The Implosion of American Federalism* (Oxford: Oxford University Press, 2001).

Robertson, David. *The Constitution and America's Destiny* (Cambridge: Cambridge University Press, 2005).

Rodden, Jonathan. *Hamilton's Paradox: The Promise and Peril of Fiscal Federalism* (Cambridge: Cambridge University Press, 2006).

Scheiber, Harry. "The condition of American federalism: An historian's view."

In Laurence O'Toole, ed. *American Intergovernmental Relations: Foundations, Perspectives, and Issues* (Washington, D.C.: CQ Press, 2007).

Stephens, Ross, and Nelson Wikstrom. *American Intergovernmental Relations: A Fragmented Federal Polity* (Oxford: Oxford University Press, 2007).

Tarr, Alan. "American state constitutions and minority rights." In Alan Tarr et al. *Federalism, Subnational Constitutions, and Minority Rights* (Westport: Praeger, 2004).

Walker, David. *The Rebirth of Federalism* (Chatham: Chatham House Publishers, 1995).

Waltenburg, Eric, and Bill Swinford. *Litigating Federalism: The States Before the U.S. Supreme Court* (New York: Greenwood Press, 1999).

Walters et al. "Intergovernmental relations and federalism: Its past, present and future, and does anyone care?" In Laurence O'Toole, ed. *American Intergovernmental Relations: Foundations, Perspectives, and Issues* (Washington, D.C.: CQ Press, 2007).

Watts, Ronald. *Comparing Federal Institutions*, 2nd edition (Montreal & Kingston: McGill-Queen's University Press, 1999).

Wood, Gordon. *The Creation of the American Republic, 1776-1787* (New York: W. W. Norton & Company, 1969).

Yarbrough, Tinsley. *The Rehnquist Court and the Constitution* (Oxford: Oxford University Press, 2000).

Zimmerman, Joseph. *Contemporary American Federalism: The Growth of National Power* (Westport: Praeger, 1992).

_____. *Interstate Relations: The Neglected Dimension of Federalism* (Westport: Praeger, 1996).

제4장

연방제를 통한 통합과 분권: 캐나다*

I. 머리말

건국 초기 캐나다의 중앙정부는 통합국가에게 요구되는 일상적 기능, 즉 국방, 치안, 조세 기능 등의 '기본적 역할'뿐 아니라 복합국가의 구성단위 간 근본적 차이, 즉 인종, 민족, 언어, 문화, 종교 등의 차이를 극복하는 '부수적 역할'을 소화해야 했다. 캐나다에게 특이한 점은 부수적 역할을 제대로 수행하지 않으면 기본적 역할 수행 자체가 불가능해진다는 사실이었다. 따라서 캐나다의 건국과정에 있어서 부수적 역할은 기본적 역할에 대한 추가라기보다 오히려 통합국가의 성립을 위해 필수불가결한 본질을 구성했다. 이러한 딜레마는 오늘날에도 캐나다 연방제도가 유지되기 위해서 퀘벡문제의 적절한 대응이 해결의 단서를 제공한다는 사실에서 반복되어 입증되고 있다. 건국 초기부터 특정지역인 퀘벡에서 다수를 차지하면서도 캐나다 전

---

* 이 글은 『세계지역연구논총』 제24권 1호에 실린 "연방제를 통한 통합과 분권의 구현: 캐나다의 경험을 중심으로"를 최근자료를 취합해 일부 보완했다.

역 혹은 북아메리카 전체로는 소수에 해당하는 프랑스계 이주민에게 그들만
의 고유한 문화적/정서적 특성, 그리고 궁극적으로 정치-경제적 자치권을 보
장할 수 있는 유일무이한 주체가 지역정부라는 인식이 팽배했다. 그러므로
지역정부의 영역을 침해하는 연방정부에 대한 의구심을 불식시키기 위한 각
고의 노력이 필요했고 결과적으로 통합국가를 상정하는 연방제도의 도입은
시작부터 평탄치 않았다. 결국 효율적인 연방제도를 정립하고 지속적으로
운영하기 위해서 캐나다는 한편으로 중앙정부와 지역정부 간의 권한 배분을
적절하게 유지하는 동시에 각 수준의 정부 내 부서 간에 기능을 적절하게
안배해야 했고, 다른 한편으로 지역주의와 국가통합 간의 긴장관계를 적절
한 균형을 통해 해소해야 했다.

　연방주의(federalism)란 복수단계의 정부에게 권력을 분산하는 통치형태를
강조하는 주장이다. 이러한 주장을 실질적으로 헌법이나 기본법 등의 명문화
된 규정을 통해 중앙/연방정부, 주/지역정부 및 지역정부 등으로 권력을 나눠
운영하는 다층 거버넌스를 구현하는 정치제도를 연방제도라 일컫는다.[1] 그
러나 유의할 점은 연방제도가 중앙/연방정부 이외의 하위 정부단계인 주/지
역 및 지방정부를 주축으로 하는 자치(self-rule)만 지향하는 것이 아니라 오
히려 중앙/연방정부를 통한 공치(shared rule)도 동시에 추구하는 통치체제
라는 사실이다. 따라서 연방국가는 중앙과 지역/지방정부 간 원심력과 구심
력의 경향을 다양한 형태로 배합할 필요가 있다. 또한 이러한 배합을 정당화
하기 위한 헌법 규정이 정치제도의 근간이 되며 그 규정에 대한 독립적 사법
부의 유권해석이 효율적인 제도운영을 위해 요구된다. 비록 모든 연방국가가
헌법적으로 다원화된 정부구조를 명시한다는 공통점을 지니지만 각 연방국
가는 시대적 필요에 따라, 집권정당의 목적에 따라 서로 다른 우선순위를
채택한다.

　캐나다는 건국부터 현재까지 하나의 통합국가와 두 개의 언어/문화 지역

---

1) 보다 상세한 내용은 다음의 책 참조. Michael Burgess, ed., *Federalism and Federation in Western Europe* (London: Croom Helm, 1986).

이 동시에 존립할 수 있는 전제조건을 찾으며 통치하는 정치체제이다. 복합 사회에서 연방제도에 의존해 다층 거버넌스를 구현하는 연방국가 캐나다는 갈등해소의 난제를 어떻게 접근해 왔으며 어떤 시정조치가 필요한지, 또 왜 그러한 요구에도 불구하고 시정이 되지 않는지 잘 보여주는 사례이다.

본 장은 캐나다 연방제의 실상을 다음 세 절로 나누어 분석하고자 한다. 먼저 연방주의를 구현하는 근거로서 캐나다 헌법의 정치적 함의를 검토하여 연방제도의 정립과정을 정리한다. 다음 절에서 실질적인 권력분산의 면모를 선거-정당체제, 행정조직과 재정분산 등을 통해 상세하게 검토한다. 이어서 구체적인 중앙-지역/지방 간 권력분산의 실상을 정부조정단계기구의 운영과 사회복지제도 중 육아정책에 초점을 맞춰 분석한다. 마지막으로 결론에서 연방주의를 통해 국민화합과 분권화라는 두 마리의 토끼를 잡기 위해 반드시 짚고 넘어가야할 문제들을 강조하고자 한다.

II. 캐나다 연방주의의 제도화

1867년 캐나다 연방이 수립되기까지 그 이전 백여 년의 기간은 영국계와 프랑스계 식민지인들 간에 갈등의 심화와 완화의 반복으로 점철되어 있었다. 먼저 1763년 파리조약에서 영국과 프랑스는 7년 전쟁(Seven Year War)을 종식시키면서, 프랑스가 북미주의 신프랑스(New France)에 대한 자신의 권리를 포기하자 캐나다의 프랑스계 식민지인들 사이에는 자신들이 정복당한 민족이라는 인식이 형성되었다.2) 주시할 점은 비록 1763년 왕실 포고령

---

2) 퀘벡이 영국에게 할양되자 지배민족이었던 프랑스계는 수적 다수였던 영국계에 상대적으로 소수계 민족으로 전락한 것을 깨달았다. 따라서 그 이후 독자적 정체성 유지와 영국계 식민지인과의 공존이라는 두 가지 부담을 떠안게 되었다: Douglas Verney, *Three Civilizations, Two Cultures, One State: Canada's Political Traditions* (Durham: Duke University Press, 1986), p.21.

(Royal Proclamation)을 통해 영국이 프랑스계 식민지인들의 동화를 도모했지만 동화가 강요되거나 또한 그에 대한 거부를 이유로 프랑스계 식민지인들이 추방되는 등의 사례는 없었다는 사실이다. 오히려 1774년 퀘벡법(Quebec Act)이 통과되면서 1763년 왕실 포고령을 완화시켜 프랑스계 지역 내의 독자적인 정치적, 법적 체제를 보호하였다.

이후 1791년 헌정법(Constitution Act)의 선포를 계기로 지금의 온타리오(Ontario)에 해당하는 상 캐나다(Upper Canada)와 지금의 퀘벡에 해당하는 하 캐나다(Lower Canada)가 분리되었으며, 각각 총독, 행정위원회, 의회 및 사법부로 구성된 정부체제가 구축되었다. 그러나 영국을 주축으로 하여 수립된 정부체제는 상, 하 캐나다 거주민들의 반발을 사게 되었고 특히 상 캐나다보다 하 캐나다의 반란은 민족주의적 성향을 띠었다. 동화를 두려워하는 프랑스계 식민지인들은 정치, 경제 및 사회문제를 민족과 계급문제로 비화시켜 급기야 선출된 의원으로 구성된 입법부를 요구하기도 했으나 반란으로 확산시키지는 않았다.3) 그러나 1837년에서 1838년에 걸쳐 반란이 발발했고 이에 대한 조사 결과로 작성된 더햄 보고서(Durham Report)는 선출된 입법부에 대한 행정부의 책임 부재 및 하 캐나다 내 영국계와 프랑스계 식민지인들간의 대립 등의 문제를 다루었다. 그러나 이 보고서는 프랑스계 식민지인들에게 반란의 상당한 책임을 전가하고 프랑스계의 동화를 촉구하는 내용을 담고 있어, 더햄 보고서의 공표로 인해 더 깊은 분열이 조장된 측면도 있었다.4)

---

3) 대통령제를 채택한 미국과 대조적으로 캐나다는 영국 군주를 국가원수로 추대하고 영국정부에 의해 임명된 총독을 행정부 수반으로 삼고 수상은 단지 내각의 총수에 해당하는 의원내각제를 채택했다. 따라서 내각은 캐나다 의회의 신임에 관계없이 통치할 수 있었으며 이는 프랑스계에게 영국계 지배체제로 동화될 수 있다는 불안감을 증폭시켰다. 결과적으로 구체적 정책문제들이 민족이나 계급문제로 비화되는 경우가 비일비재했다: Donald Creighton, *The Road to Confederation: The Emergence of Canada, 1863-1867* (Toronto: McClelland & Stewart, 1997).
4) 그러나 동시에 식민지인에게 좀 더 많은 자유를 허용하여 대영제국에 대한 충성심을 고양할 수 있다고 권고하기도 했다. 미국의 독립전쟁을 겪은 영국은 캐나다가 유사한

후속 해결책으로 새로이 제정된 1840년 통합법(Act of Union)에서 캐나다 권력구조의 근간은 기본적으로 중앙정부의 권한을 강조하며 상 캐나다와 하 캐나다가 각각 서 캐나다와 동 캐나다로 명칭이 바뀌어 통합주(United Province of Canada)로 합병된다고 명기하였다. 그러나 프랑스계 캐나다(Canada East) 보다 영국계 캐나다(Canada West)에게 우호적인 캐나다 주의회(Legislative Assembly of the Province of Canada)의 성격 때문에 또 다시 영국계 식민지인들과 프랑스계 식민지인들 간 마찰이 심화되는 등 동서분열이 야기되었다. 서 캐나다의 의회와 동 캐나다의 의회 간 동의를 이룰 수 있는 여지가 거의 희박한 상황에서 상원(Legislative Council of Canada)과 하원(Legislative Assembly of Canada) 내 상, 하 캐나다 각각의 의회에서 다수결로 통과된 법안만이 효력을 발휘한다는 이중 다수(double majority) 의결방식은 중앙정부가 지역적-감정적 갈등을 해소하는 데 걸림돌이 되었다.[5]

이러한 교착상태에 대한 해결책을 모색하며 해안연안주(Maritime provinces)들이 해안연맹(Maritime Union)을 결성하려는 움직임을 보이자, 이를 저지하고 동시에 동서 간 분열극복을 위해 연방제도가 논의되기 시작했으며 급기

전철을 밟을 가능성에 대해 고심하고 있었기 때문에 소요사태는 초미의 관심사였다: Christopher Taucar, *Canadian Federalism and Quebec Sovereignty* (New York, Peter Lang, 2000), p.37; P. B. Waite, *The Life and Times of Confederation, 1864-1867: Politics, Newspapers, and the Union of British North America*, 2nd edition with corrections (Toronto: University of Toronto Press, 1962; Toronto: Robin Brass Studio, 2001), p.151.

5) 따라서 만약 한 원(院)에서 의원 정족수의 1/3에 해당하는 의원들과 한 명의 의원이 반대하면 상정된 법안통과를 저지할 수 있기 때문에 원활한 의사결정이 힘들었다. 결국 책임정부의 부재가 반란으로 이어졌다는 판단하에 중앙정부의 권한을 강화하고 입법 연합을 통한 통합국가를 정립하기 위해 1840년 캐나다 통합법이 제정되었지만, 갈등해소의 장(場)이 본연의 기능을 제대로 수행하지 못하자 다시 제도적 치유책을 시도하기에 이르렀다: Ronald Wagenberg, Walter Soderlund, Ralph Nelson and Donald Briggs. "Federal Societies and the Founding of Federal States: An Examination of the Origins of Canadian Confederation," in Michael Burgess, ed., *Canadian Federalism: Past, Present and Future* (Leicester: Leicester University Press, 1990), p.19.

야 1864년 샬롯타운 회의(Charlottetown Conference)가 개최되어 연방제도의
도입과 동서 간 타협이 거론되기 시작했다. 이 회의에서 프랑스계 식민지인
들은 퀘벡의 권한을 보장받고 고유의 민족성과 종교를 유지하고자 했기 때
문에, 새로운 연방헌법에 지역 자치권을 명시하여 퀘벡이 영국계 영향력으
로부터 벗어날 수 있는 기틀을 마련하고자 하였다. 따라서 같은 해의 퀘벡
회의(Quebec Conference)를 통해 프랑스계 식민지인들은 강력한 중앙정부에
대한 반감을 표명했고 이를 해안연안주들도 수용하면서 중앙집중화를 주장
하는 진영을 상대로 타협점을 찾으려는 노력이 경주되었다.

구대륙으로부터 캐나다에 건너 온 이주민들은 이민기간에 따라 해안연안
지역(Maritime), 퀘벡(Quebec), 온타리오(Ontario), 초원지역(the Prairies), 서
해안지역(West Coast) 등을 중심으로 정착하며 지역적 특이성을 나타내기 시
작했다. 이러한 독특한 인구분포로 인해 캐나다에는 통합을 추구하면서 발
전하기보다 개별 지역을 토대로 발전하는 경향이 강했다. 무엇보다 지역적
특징을 상징하는 핵심 요소로 영국계와 프랑스계 식민지 간 언어 사용권을
중심으로 문화, 종교, 그리고 궁극적으로 경제 주도권을 둘러싼 갈등이 형성
되었다. 결국 '하나의 국가'라는 사실에 합의하여 동부 13개 주(state)를 중심
으로 '자유의 보장'과 동시에 일정한 수준의 '권력집중'을 위한 정치제도의
하나로 등장한 미국 연방제도와 달리, 캐나다의 연방제도는 '하나의 국가'라
는 사실에 대한 합의가 없이 출발하였다.6) 즉 미국과 대조적으로 캐나다의
연방제도는 다양한 지역적 특성과 민족간 차별성으로 인한 분열을 극복하기
위해서 전국적 통합을 시도하는 동시에 지역과 민족의 특성을 인정하지 않
을 수 없다는 필요성에 의해서 촉발되었다.

드디어 런던 회의(London Conference)를 기점으로 캐나다 연방제도는

---

6) Robert Vipond, "1787 and 1867: The Federal Principle and Canadian Confederation
Reconsidered," *Canadian Journal of Political Science* 22(1): 5-24(1989); Samuel
LaSelva, *The Moral Foundations of Canadian Federalism: Paradoxes, Achievements,
and Tragedies of Nationhood* (Kingston: McGill-Queen's University Press, 1996)
참조.

1867년 캐나다 헌정법(Constitution Act, 또는 British North America Act)의 통과로 성사되었다.7) 헌정법은 비록 연방제도의 도입에 동의하는 참가자들에 의해 작성되었지만 영국이 궁극적 제정권한을 가지고 있었기 때문에 기본적으로 영국의 법령이었다. 따라서 연방헌법은 캐나다의 외교권이 결여되어 있는 등 그 내용면에서 불완전했을 뿐 아니라, 캐나다 국내에서 가능한 헌법 개정절차조차 명시되어 있지 않는 종속적 헌법이었다고 평가할 수 있다. 그러나 영국식 의회제도를 근간으로 한 캐나다의 의회우선주의는 영국에서와 달리 강력한 상원을 두고 있었고 대법원에 의한 사법심사권을 규정함으로써 영국식 의회주의를 존중하되 미국식 연방제도의 운영을 지향했다는 주장도 설득력을 지닌다.8)

　건국 초기의 캐나다 연방제도 창설에 대한 논지는 크게 세 가지 입장으로 분류할 수 있다. 캐나다라는 통합국가로의 동화를 요구하며 중앙집중적 권력구조를 선호하는 중앙집권주의자(centralist)인 존 맥도널드(John McDonald), 동부 캐나다 지역을 중심으로 공식 언어로서 불어의 지위가 타협될 수 없으며 연방정부의 창설은 단지 소수파 프랑스계 캐나다인이 다수인 영국계 캐나다인에게 지배당하는 결과를 초래한다고 주장하는 지역정부주의자(provincialist), 두 민족/문화/언어/종교 간 공존을 기초로 한 통합국가의 수립이 가능하다고 주장하는 연맹주의자(confederalist) 카르티에(Cartier) 등이다. 지역정부주의자 내 중도파인 주권주의자(sovereignist)와 극한파인 이탈주의자(separatist)의

7) 지역정부주의자들과 더불어 연방헌법의 채택에 반대한 다른 세력인 뉴펀들랜드, 에드워드 군도, 노바 스코시아, 뉴 브런스윅의 해안연안 주들은 강력한 중앙정부체제가 조세부담을 증가시키고 정책을 간섭할 가능성에 대해 염려했다. 그러나 국내외 상황으로 인한 당시의 재정악화 해소와 국경수호를 유일하게 강력한 중앙정부만이 수행할 수 있다는 기대감에서 결국 이들 해안연안 주들은 연방법을 지지하게 되었다: Janet Ajzenstat, Paul Romney, Ian Gentles and William Gairdner, eds., *Canada's Founding Debates* (Toronto: University of Toronto Press, 2003).
8) 반면에 연방제도를 수립했음에도 불구하고 오랜 기간 동안 문제해결을 위해서는 여전히 영국에 의존해야 했던 탓에 연방제도가 오히려 비효율성과 긴장을 영구적으로 만들었다는 비판도 있다: Kenneth McRoberts, ed., *Misconceiving Canada: The Struggle for National Unity* (Ontario: Oxford Univ. Press, 1997), p.43.

〈표 1〉 캐나다의 통합법과 헌정법 비교

캐나다 통합법(1840)	캐나다 헌정법(1867)
주요 목적(1조): 상, 하 캐나다를 연합주로 합병	정부 권한(91, 92, 93, 95조): 주의 권한은 상세한 항목으로 명기; 대다수 잔여 권한은 연방정부 귀속
중앙-지역정부 관계(52, 53조): 구체적 언급은 없고 영국 의회의 최종 입법권만 명기	지역정부에 대한 연방정부의 권한(56, 57, 90, 92-100, 102, 104, 106, 108, 112조): 주법에 대한 입법거부권, 퀘벡 이외 주법에 대한 통합권, 주의 종교적 교육권한 침해보상법 제정권, 중앙에 이양되는 공공사업영역 결정권, 주에 대한 보조금 지급 결정권

	정부조직 용어 차별화(연방/지역)
	 – 행정부 수반: Governor-General/
	   Lieutenant-Governor
	 – 행정단위체: Dominion/Province
	 – 연방상원: Senate/Legislative Council
	 – 연방하원: House of Commons/
	   Legislative Assembly
	 – 내각총수: Prime Minister/Premier

연방의회 의원선출(5조, 12조, 세칙 13-20): 입법심의회(상원) 의원은 총독/영국 국주 임명; 입법의회(하원) 의석수는 상, 하 캐나다에 동등하게 배정, 종신제	연방 상원의원 선출(24조): 연방정부의 추천에 의거해 총독/ 영국 군주 임명, 종신제
연방의회의 역할(3조): 캐나다 연합주 내 "평화, 복지, 통치"를 위한 입법권	연방의회의 조세권(91-93조): 어느 항목, 체계를 통해 세금 징수 가능
지역정부의 헌법적 지위(2조): 통합국가에 귀속	주지사 선출(58조): 연방정부의 추천에 의거 총독/ 영국 군주 임명
지역정부의 고유권한(47조): 통합법에 위배되지 않는 범위 내 상, 하 캐나다 지역의 민법, 형법 효력 인정	사법권(101조): 연방정부가 연방과 주 고등 사법부 통제

출처: 손병권, 이옥연(2004)의 〈표 1〉과 〈표 2〉를 재정리함

대립은 오늘날까지 이어져 1995년 퀘벡주의 연방이탈을 둘러싼 국민투표로
치닫기도 했다. 그러나 건국 초기에는 맥도널드와 카르티에를 주축으로 중앙
집권주의자와 연맹주의자가 상호간 이견에도 불구하고 공통적으로 영국식
체제를 근간으로 하는 연방정부체계를 수용하는 데 합의했다.9) 또한 맥도널
드나 카르티에 이외 다른 건국 참여자들도 미국의 남북전쟁을 곁에서 지켜보
며 미국식 공화제 민주주의(republican democracy)의 폐단을 방지해야 한다는
데 중지를 모았다.10) 결국 연방국가로서 탄생한 캐나다는 중앙집권을 지향한
맥도널드의 주장을 중심으로 지역적, 문화적, 인종적 다양성을 연방제도 내에
서 수용할 수 있다고 본 카르티에의 주장이 결집되면서 이루어진 것이었다.

    <표 1>은 1840년의 통합법과 1867년의 헌정법에서 연방정부와 주정부
간 권력분산과 관련된 조항을 비교하고 있다. 그렇다면 연방제도가 확립된
전후부터 캐나다의 헌법은 어떻게 변하였고 연방국가로서 캐나다는 어떻게
영토를 확장하였는가? <표 2>는 1982년 헌정법에 의해 1867년 헌정법 제
정이후 캐나다를 연방국가로서 확립시킨 22개의 첨부 법안과 1982년 이후
첨가된 9개의 헌법 수정안을 열거한다. 캐나다의 헌법은 공식적으로 이와 같
이 복수의 법령(statute), 명령(council-in-order), 사법부 판결과 같은 문서를 종
합적으로 가리키지만 실질적으로는 '헌법 약정(constitutional conventions)'이
라고 불리는 비공식적 수칙과 전통, 관습 등까지 포괄하고 있어 전문과 수정
조항으로 구성된 미국의 헌법과 대조적이다.

---

9) 자세한 내용은 Creighton(1998) 참조 바람.
10) 미국의 내전인 남북전쟁은 캐나다에게 충격과 공포를 안겨주어 유사한 내전을 사전
    에 방지하기 위한 제도적 장치로 강력한 중앙정부를 전제한 연방제도를 받아들여야
    한다는 공감대가 형성되었다: Robert Young, ed., *Stretching the Federation: The
    Art of the State in Canada* (Kingston: Queen's University, 1999).

〈표 2〉 캐나다의 헌법체계

헌법 약정	주요 내용
1870 매니토바법(캐나다 의회 발안)	현 위니펙에 해당하는 북서부를 매니토바주로 조직-합병
1870 Rupert's Land and North-Western Territory Order	Rupert's Land and North-Western Territory를 Northwest Territories로 조직-합병
1871 British Columbia Terms of Union	브리티시 컬럼비아주 합병
1871 헌정법	캐나다 연방의회의 영토 합병권과 정부조직 수립권 명시
1873 Prince Edward Island Terms of Union	프린스 에드워드 아일랜드(Prince Edward Island)주 합병
1875 캐나다 의회법	
1880 Adjacent Territories Order	모든 북미 영국령과 열도 합병
1886 헌정법	
1889 캐나다 온타리오 경계법	
1905 앨버타법(캐나다 의회 발안)	Northwest Territories 일부를 앨버타주로 재구성-합병
1905 서스캐처원법(캐나다 의회 발안)	Northwest Territories 일부를 서스캐처원(Saskatchewan) 주로 재구성-합병
1907 헌정법	
1915 헌정법	
1930 헌정법	
1931 Statute of Westminster	캐나다 연방정부에게 대외정책결정권 양도
1940 헌정법	캐나다 연방정부에게 실업보험 권한 양도
1949 헌정법+뉴펀들랜드법	캐나다 연방정부에게 연방정부에 관한 개헌 권한 일부 부여+뉴펀들랜드주 합병

1960 헌정법	
1964 헌정법	캐나다 연방정부의 연금에 관한 입법권 명시
1965 헌정법(캐나다 의회 발안)	
1974 헌정법(캐나다 의회 발안)	
1975 헌정법(캐나다 의회 발안)	
1982 헌정법	캐나다의 정치적 독립과 개헌절차 명시; 권리장전 포함+개헌 권한 완전 부여
1983 개헌선언*	원주민 권한 거론
1985 헌정법*	법령에 의한 연방의회 의석수 조정권한 명시
1987 뉴펀들랜드법 개헌안*	뉴펀들랜드주 오순절교회(Pentecostal Church)에게 교육권 확대
1993 뉴브런즈윅법 개헌선언* Prince Edward Island법 개헌선언*	뉴브런즈윅주 영어와 불어 공식어 지정; PEI주 페리 대신 영구연결교량 허가
1997 뉴펀들랜드법 개헌선언*	뉴펀들랜드주에게 교회기반교육체제를 대체하는 사교육체제 설립 허가
1997 퀘벡법 개헌안*	퀘벡주에게 교파별 학교위원회를 언어지역 별 학교위원회로 대체하도록 허가
1998 뉴펀들랜드법 개헌안*	뉴펀들랜드주에게 교파별 학교체제 폐지 허가
1999 헌정법*	Nunavut Territory에게 연방상원과 하원 내 대표권 인정
2001 Newfoundland and Labrador법 개헌안*	뉴펀들랜드주를 Newfoundland and Labrador주로 공식 개명

출처: http://polisci.nelson.com/constitution.html; Schedule to the Constitution Act, 1982, Modernization(www.solon.org/Constitutions/Canada/English/ca_1982.html); www.pco-bcp.gc.ca/aia/default.asp?Language=E&Page=federation&Sub=Actsestabl ishingtheprovi의 내용을 종합하여 재정리함
* 1983년부터 모든 법안을 캐나다 의회가 발안하고 캐나다 의회가 최종적으로 통과함

III. 다층구조의 분권 실현

앞에서 살펴 본 바와 같이 캐나다는 집단 간 알력다툼을 해소하는 동시에 국가라는 최고권위에 대한 공감대를 형성해야 하는 절박함에서 연방제를 도입했다.[11] 그 결과 캐나다의 연방주의는 지역정부의 독자적 이익이 제도적으로 대변될 수 있으나 절차상 실제로 이루어지지 않는 이중적인 형태로 발전했다. 이러한 이중성은 구체적으로 연방상원의 실질적 무력화와 '협조집행 연방주의(cooperative executive federalism)'로 나타난다. 캐나다 헌법은 연방상원에게 재정법안의 법안내용에 대한 이의 제기, 법안 개정, 법안 통과 권한을 부여하므로 비록 발안권이 없어도 이론적으로 강력한 지역정부의 대변기관의 역할을 수행할 수 있다. 그러나 실질적으로는 연방하원의 다수당 당수이며 집권내각의 총수가 지명한 인사들을 총독(Governor-General)이 연방상원 의원들로 임명한다. 또한 이들의 임기도 1975년 이후에야 종신 임기에서 75세 정년으로 바뀌었고, 1986년에 이르러서야 지역정부에게 자문을 구한 후 상원의원들을 지명하는 관행이 정립되었다. 따라서 이러한 선출방식으로 인해 상원의원직은 "집권정당에 대한 충성의 대가(the choicest plums in the patronage basket)"에[12] 그치기 때문에 출신 주의 민선정부를 위해 정치적 책임성이 없는 상원의원이 주의 대변인 역할을 하리라고 기대할 수는 없다.

협조집행 연방주의는 중앙과 지역 간 주요 정책결정이 각 정부단계의 의회를 통한 심의보다 각 정부단계의 행정부를 통한 조정에 의해 이루어지는 권력분산형태를 의미한다. 캐나다에서는 지역정부의 문제를 다루는 연방상원의 역할이 실효를 발휘하지 못하기 때문에 의회 중심으로 연방주의를 실

---

11) Curtis Cook, ed., *Constitutional Predicament: Canada after the Referendum of 1992* (Montreal: McGill-Queen's University Press, 1994), p.18.

12) Michael Rush, "The Canadian Parliament and the Federal System," in Michael Burgess, ed., *Canadian Federalism: Past, Present and Future* (Leicester: Leicester University Press, 1990), p.148.

현하는 입법 연합(legislative union) 대신 각 정부단계의 행정부 부처간 정책
공조를 위한 연방체제가 성립된다.13) 그러나 일반적으로 지역정부보다 중앙
정부가 더 큰 재원을 보유한다는 점을 감안할 때, 중앙-지역 간 표면적 협조
는 중앙정부의 지역정부 회유-포섭으로 이루어지는 공조, 즉 매수한 협조로
서 근본적으로 중앙정부에게 유리하다. 그 결과 캐나다의 연방주의는 실질
적으로 지역정부의 요구를 연방정부의 기대치보다 중요시한다고 강조하지
만 공식적으로는 지역정부의 우선순위를 명문화하지 않는 특이한 형태로 발
전했다. 캐나다헌법은 중앙-지역 관계에서 중앙정부가 명분상 우위입지를
고수하는 동시에 중앙과 지역정부 간 독자적 권한이 있다고 명시한다. 그러
나 지역정부의 독자적 권한은 품목별로 명확하게 제시되었다기보다 중앙정
부와 공조해 복합적으로 얽혀 있는 권한들을 성립시켜야 하기 때문에 정부
단계간 관계는 주로 구체적 정책에 대한 비공식적 타협과 합의를 통해 형성
된다.14)

　　캐나다의 협조집행 연방주의와 더불어 무력한 연방상원을 대신해 연방과
주 관계, 특히 퀘벡과 이외 다른 주 간의 관계를 조정하는 실질적 기능을
수행하는 기관은 다름 아닌 내각이다. 통상적으로 주 당 최소한 한 명의 각
료가 포함되며 만약 하원에서 해당 주 출신의원이 없으면 상원에서 기용하
여 모든 주 출신의원이 각료를 구성하고 있다. 또한 소수집단이나 여성에
대한 각료안배도 통례이다. 무엇보다 퀘벡과 비 퀘벡 주 출신 당 지도부 간

---

13) Jennifer Smith, "Canadian Confederation and the Influence of American
Federalism," in Marian McKenna, ed., *The Canadian & American Constitutions
in Comparative Perspective* (Calgary: University of Calgary Press, 1993), pp.40-
58. 따라서 캐나다 연방제도의 전면적 재검토를 요구하는 목소리가 커지고 있다. 자
세한 사항은 J. Peter Meekison, Hamish Telford and Harvey Lazar, eds., *Canada:
The State of the Federation 2002, Reconsidering the Institutions of Canadian
Federalism* (Montreal: McGill-Queen's University Press, 2004) 참조.
14) 따라서 연방정부와 주정부 간 회동뿐 아니라 주정부 간 회동도 다른 연방국가들과
비교해 월등하게 빈번하다: Herman Bakvis and William Chandler, eds., *Federalism
and the Role of the State* (Toronto: University of Toronto Press, 1987).

<표 3> 캐나다 28대 연방내각, 2006년 3월 현재[1]

퀘벡 주	온타리오 주	이외 주
- 노동 & 퀘벡 경제개발 - 산업 - 교통 & 인프라 & 공동체 - 국제협력/공식언어 - 공공사업 & 정부사업	- 하원 원내총무 - 상원 원내총무 - 정부단계 관계조정/스포츠 - 인적자원 & 사회개발 - 국방 - 캐나다 유산 & 여성지위 - 보건 & 북 온타리오 경제개발 - 재무	- AL: 시민권 & 이민, 환경, 인디언 문제 & 북방개발 - BC: 국제무역/태평양 교류, 농업 & 캐나다 밀, 천연자원, 공공 안전 - NB: 퇴역군인문제 - NS: 외무/대서양 교류 - NL: 수산업 & 대양 - SK: 국세/서부 경제분화 - MB: 법무/검찰

출처: http://pm.gc.ca/eng/cabinet.asp
1. PE 출신 각료는 현재 포함되어 있지 않음. 2006년 1월 23일 총선 결과 보수당이 39대 의회의 소수집권당으로 부상하여 내각을 구성함. 이 중에서 5명이 여성임

정기적으로 주도권이 교체되는 것과 '퀘벡 보좌관(Quebec lieutenant)'을 대체적으로 내각에 포함시키는 것 등은 관례로 정착되었다.[15) 결국 미국, 독일 등 다른 연방국가들과 대조적으로 캐나다에서는 연방정부단계에서 주와 지방정부의 이익을 공식적으로 대변하는 경로가 결여되어 있으나 이렇게 엘리트가 주도하는 정치타협의 관례가 제도화된 권한분산의 이익대변과정을 대체하고 있다. 각료 개개인이 출신 주의 이익을 대변하는 유일한 창구 역할을 하던 4, 50년 전 시절에 비교해서 현재는 각료의 영향력이 현저하게 축소되

---

15) 사보이(Savoie)는 기존의 주장에서 조금 벗어나 이러한 관행도 이제는 수상을 중심으로 수상보좌관들(Prime Minister's Office staffs)과 심의회보좌관들(Privy Council Office staffs)이 주도하는 궁정정부(court government)로 전환하고 있다고 지적한다: Donald Savoie, "The Federal Government: Revisiting Court Government in Canada," in Luc Bernier, Keith Brownsey and Michael Howlett, eds., *Executive Styles in Canada: Cabinet Structures and Leadership Practices in Canadian Government* (Toronto: University of Toronto Press, 2005), pp.17-46.

었다. 그러나 지역의 명망 있는 정치인을 내각에 고용하여 그 출신 주에게
지역 이익이 제대로 정책에 반영된다는 인식을 심어주려는 집권정당과 그
당수인 수상에게 각료직 안배는 아주 효율적인 정부단계 관계조정의 도구이
다.16) <표 3>은 현재 집권당인 보수당의 총리 스티븐 하퍼(Stephen Harper)
내각을 구성하는 각료들의 출신 주 분포를 나타낸다.

 캐나다의 행정체계는 10개의 주(province)와 3개의 자치령(territory)으로
구성되어 있다. 통상적으로 지역주의성향이 강한 탓에 이들 행정단위를 지
정학적으로 묶어 서부(British Columbia, Alberta, Saskatchewan, Manitoba의 4
개 주와 Yukon, Northwest, Nunavut의 3개 자치령), 온타리오(Ontario)주, 퀘벡
(Quebec)주, 그리고 대서양연안(Newfoundland and Labrador, Prince Edward
Island, New Brunswick, Nova Scotia의 4개 주) 등 4개 지역으로 분류하기도
한다. 이러한 지정학적 분류는 특정정당에 대한 지지와 밀접하게 연관되어
있어서 연방과 독립적인 정당체계의 지지기반을 형성한다. 양원제를 채택한
연방정부와 달리 모든 주/자치령 정부는 하원(Legislative Assembly) 중심의
단원제를 채택했다. 또한 연방선거와 주/자치령 선거는 각기 다른 선거일에
치러지며 주/자치령마다 선거일도 다르다.17) 특이하게 13개의 주/자치령 중
에서 1993년 누나부트 법(Nunavut Act)에 의해 조직된 누나부트 자치령
(Nunavut Territory)과 1870년 Rupert's Land and North-Western Territory
Order에 의해 합병된 노스웨스트 자치령(Northwest Territories: NWT)은 비당
파적 주 의회를 운영하고 있다.

---

16) Keith Banting, "Prime Minister and Cabinet: An Autocracy in Need of Reform?"
 Journal of Canadian Studies 35(1): 60-79(2001). 각 주마다 행정부의 특징을 참조
 하려면 Bernier et al., eds. (2005).
17) 각기 다른 선거일에 치루는 경우에 주 선거의 결과는 연방집권정당에 대한 신임투표
 의 의미를 가지게 된다. 특히 이러한 현상은 퀘벡에서 두드러지며 한편으로 이는 주
 단계 정당조직의 자율성을 의미하기도 하지만 다른 한편으로는 중앙-지역/지방관계
 에 있어서 영구한 흔적을 남기지 않는 중앙으로부터의 통치에 대한 주정부의 반발을
 상징하기도 한다: Lisa Young and Keith Archer, eds., *Regionalism and Party
 Politics in Canada* (Oxford: Oxford University Press, 2002), pp.92-115.

정치-행정체계와 마찬가지로 캐나다의 사법체계도 복합적인 사회의 법질서를 정착하고 통치질서에 대한 유권해석의 틀을 마련하기 위해 복합적인 이중 제도를 채택하고 있다. 기본적으로 주 법원, 주 또는 자치령 차원의 상위법원, 주 항소법원, 그리고 캐나다 대법원의 4단계를 가진 사법체계이지만, 대법원 이하의 법원명칭이 주마다 조금씩 다르며 심지어 재판관할권도 각기 다르다.18) 별도로 연방 관할문제에 관한 경우에 한해 연방 행정재판소, 연방 소송법원, 연방 항소법원 그리고 캐나다 대법원의 4단계를 거친다.19) 주 사법체계와 연방 사법체계의 재판관할권이 서로 분리되어 있다는 점에서는 미국과 유사한 법체계를 가지고 있으며, 따라서 연방정부와 주정부가 따로 법관을 임명한다.20) 미국과 마찬가지로 또한 사법심사권이 연방법원체계에 주어져 있으며, 특히 캐나다 대법원은 연방과 주 또는 지방 관계의 틀을 규정하는 판례를 통해 권력분산에 중대한 영향력을 미치고 있다.21) 캐나다 대법원은 모든 법원의 최고법원으로 대법원장과 8명의 대법관은 연방정부에 의해 임명되며 관례적으로 3명은 퀘벡, 3명은 온타리오, 2명은 서부 캐나다, 1명은 대서양연안 지역 출신으로 구성된다. 대법관 임명에 있어서도 이러한 지역안배를 고려한다는 사실은 캐나다의 복합성을 반영하는 제도에 의해 분권과 통합을 동시에 구현하려는 통치 의지를 입증한다.

그러나 캐나다의 다층구조 분권의 실상은 우선 <그림 1>에 나타나는 재

---

18) 베이어(Baier)는 위어(Wheare)가 캐나다를 "준연방"으로 일컬은 이유는 단지 캐나다 헌법(British North America Act)의 조문을 준거로 연방제도의 기본 요소를 갖추지 못한 점에만 초점을 맞췄기 때문이지만 연방주의는 법제도적 구조인 동시에 정치구조이므로 연방제도의 비공식적 측면도 세밀하게 검토해야 한다고 지적하고 있다: François Rocher and Miriam Smith, eds., *New Trends in Canadian Federalism*, 2nd ed. (Peterborough: Broadview Press, 2003), pp.111-134.

19) 이외 군사법원과 군사 항소법원, 조세법원, 그리고 정규 사법체계 밖에서 사법기능을 행사하는 주 또는 자치령 차원의 행정 재판소가 있다.

20) 연방법관은 75세 정년, 주법관은 주에 따라 다소 차이가 있지만 대부분 70세 정년이 보장되어 있다.

21) John Rohr, "Public Administration and Comparative Constitutionalism: The Case of Canadian Federalism," *Public Administration Review* 57(4): 339-346(1997).

〈그림 1〉 캐나다의 재정집중도

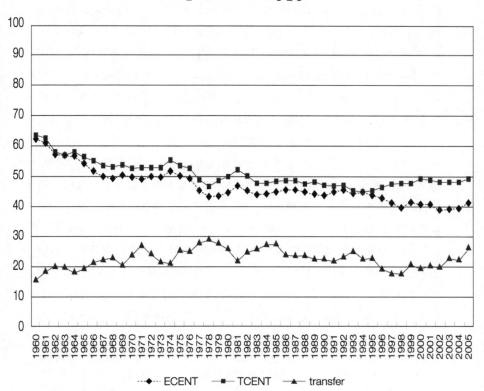

········◆········ ECENT   ────■──── TCENT   ────▲──── transfer

1. 출처: OECD, *National Accounts of OECD Countries Volume II, Detailed Tables,*
   1994_2005(2007)
2. ECENT: 총 정부 지출 중 중앙정부 지출이 차지하는 비율
   TCENT: 총 정부 세수 중 중앙정부 세수가 차지하는 비율
   transfer: 중앙정부 지출 중 지역/지방정부 이전이 차지하는 비율

정분산을 통해 잘 나타난다. 비록 재정집중도가 상당히 낮지만 이를 연방주
의의 성공사례로 해석하기보다 사회 저변에 산재하는 갈등해소를 위해 중앙
정부가 지역정부를 회유한 부산물이라는 평가가 지배적이다.22) 즉 좀 더 주
의 깊게 <그림 1>의 이상적으로 보이는 재정분산정도를 검토하면 그 이면
에 캐나다연방으로부터 탈퇴를 도모하려는 소위 '퀘벡(Québec)주 문제'에
대한 해결법으로 연방정부가 다른 모든 주들에게도 동등한 조세징수와 예산
지출에 대한 자율권을 부여한 결과 나타난 조작된 재정책임 소재지 분산이
라는 특이한 사실을 발견할 수 있다.23)

　　동시에 이러한 자율권의 집행은 헌법외 정부단계간 기구를 통해서 지역행
정부처 간 협상이 성립되어야 가능하다는 구조적 제약점을 안고 있다. 더구
나 협조집행 연방주의의 관행으로 인해 독립적으로 선출된 지역의회가 지역
재정운영에 있어서 실질적인 거부권을 행사할 수 없다. 이러한 상황에서 표
출창구를 상실한 지역주민의 불만은 결국 연방정부, 좀 더 정확하게 말하면
연방집권정당에 대한 반사적 역반응으로 지역의회선거에서 표출된다.24)
<그림 2>와 <그림 3>은 이러한 분절된 형태의 정당체계를 잘 보여준다.
　　흔히 캐나다의 정당발전사를 정당지지기반의 변동에 초점을 맞추어 ①

---

22) 중앙-지역/지방 간 재정분산을 통해 나타나는 표면적 협조가 실질적으로는 연방정부
가 주정부를 상대로 얻어낸 '매수한 협조'로서 근본적으로 연방정부에게 치우쳐 영향
력이 분포되어 있음에 유의해야 한다: 이옥연 B., "오스트리아, 호주, 캐나다, 독일의
연방주의 비교," 『한국과 국제정치』 제18권 4호, 2002, p.86.

23) 퀘벡을 가리켜 "a province unlike the others"라고 칭하는 이유에서도 알 수 있듯이
비록 수적으로 열세이지만 프랑스계는 캐나다라는 통합국가의 분열을 가져올 수 있
는 잠재력을 지니고 있기 때문에, 캐나다의 연방-주/지방관계는 수직적 관계뿐 아니라
주 간 수평적 관계에서도 기묘한 줄타기를 연상시킨다: Garth Stevenson, ed.,
Unfulfilled Union: Canadian Federalism and National Unity, 4th ed. (Montreal:
McGill-Queen's University Press, 2004), pp.94-123.

24) 결국 주 의회의 독자적 정당구성이 재정분산과 주 선거를 연계하는 매개체 역할을
하지 못하지만, 이러한 주 의회의 반동적 행보를 빌미로 삼아 주정부는 연방정부를
상대로 구체적 정책/프로그램별 재정지원의 근거를 마련할 수 있다: R. Kenneth
Carty, *William Cross, and Lisa Young. Rebuilding Canadian Party Politics*
(Vancouver: UBC Press, 2000), pp.12-34.

〈그림 2〉 연방선거 정당별 의석점유율, 1962~2004

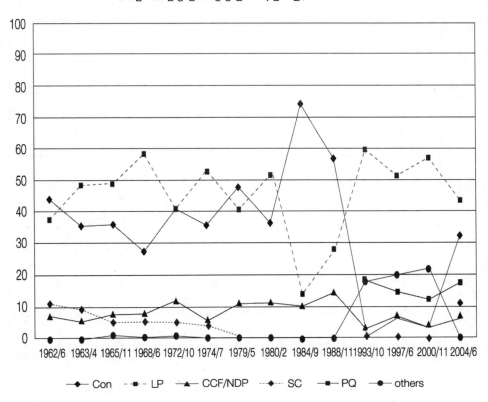

1. 출처: http://www.ipu.org/parline-e/reports/arc(모든 해당선거연도 자료 취합해 작성함)
2. Con: Conservative Party
   LP: Liberal Party(퀘벡주에서는 Parti Liberal du Québec)
   PQ: Parti Québécois
   CCF/NDP: New Democratic Party
   SC: Social Credit
   기타: Rhinoceros Party, Green Party, Western Party, Reform Party(특히 1993년 선거),
        Ralliement des créditistes, Rassemblement Independence Nationale

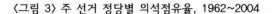

〈그림 3〉 주 선거 정당별 의석점유율, 1962~2004

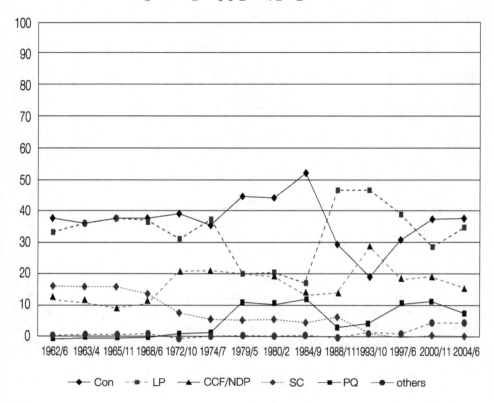

출처: Canada Year Book, various years; Statistics Canada(1983), *Historical Statistics of Canada*, Second Edition; Feigert(1989), *Canada Votes, 1935-1988.* 1988년 이후 의 주별 선거 결과를 제공해준 워터루 대학의 선거 연구센터의 故 존 윌슨(John Wilson) 교수님께 깊은 감사를 표한다. 1993년 이후 선거자료는 http://www.elections. sk.ca/elections/history.php#provnincialvotesummaries에서 얻었다
1. 주 의회의 정당별 의석점유율을 합산하는 방식에 대해서는 이옥연(2002), "연방주의, 재 정분산과 정당간 경쟁," 372쪽을 참조바람
2. 연방 선거에서 퀘벡주의 지역정당은 Bloc Québécois이며 주 선거에서는 Parti Québécois이다

1867년 헌정법 제정~1917, ②1921~1958, ③1962~1980, ④1984~1997 그
리고 ⑤1997년 이후의 5단계로 나눈다.25) 이와 같은 변천을 거치며 캐나다
의 정당제도는 뿌리 깊은 지역정서가 연방차원의 정치과정에서 정치적 영향
력을 발휘할 수 없는 취약점을 타고 지역차원의 선거를 통해 정당성향이 분
산되어 나타나는 다층구조로 발전했다.26) 구체적으로 연방하원과 주 의회의
정당별 의석점유율을 대조해보면, 1960년대부터 1980년대까지 자유당은 연
방정부단계에서 지속적으로 과반수 의석을 차지했지만 주 의회에서는 전체
적으로 훨씬 못 미치는 지지를 얻었다. 더구나 제3당인 New Democratic
Party/ Cooperative Commonwealth Federation이나 지역정당인 Parti
Québècois 및 Social Credit/Crédit Social 등이 활보하던 1970년대에는 지
역정부단계에서 자유당과 보수당 모두 지지기반을 잃었다. 그러나 1984년
총선에서 지난 20여 년간 집권내각을 꾸려온 자유당이 실권하자, 연방집권
정당인 보수당에 대한 반감표시로 지역정부단계의 자유당 지지도가 증가하
면서 1970년대 수준이 회복되었다. 그러나 이러한 회복기는 곧 1993년 총
선에서 보수당의 실권과 자유당의 재집권을 통해 1997년부터 다시 격변의
시대로 접어들었다.

　　결국 캐나다의 분권은 법·제도적 권한 분산과 재정적 책임소재지 분산
이외에도 정당제도의 지역화가 주도적 형태로 복잡한 다층구조를 발현하고
있다. 이는 중앙과 지역 및 지방정부 간 수직적 관계가 지역 및 지방정부
간 상호 수평적 관계와 복합적으로 연계해서 구축될 가능성이 높다는 것을
시사한다. 그리고 지역의회와 연방상원 간 지역을 기반으로 한 연대관계가

25) William Cross, ed., *Political Parties, Representation, and Electoral Democracy in Canada* (Oxford: Oxford University Press, 2002), pp.15-36; 시기별로 총선결과를 참조하려면 James Bickerton, Alain-G. Gagnon and Patrick Smith, *Ties That Bind: Parties and Voters in Canada* (Oxford: Oxford University Press, 1999), pp. 211-217, 표 A.1-표 A.4.
26) 캐나다의 정당제도 변천을 상세하게 검토하려면 Herman Bakvis, ed., *Representation, Integration and Political Parties in Canada* (Toronto: Dundurn Press, 1987) 참조바람.

없는 캐나다식의 연방주의체제에서 지역의회는 연방정부에 대한 지역이익을 대변할 수 있는 장(場)을 잃었을 뿐만 아니라 지역정부 간의 접촉에서도 지역행정부에게 밀려 발언기회를 상실했다. 따라서 지역거주 유권자들은 독립적인 지역선거라는 절차를 지역정부에 대한 정무책임을 묻는 기회가 아니라 현 연방집권정당에 대한 반감을 표시하는 출로로 활용하고 있다. 그리고 이러한 지역주의는 퀘벡주 이외에도 다른 주에서도 현저하게 드러난다. 결국 캐나다에는 정당체계마저 지역할거주의가 반(反)연방 집권정당성향으로 표면화되는 분권체제로 발전했다.

IV. 통합과 분권의 조화

캐나다 연방제도의 특징 중 가장 두드러지는 것은 정부 간 관계의 강도 면에서 지역정부 간 접촉은 여기에 나열할 수 없을 정도로 수많은 협약(Accord)이 특정한 정책을 중심으로 구속력을 가지고 집행되고 있다. <표 4>에서 보듯이 캐나다의 정부 간 관계기구는 대다수의 주에서 1970년대 말 이후 독립적인 부처로 발전하였고, 빈도면에서도 캐나다는 중앙과 지역정부 간 접촉뿐 아니라 각 지역정부 간 접촉도 빈번하다. 그러나 이렇게 빈번한 정부단계간 기구의 접촉은 동시에 지역정부의 자율권을 명문화하는 경로대신 실질적인 연방정부의 권한 일부를 잠정적으로 그러나 지속적으로 부여하는 부단한 협상의 경로를 택한 결과라 할 수 있다. 결국 분리주의자들로 인해 연방이 와해될 뻔한 쓰라린 경험을 지닌 캐나다 연방정부는 퀘벡주의 독립옹호자들에 의한 법제도적 함정에 다시 말려들지 않기 위해 사실상의 (de facto) 양보를 광범위하게 채택하는 대신 합법적인 (de jure) 지역정부의 자율권이 명시되는 것을 저지하려 한다.

다시 말해 연방정부는 빈번한 정부단계간 기구의 접촉을 통해 행여 퀘벡(QC)주에게만 특별한 지위가 부여될지 모른다고 우려하는 다른 주들을 진정

〈표 4〉 캐나다의 정부단계간 관계조정기구

주[2]	연도	주 부서	명칭
연방	1974	주 총리	Ministry of Intergovernmental Affairs
앨버타(AB)	1972	주 내각	Ministry for Federal and Intergovernmental Relations
브리티시 컬럼비아(BC)	1976	주 총리; 내각	Executive Council Department; Ministry of Intergovernmental Relations
매니토바(MB)	1	주 총리; 내각	Executive Council Office; Ministry of Intergovernmental Affairs and Trade
뉴브런즈윅(NB)	1974	주 총리; 내각	Executive Council Secretariat; Ministry of Intergovernmental and Aboriginal Affairs
뉴펀들랜드 & 래브라도(NL)	1973	주 총리	Executive Council Secretariat; Ministry of intergovernmental Affairs
노바스코샤(NS)	1975	주 내각; 내각	Ministry of Intergovernmental Affairs
온타리오(ON)	1965	주 총리; 내각	Executive Council Secretariat; Ministry of Intergovernmental Affairs
프린스 에드워드 아일랜드(PE)	1979	주 총리; 내각	Executive Council Secretariat; Ministry of Intergovernmental Affairs
퀘벡(QC)	1961	주 내각	Ministry for Intergovernmental Affairs → Ministry for Canadian Inter-Governmental Affairs
서스캐취원(SK)	1977	주 총리; 내각	Executive Council Office; Department of Intergovernmental Affairs → Ministry of Intergovernmental Relations

* 자료: 이옥연(2002), 〈표 5〉의 내용을 최신 정보에 의거해 재정리함. (원출처: Warhurst, "Managing Intergovernmental Relations," in Federalism and the Role of the State. Bakvis and Chandler eds. 1987; Hunter, ed. The Statesman's Year-Book, 134판, 1997/1998.)
1. 정부 간 관계기구의 설립연도에 관한 자료가 미비함
2. 괄호 안의 주 명칭 약자는 〈그림 4〉와 연관해서 참고하기 바람

시키고자 한다.27) 결국 퀘벡주의 '주권을 행사할 수 있는 공동체(sovereign nation)'라는 인식이 공식화되는 것을 저지하기 위해 연방정부와 다른 주들은 실질적으로 퀘벡주만의 독자적 영역을 제한된 영역에서 허용하는 것을 앞서 언급했듯이 빈번한 합의를 통해 결정한다. 실례로 연금제도나 건강보험제도는 퀘벡주를 제외한 모든 주에 적용되는 체계와 퀘벡주에만 적용되는 체계로 구성된 이중구조로 운영된다. 주목할 점은 이러한 이중구조에 대해 퀘벡주 이외 유권자들은 강한 반감을 나타낸다는 사실이다.28) 따라서 정부 차원에서 지속되는 퀘벡주의 특권에 대한 묵인을 무마하려는 노력의 일환으로 주의 재정상태를 균등화하려는 정부단계간 보조금이 1982년 헌정법 제정이후 명시되었다.

실제로 <그림 4>에서 2004년 평균값에 의하면 가장 부유한 앨버타(Alberta: AB)주와 가장 빈곤한 프린스 에드워드 아일랜드(Prince Edward Island: PE)주의 일인당 GDP 비율은 1대 2에 이른다. PE 이외에도 뉴펀들랜드 & 래브라도(Newfoundland and Labrador: NL), 노바스코샤(Nova Scotia: NS), 뉴브런즈윅(New Brunswick: NB) 등 평균보다 현저하게 재정적 형편이 좋지 않은 주들은 퀘벡주에게 부여되는 특권에 상응하는 실질적 보상을 요구해왔으며 1982년 이전부터 연방정부는 이를 수용해왔다. 따라서 지역 또는 지방정부에 대한 연방정부의 보조금규모는 1970년대 이후 큰 변동 없이 일정수준을 유지하고 있으며 이러한 사실은 <그림 1>에서도 확인할 수 있다.

현 헌법에 의거해 연방정부는 주정부에게 '균등화 자금(equalization payments)'과 '프로그램 자금(program payments)'을 지불해야 한다. '균등화 자금'은 상대적으로 빈곤한 주에게 재정적 취약점을 보완할 수 있도록 연방

---

27) Harold Stoke, "Some Problems of Canadian Federalism," *American Political Science Review* 27(5): 804-811(1933). 80여 년이 지난 지금에도 이러한 상황은 크게 변한 바가 없다: Colin Williams, "A Requiem for Canada?" in Graham Smith, ed., *Federalism: The Multiethnic Challenge* (London: Longman, 1995).

28) 이러한 경향은 예를 들어 사회복지제도 전반에 걸쳐 나타나며, 후에 상세하게 검토하는 육아정책에서도 두드러진다.

〈그림 4〉 캐나다 주별 일인당 GDP, 2004년 평균

단위: 캐나다 달러(2004년 기준)

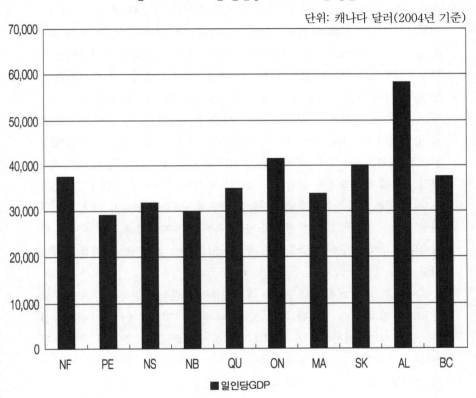

1. 출처: OECD, *National Accounts of OECD Countries Volume IV, General Government Accounts* 1994_2005(2006)

정부가 재원의 일부를 재조정하여 주 간의 재정적 격차를 감소시키기 위한 목적으로 만든 보조금이다. 반면에 '프로그램 자금'은 2004년 이후 '캐나다 건강보험 보조금(Canada Health Transfer: CHT)'과 '캐나다 사회비용 보조금 (Canada Social Transfer)'로 양분되어 전자는 주의 건강보험 경비지출을 연방정부가 재정지원하고 있으며 후자는 주정부에게 연방자금을 이전하여 고등교육, 사회부조, 아동복지 프로그램 등을 지원하도록 한다.

이론적으로 이렇게 제도화된 재정 연방주의는 지역 간 재정자원의 격차를 줄여 헌법이 명시하는 지역 또는 지방정부의 책무를 충실하게 그리고 민주적으로 이행할 수 있게 도와준다. 그러나 이러한 원론적 이점의 이면에는 세원 재분배의 결정권을 선점하고 있는 연방정부가 자금을 이전하는 조건으로 지역 또는 지방정부에게 요구사항을 강요할 수 있는 허점이 있다. 이러한 연방정부의 우위권 행사는 경우에 따라, 특히 재정자원이 결핍된 주에게 연방주의를 통해 추구하는 탈중앙화 대신 중앙의존이 심화되는 결과를 초래하기도 한다.

흥미로운 점은 재정 연방주의가 대부분 지방분권을 실현하는 주요 도구로 유용하게 활용될 수 있지만 특정 정책분야에서는 역으로 연방정부의 주 간 불균형을 시정하려는 의지를 저지하거나 심지어 균등화의 필요성 자체를 부정하는 정당성의 근거로 인용되기도 한다는 사실이다. 이러한 점은 캐나다의 퀘벡문제와 연관하여 사회복지제도의 실상에서 잘 나타난다.

캐나다의 사회복지제도는 ①사회보험인 동시에 공적연금제도인 캐나다 연금제도(Pension Plan)와 노령보장제도(old-age security pension), ②또 다른 사회보험이면서 공적연금제도를 보완하는 역할을 하고 1997년에 대대적인 제도변혁을 거친 고용보험(employment insurance, 1997년 이전엔 실업보험 unemployment insurance), ③공적 부조에 해당하며 1996년에 전면 개편된 캐나다 지원제도(Assistance Plan), 그리고 ④민영화의 압력을 지속적으로 받는 의료보험(medicare)으로 구성되어 있다.29) 이 중 육아정책과 연관된 프로그

---

29) Ernie Lightman and Graham Riches. "Canada: One step forward, two steps

〈표 5〉 육아정책과 연관된 캐나다의 사회복지제도, 1944~현재

1944	1966	1971	1972	1990	1993	1996	1998	2002
←——————— Family Allowances —————————→								
	←———————Canada Assistance Plan ————→							
		←——————— ————————Maternity Leave ————————————→						
		←————————Child Care Expense Deduction —————→						
			←————————— —Parental Leave—————————→					
					←———(Canada) Child Tax Benefit—→			
						|National Child Benefit		

출처: White, Linda. 2002, "The Child Care Agenda and the Social Union," in Bakvis, Herman and Grace Skogstad. eds. *Canadian Federalism: Performance, Effectiveness, and Legitimacy,* Table 6.1, p.107을 재정리함

램들을 시대 순으로 정리하면 <표 5>와 같다.

캐나다 지원제도(CAP)의 일부로 도입된 육아정책은 미국과 비교해도 상당히 낙후되어 있다. 과거에는 사회결합을 둘러싼 이념적 갈등으로 인해 연방정부가 주도하는 전국적 육아정책이 발전하지 못한 반면 근래에는 중앙과 지역-지방 간 관계를 규정하는 연방주의가 집권정당에 따라 차별적으로 정책화되면서 여전히 미진한 전국적 육아정책을 초래했다.[30] 따라서 1940년대와 1950년대 전후 연방정부의 권한증대를 활용해서 사회복지 분야의 연방정부 역할확대도 지역 간 갈등의 소지가 비교적 적은 '범 캐나다'적 성향의 프로그램에 한정되었다.[31] 특히 퀘벡 주의 경우 연방정부의 침투에 대해

---

back?" in Peter Alcock and Gary Craig, eds., *International Social Policy* (New York: Palgrave, 2000), pp.52-56.

30) 1999년 자료에 의하면 육아정책에 대한 정부 지출도 미국에서는 저소득가정에게 GDP의 0.13%에 해당하는 비용을 투입한 반면 캐나다에서는 근로계층가정에게 GDP의 0.076%에 해당하는 비용만 사용했다: Linda A. White, "Ideas and the Welfare State: Explaining Child Care Policy Development in Canada and the United States," *Comparative Political Studies*, 35(6): 713-743(2002), p.721.

회의적이었지만 대다수 주민들이 연방 프로그램을 지지했기 때문에 퀘벡 주만의 프로그램 수립에 대한 열의가 저조했다. 결과적으로 캐나다의 육아정책은 연방주의의 사생아처럼 연방정부뿐 아니라 퀘벡과 그 이외 주들의 줄다리기 속에 버려져 왔다고 볼 수 있다.

　육아정책을 포함한 사회보장서비스 제공의 주요 책임소재는 주정부에 있다.32) 그러나 재정적으로 연방정부의 보조금에 의존해야 주 간의 조세원 격차를 해소할 수 있을 뿐 아니라 재정적으로 취약한 주들에게 연방정부의 보조금은 사회복지서비스를 제공할 수 있는 주요 재정원이다. 물론 각 구성주 간 경제여력의 격차가 극심하다는 점이 캐나다에 독특한 건 아니다. 여느 나라에서나 이러한 구성지역 간 재정원의 격차를 구성지역 간 자발적 조정기구나 연방과 주들 간 정부단계 협의회에 의해 어느 정도 조절하지 않으면 궁극적으로 국민들은 주거지에 따라 심히 불균형한 형태의 사회복지서비스를 제공받게 된다. 따라서 연방정부의 참여가 공평한 복지국가정책의 집행을 위해 필수불가결하다. 그러나 유사한 연방국가면서도 캐나다는 미국과 달리 지역주의와 민족/문화/언어 이중성이라는 장벽에 부딪혀 전국적 정책을 구상-정립하는데 난관이 아주 많다.

　무엇보다 연방정부의 참여확대가 동시에 주정부의 영역침범이라는 영합적(zero-sum) 성격을 띠기 때문에 연방과 주정부단계간 권력분산은 모든 관련자들의 요구를 수용할 수 있는 균형점을 찾는데 주력하고 있다.33) 캐나다

---

31) Herbert Obinger, Francis Castles and Stephan Leibfried, "Introduction: federalism and the welfare state," in Herbert Obinger, Francis Castles and Stephan Leibfried, eds., *Federalism and the Welfare State: New World and European Experiences* (Cambridge: Cambridge University Press, 2005), p.11; Keith Banting, "Canada: nation-building in a federal welfare state," in Obinger et al., eds. (2005), p.103.

32) 캐나다헌법 92항 7조와 16조에 의하면 주정부는 다음과 같은 권한을 가진다. "… hospitals, asylums, charities and elemosynary institutions(S.92,7)", "buttressed by powers over 'all matters of a merely local or private nature'(S.92,16)," 이러한 주정부의 헌법적 권한과 대조적으로 연방정부는 주로 지출능력에 의존해 사회공조영역에 개입할 수 있으며 1990년대의 경우엔 개인소득세를 근간으로 개입했다.

33) 자세한 내용은 Gerard Boychuck, *Patchworks of Purpose: The Development of*

의 경우에는 특별한 지위를 요구하는 퀘벡(Quebec) 주와 이러한 요구에 대
해 강력하게 반발하는 다른 주들을 공평하게 달래기 위해 연방정부는 정기
적으로 헌법외 기관인 정부단계 조정기구(intergovernmental relations organi-
zation)를 통해 특정 정책 및 프로그램을 중심으로 끊임없이 협의안(accord)
에 도달해왔다. 또한 연방의회와 주의회 간 입법통합에 의존한 전국적 정책
추진보다 연방내각과 주내각 간 수상회의 및 각료회의 위주로 구현되는 행
정적 연방주의에 의존해 전국적 정책의 구상과 집행을 도모하고 있다.

그러나 사회보장에 대한 수요와 공급에 있어서 이러한 다층구조의 거버넌
스로 인해 캐나다의 육아정책은 그 공급규모나 투자액에 있어서 다른 선진
국가보다 뒤처져 있으며 심지어 사회복지 제공에 대해 전반적으로 수동적인
미국보다 뒤떨어진다. 캐나다 육아정책은 전후 지난 30여 년간 축적된 사회
보장제도의 기본틀을 1990년대를 기점으로 완전히 변환했다. 1996년까지
연방정부의 육아정책에 대한 주요 지출은 캐나다 지원제도(CAP)를 통해 각
주에게 이전되었으나 그 후 정액교부금인 캐나다 건강-사회 보조금(Canada
Health and Social Transfer)으로 대체되었다.[34] 연방정부의 참여는 그나마 거
의 종적을 감췄고 상당히 이질적인 육아 정책프로그램인 전국 아동수혜
(National Child Benefit)가 1998년에 종전의 주정부가 제공하는 육아 정책프
로그램을 대체했다. 그러나 NCB는 연방과 주 또는 영토 단계의 아동 빈곤
퇴치 프로그램인 캐나다 아동 세금 우대(Canada Child Tax Benefit)의 일환으
로 출범했으면서도 육아프로그램에 대한 지원은 정작 총액의 1/3 수준에 그
쳤다.

Provincial Social Assistance Regimes in Canada (Montreal: McGill-Queen's Uni-
versity Press, 1998); Gerard Boychuck, "Social assistance and Canadian federalism,"
in Rocher and Smith, eds. (2003), 참조.

34) 정액교부금은 주정부의 재량에 따라 지출항목을 결정하기 때문에 주정부의 육아정책
에 대한 지원의지에 따라 주 간 격차가 심화될 수 있다. 실제로 온타리오와 앨버타
주는 육아정책에 대한 지출을 삭감한 반면 브리티시 컬럼비아와 퀘벡 주는 지출을
증대했다: White(2002), p.106.

무엇보다 연방정부의 육아 프로그램에 대한 지원은 직접적 재정지원이나 프로그램 제공이 아닌 수입의 일정액에 대한 세금우대를 우선시한다. 게다가 1972년에 도입된 육아비용 감세(Child Care Expense Deduction)의 경우 탁아시설의 영수증 발부 기피와 저소득층의 자격미달로 실제 수혜대상은 그리 많지 않다.35) 또한 캐나다에는 미국의 '헤드 스타트(Head Start)'에 준하는 유아기 교육프로그램이 부재하다. 더욱이 연방정부 역할의 소멸로 생긴 공백을 주정부가 채우면서 각 주마다 제각기 다른 수혜대상, 범위, 한도기간 등을 채택하며 오히려 사회보장의 효과는 주 또는 영토에 따라 체계적으로 판이하게 나타난다.

결국 정책시혜에서 나타나는 이러한 격심한 주 간 차이가 각 주 간 극심한 재정원의 격차와 결합되면서 캐나다의 육아정책은 통합된 정책구상과 집행 뿐 아니라 주민 개개인에게 유사한 사회보장서비스를 효율적으로 제공하기에 연방제도가 취약하다는 점을 잘 보여준다.

미국과 대조적으로 캐나다는 연방정부 차원에서 적극적으로 전국적 육아정책의 채택과 시행에 그다지 관심과 열정을 보이지 않았다. 구체적으로 1960년대에는 전국적 육아정책을 수립하기 위해 육아에 대한 정부지원을 성 평등과 여성의 노동시장 참여 증진이라는 목표달성으로 합리화했다. 그러나 그러한 논리는 전통적 가족관과 여성관을 고수하는 일반대중에게 설득력이 부족했고 이러한 세태를 거스르는 정책을 추진하려는 의지가 연방정부에게 결여되어 있었고 그 결과 각 주에게 권한행사의 재량권을 부여했다.36)

---

35) 결국 이렇게 CCED의 혜택을 포기한 잠재적 수혜자들의 총 손실액은 520만 불에 달한다.

36) 가족과 여성에 대한 가치관이 전통적인 주류 규범과 합치하지 않으며 그러한 부조화를 타파하려는 기업창업주정신(entrepreneurship)도 미흡한 상황에서 연방정부는 원론적으로 주정부의 권한영역인 육아정책에 개입하길 주저했다: Pat Petrie, "Social pedagogy: An historical account of care and education as social control," in Julia Brannen and Peter Moss, eds., *Rethinking Children's Care* (Buckingham: Open University Press, 2003); Linda White, "The Child care agenda and the social union," in Bakvis and Skogstad, eds. (2002a).

그러자 전국적 유아정책 시행을 목표로 상정한 압력단체들은 1970년대와 1980년대 들어서며 육아정책의 중요성을 유아기 발달과 자녀 양육지원문제와 결부시켰고 이러한 전략적 변경은 마침내 일반대중과 입법부 내 지지기반을 끌어내는 데 성공했다.

그러나 이러한 오랜 시간에 걸친 노력에도 불구하고 현재까지도 전국적 육아정책은 실질적으로 출범하지 못한 상태라고 해도 과언이 아니다. 또한 주 간에도 육아정책의 수혜대상과 규모가 제각각일 뿐 아니라 육아정책에 대한 재정지원 자체도 점차 긴축되고 있는 실정이다.

결과적으로 노령보장이나 의료보험 등과 같은 집합적 성향이 강한 다른 사회보장 프로그램과 대조적으로 유독 캐나다의 육아 프로그램은 상대적으로 개인위주의 잔여 성향이 강한 사회보장 프로그램이 지배적인 미국의 육아 프로그램보다 낙후된 상태에 머물러 있다. 이는 캐나다가 건국 이래 이념적 이상으로 사회결합을 추구해 왔다는 역사적 사실에서 벗어나는 기이한 현상이다. 그러나 미국과 달리 지역주의와 이중정체성이라는 난제를 끌어안고 하나의 통합된 국가를 정립-유지해 온 캐나다의 역사를 살펴본다면 실마리를 찾을 수 있다.

결국 육아정책도 교육정책과 결부되면서 주정부의 고유권한인 교육에 대한 연방정부의 개입을 꺼려하는 결과를 초래했다. 더구나 하나의 통합국가 안에 두 개의 언어와 문화 지역이 존재하는 복합적 다층구조 사회에서 권한 분산이 제도화된 연방주의가 사회통합이라는 다소 규범적 정책목표와 결합하는 경우 사회균열구조를 따라 갈등이 증폭된다는 사실을 캐나다의 육아정책이 보여주고 있다.

V. 결론

"연방제는 보편적인 건의안이 아니다. 특정한 여건에서만 적합할 뿐이다. 실제로 킹(King)이 경고하듯이 '중요한 것은 연방제를 목적 자체나 본질적 요소를 다 갖춘 체제로 간주하면 안 된다는 점이다.' 그러한 오류는 허황된 기대를 자아내 라이커(Riker)가 정확하게 지적하듯이 결국 지적 맹공을 불러일으키기 십상이다… 건국과 제도 재편성으로부터 혜택을 얻기 위해 목적에 합치하도록 적극적으로 모색하는 특정한 이익 배열에 따라 특정한 유형의 연방제에 대한 처방은 달라지기 마련이다. 연방주의가 다양하기 때문에 그에 상응해서 연방제도 다양하게 발달한다. 그러나 연방제와 연방주의 간의 단순한 관계는 성립하지 않는다. 우리는 단지 양자 간 지속적인 상호작용을 준거로 해서 상호관계를 이해할 수 있을 뿐이다."[37]

사회복지제도의 일환으로 캐나다의 육아정책은 연방주의에 근간을 두고 이중사회와 지역주의의 부담 속에 통합국가를 건립하는 데 필요한 사회통합의 도구로 출범했다.[38] 사회정책의 구현은 각 정부단계에게 제각기 다른 기회를 제공해주었기 때문에 출범 자체는 비교적 환대 속에 진행되었다. 즉 사회정책의 정립은 캐나다의 통합정부로서 연방정부의 적법성을 캐나다 국민에게 각인시킬 수 있는 기회를 제공한 반면 주정부, 특히 퀘벡 주정부에게는 지역적/영토적 특이성을 부각시켜 지역 및 영토적 특색을 유지할 수 있는 기회로 인식되었다. 그러나 이렇게 상반된 기대를 충족시키지 않으면 존폐의 위기에 처할 육아정책은 출발부터 순조롭지 않았을 뿐 아니라 궁극적으로 빈약한 프로그램을 초래했다.[39]

---

37) Michael Burgess and Alain-G. Gagnon, eds., *Comparative Federalism and Federation: Competing Traditions and Future Directions* (New York: Harvester Wheatsheaf, 1993), p.112.
38) Boychuck(2003), p.270.
39) 모든 사회정책 프로그램이 동일한 분권구조 속에서 구상-집행되지는 않았다. 예를 들어 건강보험의 경우 연방정부가 강력한 참여의지를 밝히면서 각 주정부의 관리와 운영에 대한 규제와 감독 역할을 중요시하게 되었다: Boychuck(1998), p.15.

　원론적으로 제도화된 재정 연방주의는 연방과 주 또는 지역 간 재원을 이전하여 지역 간 재정자원의 격차를 줄임으로써 헌법이 명시하는 지역 또는 지방정부의 책무를 충실하게 그리고 민주적으로 이행할 수 있도록 도와준다. 그러나 이러한 원론적 이점의 이면에는 세원 재분배의 결정권을 선점하고 있는 연방정부가 자금을 이전하는 조건으로 지역 또는 지방정부에게 요구사항을 강요할 수 있는 허점이 있다. 이러한 연방정부의 우위권 행사는 경우에 따라, 특히 재정자원이 결핍된 주에게 연방주의를 통해 추구하는 탈중앙화 대신 중앙의존이 심화되는 결과를 초래하기도 한다.40) 더구나 문화-언어적으로 복합적 사회의 요구를 수용하려면 연방국가의 복지국가 정책은 주-지역-지방정부들에게 한 국가를 전체적으로 대표하는 연방국가의 정책영역에 대한 정당성을 부여할 것을 전제로 한다.

　궁극적으로 복지서비스를 제공하는 주체가 지역 또는 지방정부라고 헌법에 명시되어 있으나 지역 또는 지방마다 상이한 재정능력을 가지고 있기 때문에 이에 대한 연방정부의 개입, 즉 지역 또는 지방정부의 부분적 권한양도가 불가피하다. 그러한 합의가 이뤄지지 않으면 연방과 지역 또는 지방정부 간 알력으로 인해 재원의 낭비와 연방주의의 위배라는 이중 고리의 악순환만 반복될 뿐이다.

　캐나다를 통해 연방주의가 반드시 중앙과 지역 또는 지방 간 분권을 보장하는 제도를 가져오지 않는다는 점을 목격할 수 있다. 진정한 의미에서 지역 균형발전이 가능하려면 연방주의를 제도화시키는 각종 절차와 도구들도 필요하지만 동시에 연방주의를 통해 궁극적으로 추구하는 목표가 무엇인지에 대한 공감대 형성과 유지가 필수불가결하다.

　캐나다는 제도적으로 지역 또는 지방의 권익이 대변될 수 있는 절차와 도구들이 잘 정비되어 있다. 그러나 정치적, 역사적, 사회적 이유로 인해 이러한 정치과정이 정형화되지 못했기 때문에 대안적 경로, 즉 앞서 살핀 정례화된 정부단계간 관계기구들을 통한 협의나 또는 연방내각을 구성하는 데

---

40) 이는 특히 재정적 자립도가 낮은 주의 경우에 두드러진다.

있어서 특정한 주 출신의 각료들을 기용하여 지역이익을 대변하는 장(場)을 제공하는 비공식적 경로가 발달되었다. 캐나다라는 통합국가를 유지하려는 이러한 부단한 노력에도 불구하고 1995년 퀘벡 주의 연방이탈에 대한 국민투표 실시로 인해 다시 한번 캐나다에는 개헌의 목소리가 높아지고 있다. 이는 현재와 같은 달래기식의 지역균형발전정책이 실제로는 연방주의의 발전을 저해하는 요인으로 작용하는지에 대해 캐나다 국민들이 심각하게 고민하고 있다는 증거다. 현재 캐나다는 궁극적으로 적절한 기능을 발휘하지 못하는 제도 변혁에 대한 논의를 피할 수 없는 시점에 와 있다.

▮ 참고문헌

서현진·이옥연. "미국과 캐나다의 사회보장제도 문제점 비교." 한국국제정치학회
    연례학술회의 발표논문. 2005.
손병권·이옥연. "미국과 캐나다의 연방제도 비교 연구: 건국과정과 헌법을 중심으
    로." 『국제정치논총』 제44집 4호. 2004.
이옥연A. "연방주의, 재정분산과 정당간 경쟁." 『국제정치논총』 제42집 3호. 2002.
_____B. "오스트리아, 호주, 캐나다, 독일의 연방주의 비교." 『한국과 국제정치』
    제18권 4호. 2002.
_____. "다층구조 거버넌스로서의 연방 체제." 『한국정치학회보』 제37집 5호.
    2003.

Ajzenstat, Janet, Paul Romney, Ian Gentles, and William Gairdner, eds.
    Canada's Founding Debates (Toronto: University of Toronto Press,
    2003).
Bakvis, Herman, ed. *Representation, Integration and Political Parties in
    Canada* (Toronto: Dundurn Press, 1987).
Bakvis, Herman, and William Chandler, eds. *Federalism and the Role of the
    State* (Toronto: University of Toronto Press, 1987).
Bakvis, Herman, and Grace Skogstad, eds. *Canadian Federalism: Performance,
    Effectiveness, and Legitimacy* (Ontario: Oxford University Press, 2002).
Banting, Keith. "Prime minister and cabinet: An autocracy in need of reform?"
    Journal of Canadian Studies 35(1): 60-79(2001).
_____. "Canada: nation-building in a federal welfare state." In Herbert Obinger,
    Francis Castles and Stephan Leibfried, eds. *Federalism and the Welfare
    State: New World and European Experiences* (Cambridge: Cambridge
    University Press, 2005).
Bernier, Luc, Keith Brownsey, and Michael Howlett, eds. *Executive Styles in*

Canada: Cabinent Structures and Leadership Practices in Canadian Government (Toronto: University of Toronto Press, 2005).

Bickerton, James, Alain-G. Gagnon, and Patrick Smith. *Ties That Bind: Parties and Voters in Canada* (Oxford: Oxford University Press, 1999).

Boychuck, Gerard. *Patchworks of Purpose: The Development of Provincial Social Assistance Regimes in Canada* (Montreal: McGill-Queen's University Press, 1998).

_____. "Social assistance and Canadian federalism." In François Rocher and Miriam Smith, eds. *New Trends in Canadian Federalism,* 2nd ed. (Peterborough, Ontario: Broadview Press, 2003).

Burgess, Michael, ed. *Federalism and Federation in Western Europe* (London: Croom Helm, 1986).

_____, ed. *Canadian Federalism: Past, Present and Future* (Leicester: Leicester University Press, 1990).

Burgess, Michael, and Alain-G. Gagnon, eds. *Comparative Federalism and Federation: Competing Traditions and Future Directions* (New York: Harvester Wheatsheaf, 1993).

Cameron, Claire. "An historical perspective on changing child care policy." In Julia Brannen and Peter Moss, eds. *Rethinking Children's Care* (Buckingham: Open University Press, 2003).

Carty, R. Kenneth, William Cross, and Lisa Young. *Rebuilding Canadian Party Politics* (Vancouver: UBC Press, 2000).

Cook, Curtis, ed. *Constitutional Predicament: Canada after the Referendum of 1992* (Montreal: McGill-Queen's University Press, 1994).

Creighton, Donald. *The Road to Confederation: The Emergence of Canada, 1863-1867* (Toronto: McClelland & Stewart, 1997).

_____. *John A. McDonald: the Young Politician, the Old Chieftain* (Toronto: University of Toronto Press, 1998).

Cross, William, ed. *Political Parties, Representation, and Electoral Democracy in Canada* (Oxford: Oxford University Press, 2002).

LaSelva, Samuel. *The Moral Foundations of Canadian Federalism: Paradoxes, Achievements, and Tragedies of Nationhood* (Kingston: McGill-Queen's

University Press, 1996).

Lightman, Ernie, and Graham Riches. "Canada: One step forward, two steps back?" In Peter Alcock and Gary Craig, eds. *International Social Policy* (New York: Palgrave, 2000).

McRoberts, Kenneth, ed. *Misconceiving Canada: The Struggle for National Unity* (Ontario: Oxford University Press, 1997).

Meekison, J. Peter, Hamish Telford, and Harvey Lazar, eds. *Canada: The State of the Federation 2002, Reconsidering the Institutions of Canadian Federalism* (Montreal: McGill-Queen's University Press, 2004).

Obinger, Herbert, Francis Castles, and Stephan Leibfried. "Introduction: federalism and the welfare state." In Herbert Obinger, Francis Castles and Stephan Leibfried, eds. *Federalism and the Welfare State: New World and European Experiences* (Cambridge: Cambridge University Press, 2005).

OECD. *National Accounts of OECD Countries Volume II, Detailed Tables, 1994-2005*(2007).

_____. *National Accounts of OECD Countries Volume IV, General Government Accounts, 1994-2005*(2006).

Petrie, Pat. "Social pedagogy: An historical account of care and education as social control." In Julia Brannen and Peter Moss, eds. *Rethinking Children's Care* (Buckingham: Open University Press, 2003).

Rocher, François, and Miriam Smith, eds. *New Trends in Canadian Federalism,* 2nd ed. (Peterborough: Broadview Press, 2003).

Rohr, John. "Public Administration and Comparative Constitutionalism: The Case of Canadian Federalism." *Public Administration Review* 57(4): 339-346(1997).

Smith, Jennifer. "Canadian Confederation and the Influence of American Federalism." In Marian McKenna, ed. *The Canadian & American Constitutions in Comparative Perspective* (Calgary: University of Calgary Press, 1993).

Stevenson, Garth, ed. *Unfulfilled Union: Canadian Federalism and National Unity,* 4th ed. (Montreal: McGill-Queen's University Press, 2004).

Stoke, Harold. "Some Problems of Canadian Federalism." *American Political Science Review* 27(5): 804-811(1933).

Taucar, Christopher. *Canadian Federalism and Quebec Sovereignty* (New York, Peter Lang, 2000).

Verney, Douglas. *Three Civilizations, Two Cultures, One State: Canada's Political Traditions* (Durham: Duke University Press, 1986).

Vipond, Robert. "1787 and 1867: The Federal Principle and Canadian Confederation Reconsidered." *Canadian Journal of Political Science* 22(1): 5-24(1989).

Wagenberg, Ronald, Walter Soderlund, Ralph Nelson, and Donald Briggs. "Federal Societies and the Founding of Federal States: An Examination of the Origins of Canadian Confederation." In Michael Burgess, ed. *Canadian Federalism: Past, Present and Future* (Leicester: Leicester University Press, 1990).

Waite, P. B. *The Life and Times of Confederation, 1864-1867: Politics, Newspapers, and the Union of British North America*, 2nd edition with corrections (Toronto: University of Toronto Press, 1962; Toronto: Robin Brass Studio, 2001).

White, Linda A. "Ideas and the Welfare State: Explaining Child Care Policy Development in Canada and the United States." *Comparative Political Studies* 35(6): 713-743(2002).

_____. "The Child care agenda and the social union." In Herman Bakvis and Grace Skogstad, eds. *Canadian Federalism: Performance, Effectiveness, and Legitimacy* (Oxford: Oxford University Press, 2002a).

Williams, Colin. "A Requiem for Canada?" In Graham Smith, ed. *Federalism: The Multiethnic Challenge* (London: Longman, 1995).

Young, Lisa, and Keith Archer, eds. *Regionalism and Party Politics in Canada* (Oxford: Oxford University Press, 2002).

Young, Robert, ed. *Stretching the Federation: The Art of the State in Canada* (Kingston: Queen's University, 1999).

제5장
___

연방주의 거버넌스: 미국의 재정[*]

I. 머리말

현재 전 세계적으로 거의 모든 국가들이 탈중앙화(decentralization)의 문제와 씨름 중이다. 그 동기도 다양해서 탈중앙화가 경제성장에 보탬이 되고, 지방의 빈곤을 줄여줄 수 있으며, 중앙정부가 개입해서도 실패했던 목표를 달성하는 데 기여한다고 믿고 있는 국가들이 있다. 다른 국가들은 탈중앙화를 시민사회를 강화해 주고 민주주의를 심화시키는 한 방편으로 인식하고 있다. 중앙정부가 부담하고 있는 값비싼 책임을 하위 단계의 정부들에게 떠넘기는 수단으로 간주하는 국가도 있다. 이처럼 탈중앙화는 여러 잡다한 문제들을 풀어주는 하나의 해결책으로 여겨지고 있다.[1)]

___

[*] 이 글은 "Institutional and Political Dimensions of Fiscal Federalism in the Multilevel Government, the U.S. Case," 『세계지역연구논총』 제25권 2호에 수록된 내용을 최근자료로 업데이트하여 우리말로 옮겼다.

1) James Manor, *Political Economy of Democratic Decentralization* (Washington, D.C.: The World Bank, 1999), 요약 참조.

중앙집중화(centralization)에 대한 반감은 최근에만 국한된 현상은 아니다. 디즈레일리 수상은 "중앙집중화는 공공의 자유를 죽이는 치명타(Councillor, 1948-53 책 표지에서 인용)"라고 언급한 적이 있다. 민주주의 정치체제에서 탈중앙화는 효율적인 정책으로서의 수단적 가치를 가지고 있을 뿐만 아니라 호소력 있는 이상향으로서의 본원적 가치를 지니고 있다는 칭송을 받고 있다. 이러한 평가는 탈중앙화가 정부 내의 다양한 단계에서뿐만 아니라 여러 비중앙(subnational)정부들 간에도 공개적인 경쟁을 의미한다는 전제에 근거한 것이다. 즉, 탈중앙화는 본질적으로든 실용적으로든 모두 좋은 것으로 인식되어지고 있다. 이러한 견지에서 민주주의 정치체제하의 정치인들은 지식인, 일반인 그리고 무엇보다 귀중한 투표권을 가진 유권자들 사이에 퍼져 있는 탈중앙화에 대한 좋은 평판을 활용할 수도 있으며, 더 나아가 활용하고자 노력할 것이다. 이러하다고 해서 모든 정치인들이 탈중앙화를 선호하고 있을까? 어떤 정치제도들이 탈중앙화를 촉진시키려는 정치인들의 노력을 촉진시킬까? 민주주의 국가들에서 탈중앙화의 정도가 상당히 다른 이유는 무엇인가?

이 장에서는 선진 연방국가들이 여러 가지 명백한 유사점을 공유하고 있음에도 불구하고 재정적 중앙집중화의 수준이 상당히 다르게 나타나고 있는 이유를 우선적으로 탐색해보고자 한다. 모든 민주주의 정치체제에서는 선출된 공직자들이 공직에 있을 때의 행동에 대해서 책임을 질 때, 그 체제를 민주적인 체제라고 말할 수 있다. 특히 선진 연방국가에서는 책임에 민감하게 반응하는 민주적 원칙과 재정적으로 투명하게 책임을 지는 정도는 이상적으로 연결되어 있다. 일단의 정치인들은 재정적 중앙집중화의 정도 문제와 같은 일련의 정책들을 둘러싼 이념적이거나 당파적인 논쟁을 통해서 다른 정치인들과 자신들을 차별화하고자 시도하곤 한다. 선진 연방국가에서 구성되는 정부들의 단계가 다르다는 것은 실시되는 선거들이 다르다는 것을 의미한다. 중앙의 대표들은 국가이익을 대변하도록 선출되었으며, 비중앙의 대표들은 해당 지역의 이해관계를 대변하고자 뽑힌다. 이처럼 연방체제는 정부단계간 관계(intergovernmental relations) 문제들을 둘러싸고 서로가 경합할 수 있는 기회를 정부의 다양한 단계에 있는 정치인들에게 제공하고 있다. 게다가 연방국가는 다양한 정부단계간 기구들을 운영하고 있어서, 중앙정부와 경합하면서 해당 지역의 이익을 증대시키려는 비중앙정부들의 노력을 돕고 있다. 그러나 이 분야를 연구하는 학자들은 다층구조 대표성(multi-level representation) 문제와 이데올로기와의 상호작용에는 관심을 두고 있지 않으며, 따라서 정부단계간 당파적 경합(intergovernmental partisan competition)과 재정적 중앙집중화 문제를 연계시킨 연구도 아직은 없다.

이 장에서는 종종 간과되어 왔던 정부단계간 당파적 경합현상을 상술한 연후에, 재정적 의사결정에 관한 이론적 진전들을 비교하고 대비시키면서 다양한 논쟁들의 장단점을 살펴보고자 한다. 사례연구로서는 미국의 경우를 들여다 보고자 한다. 미국과 같은 안정적인 연방주의 국가에서도 누가 재정적 책임을 담당하느냐의 주제 문제는 점진적으로 변화해 왔다. 그럼에도 불구하고 이러한 점진적이고 겉으로 보기에 질서정연한 변천과정은 오래 지속된 긴장관계 속에 잠복되어 왔던 역사적이고 제도적인 요인에도 영향을 받아왔다. 이 장의 2절에서는 경제적 효율성이라는 관점에서 다층구조 정부재정을 분석하면서 재정 연방주의(fiscal federalism)를 살펴보고, 3절에서는 중앙-비중앙정부들 간의 권력배분에 끼친 제도적인 충격 및 재정적 의사결정에의 이념적-당파적 영향력을 살펴보고자 한다. 4절에서는 미국의 사례를 살펴보고, 결론에서 이를 종합하고자 한다.

II. 재정 연방주의를 둘러싼 논쟁들

재정 연방주의를 둘러싼 논쟁들을 요약하기 전에, 효율적인 탈중앙화가 재정 연방주의의 제도들과 자주 연관되어 온 배경을 소개하고자 한다. 우선 탈중앙화의 개념을 명확하게 살펴보자. 탈중앙화의 인기에도 불구하고 또는 그 인기 때문에 '탈중앙화'라는 용어는 상당히 혼동스러움의 생산지가 되고 있다. 매이너(Manor 1999)는 탈중앙화를 세 가지 형태로 구분하고 있다. 행정적·재정적 및 민주적 탈중앙화의 세 형태인데, 동시에 진행될 수도 있고 따로 발생할 수도 있다.2) 행정적 탈중앙화는 "정부의 상위 단계에 있는 정책 행위자들을 하위 단계로 분산시키는" 것이다.3) 재정적 탈중앙화는 재정적 권한의 수직적 구조와 연관된 것인데, 상위 단계에서 담당하던 예산 등과 같은 주요사항에 관한 재정적 의사결정 책임을 하위 단계로 이전하는 것이다.

민주적 탈중앙화는 대체적으로 독립적인 하위 단계 정부들에게 권력을 분화해(devolution of power) 주는 것이다. 민주주의 정치체제에서도 민주적 탈중앙화만 홀로 진행된다면 대체적으로 실패할 가능성이 높다. 그러한 민주적 탈중앙화가 직접 선출된 비중앙정부들의 정통성을 고양시킨다고 할지라도, 위임받은 권한을 집행할 수 있는 수단들을 여전히 보유하지 못할 수 있기 때문이다. 따라서 민주적 탈중앙화가 생명력을 유지하자면 재정적 의사결정에 대해 책임질 수 있는 권한도 탈중앙화되어야 한다. 계획한 정책들을 집행하기 위해서는 선출된 비중앙정부들도 독자적으로 지출할 수 있는 재정적 및 행정적 자원들이 필요하기 때문이다.4)

---

2) Manor(1999)는 중앙의 무능으로 인한 탈중앙화(decentralization by default), 민영화(privatization)와 권한위임(delegation) 등 세 가지 종류의 유사 탈중앙화(pseudo-decentralization)를 배제하고 있다. 중앙의 무능으로 인한 탈중앙화는 무력한 중앙정부가 민중운동조직이나 비정부 조직들을 통하여 탈중앙화 운동을 유발하고 있는 하급 관계당국을 전혀 통제할 수 없을 경우에 발생된다. 이러한 경우의 탈중앙화란 중앙정부의 의도와는 전적으로 상반된 결과물일 수밖에 없다. 민영화는 공공사업들을 민간부문에 이양하는 것이다. 일단 민영화가 이루어지면 이 분야에서는 공공부문의 발언권은 없어지고, 의사결정과정에서도 정치인들의 통제범위를 벗어나게 된다. 권한위임은 누가 최종적으로 책임을 질 것인가에 대한 불충분한 이양이기 때문에 의사결정과정에 있어서 철저한 탈중앙화를 촉진시키지는 못하고 있다.
3) Manor는 의사결정과정에 있어서 탈중앙화를 촉진하지 않은 상태에서 일부 책임권한을 준국영 행위자들(parastatal agencies)에게 부여해 주는 '권한위임'과 행정적 탈중앙화를 구별짓고 있다. Manor(1999), p.25.
4) 어떠한 민주적 탈중앙화라도, 또는 좀 더 대중적인 용어로 분화(devolution)라고 할지라도 재정적 탈중앙화가 동반되지 않는다면 지속가능하지도 않을 뿐더러 공허한 것이 될 수밖에 없다. 하위 관계당국의 독립성이란 상위 정부가 재정관리의 자기책임성과

재정 연방주의를 둘러싼 논쟁들은 특히 재정관리의 정부단계간 균형문제
에 초점을 맞추고 있다. 고전적 거시경제학의 관점에서 살펴보면, 재정적 탈
중앙화의 주요 목표는 공공기금에 대한 통제권을 수직적으로는 중앙정부와
비중앙정부들 간에, 수평적으로는 비중앙정부들 간에 효율적으로 배분하는
것이다. 정책결정자의 책임과 지출을 할당하는 데 있어서의 효율성을 극대
화하기 위해서는 수입처와 지출처가 긴밀히 제휴되어야 한다. 이와 같은 기
준선 재정 연방주의 모델(baseline fiscal-federation model)에서 정부의 기능이
란 사회복지를 극대화하는 것이라고 분명하게 명시되어 있다.5)

오츠(Oates 1972)는 공공부문의 실제 구조를 반영하기 위해 정부를 몇 가
지 단계로 확장시키고 있다. 이에 따라서 연구의 새로운 초점을 사회복지를
극대화하기 위한 정부의 여러 단계에 걸쳐서 발생하는 기능의 분립(the division
of functions)에 맞추고 있다. 오츠는 어떤 형태의 정부가 이러한 자원할당,
소득분배, 안정기조유지 등 세 가지 기능을 달성하는 데 가장 성공적이냐는
질문을 제기하면서 공공재정의 수직적 구조에 대한 질문을 던지고 있다.
본질적으로 오츠는 연방체제가 가장 바람직한 것이라고 주장하고 있다.

선거로 선출되는 대표성까지도 동시에 위임해 줄 때만 의미를 갖는 것이다. Shah
(1998)는 개발도상 국가들의 탈중앙화를 논의하면서 이와 유사한 문제를 제기하고 있
다. 이러한 문제제기는 성공적인 탈중앙화를 성취하기 위해서는 세 종류의 탈중앙화를
모두 동원해야 하는 개발도상국들에게 더욱 적절한 지적이다. Anwar Shah, "Fostering
Fiscally Responsive and Accountable Governance: Lessons from decentralization,"
in Robert Picciotto and Eduardo Wiesner (eds.), *Evaluation & Development: The
Institutional Dimension* (New Brunswick: Transaction Publishers, 1998).
5) Musgrave(1959)는 공공부문이 담당하는 기능은 자원할당, 소득분배, 안정기조유지 등
의 문제를 풀어나가면서 최적의 복지수준을 달성하는 것이라고 요약하고 있다. 그러나
Musgrave의 이러한 분석은 하나의 단계를 가진 정부의 특정체제 하나만을 대상으로
하고 있다는 한계를 가지고 있다. Oates(1972)는 정부의 세 기능이 근본적으로는 독립
적이라는 사실을 인정하면서도 완전한 중앙집중화를 가정한 체계와 완전한 탈중앙화
를 가정한 체계를 극명하게 이론적으로 대비시키기 위해서 Musgrave의 개념구조를
채택하고 있다. Richard Musgrave, *The Theory of Public Finance* (New York:
McGraw-Hill, 1959); Wallace Oates, *Fiscal Federalism* (New York: Harcourt
Brace Jovanovish, 1972).

연방체제야말로 극단적으로 중앙집중화된 정부와 무정부 상태 직전의 극단
적으로 탈중앙화된 정부 사이에서의 타협의 산물이라는 것이다. 연방체제에
서 중앙정부와 비중앙정부들 모두 각각의 관할권 안에 있는 공적서비스에
대한 정책을 결정한다. 세 가지 기능을 모두 수행하는 대신에, 정부의 단계
에 맞춰서 가장 잘 할 수 있는 기능을 수행한다. 예를 들면, 중앙정부는 경제
를 안정시키고, 소득을 형평성있게 분배하며, 순수 또는 거의 순수한(nearly
pure) 공공재를 공급하는 반면에, 비중앙정부들은 수요경합성(congestion)에
따른 위치적 특성(a location)을 가진 공공재, 즉 수요경합적 공공재를 공급해
주는 기능을 수행한다.6) 적정한 수준으로 수요경합적 공공재 공급량을 결정
할 때, 비중앙정부들은 관할 지방의 취향에 적합한 양을 공급할 수 있다.
더욱이 소비자의 자유로운 이동성 때문에 똑같은 취향을 갖는 다양한 지역
들이 생기게 되고, 지방의 수요경합적 공공재의 공급은 최적의 상태를 유지
할 수 있게 된다.7)

---

6) 순수 공공재(pure public goods)와는 달리 수요경합적(congestable) 공공재는 경쟁적
   인 측면이 있다. 예를 들어, 한 개인이 수요경합적 공공재를 소비하고 있으면 다른 사
   람의 몫은 줄어들 수밖에 없다. Cooter(2000)는 중앙정부보다는 비중앙정부에서 공공
   재에 대한 그 지방의 수요 경합성 정도에 대한 정보를 더 많이 갖고 있다는 사실을
   강조하고 있다. 게다가 지역 거주민들은 지방선거를 통하여 그 정부를 감시할 수 있다.
   따라서 수요경합적 공공재의 필요한 양을 효율적으로 공급하는 데에 있어서는 비중앙
   정부들이 정보도 더 많고, 열의도 더 강할 수밖에 없다. Robert Cooter, *The Strategic
   Constitution* (Princeton: Princeton University Press, 2000), p.106.
7) 이와는 대조적으로, 중앙정부는 지방에서 요구하는 공공재를 공급하는 데에는 효율적
   이지 못하다. 지방정부에서 원하는 형태와는 상관없이 일률적인 수량을 제공하고 있기
   때문이다. 특히 공동체 마을을 자유롭게 넘나들 수 있을 경우에 소비자들은 취향에
   맞게 재단된 공공재를 제공하는 지방을 찾아 나서게 된다. 이런 과정을 통해서 지방정
   부는 다양한 지역적 특성을 살려 복지혜택을 실현시킬 수 있는 잠재역량을 높일 수
   있다. 그러나 중앙정부가 보편적으로 제공하는 복지정책이 초래하는 손실의 정도는 지
   방정부의 구성단위들의 공공재에 대한 취향이 탈중앙화된 복지정책이 안성맞춤일 수
   있도록 충분히 다양하느냐의 여부, 즉 중앙집중화된 복지정책이 초래하는 소비자 잉여
   의 손실이 상당할 정도로 가파른 수요곡선의 존재여부에 달려 있다. Wallace Oates,
   Studies in Fiscal Federalism (Aldershot, England: Edward Elgar Publishing Ltd.,
   1991), pp.27-29.

비중앙정부들이 경제안정화, 소득분배 및 순수 공공재를 공급하는 세 가지 기능을 수행하는 데 적합하지 않은 이유들은 무엇인가? 비중앙정부들은 경제를 안정화시키는 데 있어서 여러 가지 불리함을 갖고 있다. 중앙정부와는 달리, 비중앙정부들은 통화정책을 결정할 수 있는 어떤 권한이나 통로도 없다. 동시에, 지역 간 인구이동은 국가 간의 이동과는 달리 상대적으로 자유롭다. 이러한 환경하에서 비중앙정부들은 안정적인 임금수준으로 완전고용을 유지할 수 없게 된다.8) 소득재분배 정책의 효과도 인구와 경제적 자원의 자유로운 이동성 때문에 흩어져 없어진다. 지방의 경계를 넘나드는 자유로운 이동 때문에 어느 지방정부의 적극적인 소득재분배 프로그램은 부유층의 유출을 가져옴과 동시에 빈곤층의 전입을 초래할 가능성이 높아진다. 이러한 과정을 거쳐서 소득재분배 프로그램의 목적도 무산되어 버린다. 잘 알려진 바와 같이, 순수 또는 거의 순수한 공공재를 지방정부에 맡길 경우에 무임 편승문제(free rider problem) 때문에 저공급되는 경우가 빈번해진다.9) 이와 같은 연유로 중앙정부가 세 가지 기능을 떠맡고 있는 것이다.

정부의 특정한 단계에서 가장 잘 수행할 수 있는 특정한 기능을 처리할 수만 있다면 연방체제는 최적의 복지수준을 달성할 수 있을 것이다. 그러나 오츠(1972)는 연방주의의 경제적 의미와 법적-정치적 의미를 주의깊게 구별하고 있다. 정치학자의 주요관심은 성문화되어 있는 권력분립인 반면에, 경제학자의 주요관심은 자원할당과 소득분배 문제인 것이다. 이처럼 연방주의에 대한 경제적 정의는 광범위하다.10) 이렇게 정의하게 되면 모든 공공부문

---

8) Oates(1972)는 지방정부의 통화정책 결정권이 없는, 순환적 경기국면에 대처하는 정책이 효율적일 수 없는 이유를 제1장 부록에서 상세하게 다루고 있다.

9) 순수 또는 거의 순수한 형태의 공공재들은 경합적이지도 않을 뿐더러 배타적이지도 않다. 배타적일 수 없을 때, 개인이건 비중앙정부이건 소비자들은 공공재에 돈을 지불할 이유가 없고 따라서 무임승차(free-riding)하려 한다. 중앙정부는 균등하게 결정된 금액을 모든 국민에게 보편적인 세금을 부과할 수 있다.

10) "공적 서비스의 공급과 관련하여 각각의 단계에서 어떤 선택을 하는 데 있어서 공적 부문은 중앙집중화된 의사결정과정과 탈중앙화된 의사결정과정을 동시에 갖추고 있기 때문에 해당관할지역 주민들의 공적 서비스에 대한 요구 또는 활동가들의 요구에

은 구조에 있어서 정도차이는 있으나 연방적이라는 개념이 생겨나게 된다.

이런 맥락에서 오츠(1972)는 탈중앙화의 적절한 정도 문제가 진정한 현안이라고 조심스럽게 강조하고 있다. 즉, 재정 연방주의의 이론적 우선순위는 공공부문의 최적구조를 결정하는 일이라는 것이다. 이를 위해서는 "전체 사회를 구성하고 있는 지리적 부분집합들의 이해관계를 대변하는 대표자들에게" 특정한 기능들에 대한 의사결정권을 어떻게 부여할 것이냐의 문제를 심사숙고해야 한다고 주장하고 있다.11) 재정 연방주의 논쟁은 윌다브스키 (Wildavsky 1967) 등에 의해서 제기된 반론들에 대해서 해명하는 것으로부터 시작되었다. 윌다브스키는 정부의 상이한 단계들 간의 협상은 상이한 단계들에 걸친 기능들의 특정한 분립을 야기한다고 주장한다.12) 반면에 오츠 (1972)는 정부단계간 재정관계에서 나타나는 전국적인 유사성과 상이성들을 파악하는 것이 실행가능한지의 여부를 탐색해 보기 위해 중앙집중화 정도에 대한 양적 연구를 활용하고 있다.

이 연구에서 오츠는 재정적 중앙집중화의 정도가 왜 다양하게 나타나는지를 잘 설명해 줄 수 있는 변수들이 무엇인지를 탐색하고 있다. 종속변수는 소위 '중앙집중화 비율(centralization ratio)'이라고 불리는 재정적 중앙집중화의 정도이다. 재정적 중앙집중화 정도를 측정하기 위한 조작적 기준치를 고안하는 데 오츠는 두 가지 문제점에 봉착하게 된다. 첫째가 예산자료의 신뢰성 문제이고, 둘째가 수입측면의 예산과 지출측면의 예산 중 택일하는 문제였는데, 이는 정부의 상이한 단계들에서 공급하는 공공서비스들을 독립적으로 의사결정할 수 있는 권력을 어떤 측면의 예산이 더 정밀하게 측정할 수 있는 척도인가를 선택하는 문제이다.

의해서 주로 결정된다." Oates(1972), p.17.
11) Oates(1972), p.29.
12) Wildavsky는 1967년 연구에서는 정부의 다른 단계들에서 기능들의 분립을 파악할 수 있는 일반원칙을 제시한다는 것은 불가능하다고 주장했다. 그러나 1974년 연구에서는 예산비교론(the comparative theory of budgeting)을 채택하면서 이러한 주장을 수정했다. Aaron Wildavsky, *The Politics of the Budgetary Process*, 2nd ed. (Boston: Little, Brown, 1974).

오츠는 재정적 중앙집중화 정도를 측정하는 조작적 기준치를 개발하고자 할 때 예산자료가 신뢰할 만한 것인지를 우려하였다. 그럼에도 불구하고 오츠는 유일하게 활용가능한 정보였기 때문에 예산자료를 활용하였다. 더 주된 이유는 수입, 지출 측면을 막론하고 예산자료가 권위기관들이 의사결정 과정에 끼친 영향력의 크기를 반영하고 있다고 생각했기 때문이다. 따라서 경험적인 분석을 바탕으로 한 연구결과에 근거하여 오츠는 재정적 중앙집중화를 측정하는 두 구성요소를 구분하는 것은 더 이상의 의미가 없다고 결론짓고 있다.13) 이 이후의 연구자들도 이러한 조작화(operationalization)를 통한 연구방법을 채택하고 있다.14)

초기 연구에서 설명적 변수는 공공재와 공공서비스에 대한 수요의 다양성이었다. 탈중앙화 정리(Decentralization Theorem)에서 오츠는 재정적 탈중앙화로부터 얻는 복지혜택은 관할지역들 간의 수요의 다양성 정도 및 티부 모델에 의한 이동성(Tiebout mobility)의 정도와 긍정적인 관련이 있다고 가정하고 있다. 즉, 한 공동체에서 거주민들의 취향이 비슷할수록, 공동체들 간

---

13) Oates(1972)가 Musgrave(1969)를 인용하면서 지적하고 있듯이, "중앙정부의 지출대리자 역할을 수행하고 있는 지방정부는 유의미한 지출의 탈중앙화를 반영한다고 볼 수 없듯이, 중앙정부에서 거둬들인 세금을 공유한다는 것이 진정한 의미에서 세입의 중앙집중화를 구성하는 것은 아니다." Oates는 초기 연구에서 세입과 지출의 구성요소들을 모두 활용하였으나, 경험적 분석을 통하여 어떤 구성요소를 선택하더라도 연구결과가 동일하다는 점을 지적하고 있다. Oates(1972), p.197.

14) Oates는 세 개의 설명변수(explanatory variables)로 국가의 크기, 공공재와 공공서비스에 대한 수요의 다양성, 경제발전의 단계를 채택하고 있다. 인구의 크기로 측정되는 국가의 크기는 재정의 중앙집중화 정도와는 역비례관계로 나타나고 있다. 국가가 커져감에 따라서 규모의 경제와 탈중앙화된 관할권의 효율성과의 상쇄효과는 재정의 중앙집중화로 인한 비용감소 쪽으로 작용하지는 않고 있다. Oates(1972)는 지출유형이 판이하기 때문에 선진국과 저개발국가 간의 중앙집중화의 정도는 가지각색이라고 주장하고 있다. 와그너의 법칙(Wagner's Law)에 의하면 중앙정부가 지출하는 공공지출의 크기는 국가가 부유해짐에 따라서 기하급수적으로 증가한다. 그러나 풍요의 수준과 중앙집중화 정도는 와그너의 법칙과는 다르게 역비례관계로 나타나고 있다. 이러한 연구결과는 공적 부문의 탈중앙화에는 비용이 많이 소요되고, 따라서 저개발국가들에서는 더 큰 중앙집중화가 필요하다는 사실을 입증해 주는 것이다.

에 차이점이 많을수록, 탈중앙화된 재정으로부터 얻을 수 있는 복지혜택은 더 중대된다는 것이다.15) 더욱이 재정 연방주의 논쟁은 중간단계의 정부와 더 낮은 단계인 지역정부들 간의 관계에도 적용되었다. 예를 들어, 월리스와 오츠(Wallis and Oates 1988)는 1902~1982년의 기간 동안에 미국 주정부와 지역정부들 간의 재정적 중앙집중화 정도가 상이한 이유를 설명하는 조건들을 확인하고 있다.16) 즉 다변수 검증(multivarate tests)을 통하여 재정적 중앙집중화의 정도는 인구의 크기 및 도시인구의 밀집과는 역관계가 있는 것으로 나타났다. 이러한 연구결과는 더 도시화되고 더 큰 주들에게서 정부는 덜 중앙집중화되어 있다는 사실과 일치하고 있다. 한편 부유한 주들에서는 재정적 중앙집중화를 더 선호하고 있고, 역사적 전통을 갖고 있는 남부의 주들에서는 더 중앙집권화하려는 경향이 있다.17)

재정 연방주의를 연구하는 학자들이 재정적 중앙집중화의 정치적 차원에

---

15) Oates(1972)는 이러한 다양성을 언어적 동질성, 인종적 동질성, 종교적 동질성, 지방 중심주의의 정도, 헌법상의 지위 등과 같은 허위변수(dummy variables)들을 활용하여 개략적으로 추산하고 있다. 이러한 경험적인 데이터는 지방중심주의의 정도를 제외하고는 Oates가 주장하는 가설과는 상치하는 것들이다. Oates는 소득수준의 다양성 때문에 공공재와 공공서비스에 대한 수요가 야기된다는 전제하에 이러한 다양성을 측정하는 더 나은 조작적 측정치로서 지니계수(Gini coefficients)를 활용하리라 예고했었다. 이후 재정 연방주의를 연구하는 학자들이 Oates의 제안을 받아들여 다양성을 측정하는 방법으로 지니계수를 활용하고 있다.

16) 재정적 중앙집중화에 영향을 끼치는 변수들의 세 가지 범주는 다음과 같다: i)지방의 특성(토지면적, 인구 및 인구의 지리적 분포도 등), ii)소득 및 부의 수준, iii)공공서비스에 대한 취향의 다양성 정도와 지리적 인구 밀집도. John Wallis and Wallace Oates, "Decentralization in Public Sector: An Empirical Study of State and Local Government," in Harvey Rosen, ed., *Fiscal Federalism* (Chicago: University of Chicago Press, 1988).

17) 다양성에 대한 조작화(operationalization)는 다른 시도도 있었다. Wallis와 Oates (1988)는 동질성의 지표로 인종적 구성도와 농업종사자 수 등을 채택하고 있다. 이러한 변수들에 관한 연구결과는 다소 혼재되어 나타나고 있다. Wallis와 Oates는 모든 주정부들에서 중앙집중화 경향이 조사대상 기간 동안에 나타나고 있다는 사실을 발견하고 있다. 그럼에도 불구하고 비중앙정부들 차원에서의 이러한 재정적 중앙집중화 정도가 완화될 것이라고 상세한 설명 없이 추정하고 있다.

관심을 가질 때, 그 초점은 기본적으로 국가와 지방에서 공공서비스의 효율적인 공급을 와해시키려는 정치적 유인책은 무엇인가 하는 문제였다. 정치인들은 정치적 경쟁 속에서 현존 체계의 취약점을 활용하기도 하지만, 개인적인 이득을 얻고자 현존 체계의 작동을 왜곡시키려고도 한다. 이렇듯이 서로가 경쟁하기도 하지만, 유권자들을 잘못 생각하도록 만들기 위해서 정치가들은 은밀히 결탁하고 있는 것으로 비춰지기도 한다. 즉, 정치인들이 재정적 의사결정을 할 때 경제적인 효율성을 추구하는 행위가 경제적으로는 달갑지 않을 수 있다. 정치적인 대가가 크기 때문이다.18) 그러나 오츠와 여러 학자들이 인정하고 있듯이, 재정적 환상에 대한 논쟁연구에서 밝혀낸 경험적 결과들이 강력하지는 않다. 오츠가 정의한 수입에 관대한 환상들이 (revenue illusions) 내부적 원인에 의한 것이기 때문이다. 즉 수입에 관한 환상 변수들은 독립변수들인데 종속변수인 정부 지출에도 영향을 받는다.

이러한 연구에 가장 적절한 것은 정부단계간 보조금(intergovernmental transfers)에 관한 조사이다. 예를 들면, 보조금을 받는 정부가 그 지방의 사업과제들에 과지출한다고 비난하는 끈끈이 효과(the flypaper effect) 논쟁을 들 수 있다. 돈이 개별납세자들에게 세금공제로서 환급되어진다면 지방의 사업과제들에 사용할 수 있는 돈은 줄어들 것이다. 예산이 일괄적으로 현금으로 지방정부들에게 지급되기 때문에, 예산을 극대화하려는 관료들은 유권자들로 하여금 지방사업에 소요되는 실제의 세금을 오인하도록 부추긴다. 이러

18) Oates(1988)는 유권자들의 오해, 소위 재정적 환상(fiscal illusion)을 불러오는 다섯 개의 요인들을 열거하고 있다: i)조세구조의 복잡성 — 유권자들은 공공서비스 제공비용을 오해하게 만들고, 지방정부들로 하여금 그 지방의 사업에 과지출하도록 유인한다. ii)재산세 부과에 대한 임대인들의 환상 — 예를 들면, 임대인이나 세입자들이 많은 지방에서는 그 지방의 사업에 과지출하는 경향이 있고, 세입자들은 지방의 지출수준과 임대료수준과의 상관관계를 오해하고 있다. iii)고도 경제성장 기간 동안 조세체계의 높은 소득 탄력성 — 유권자들로 하여금 조세율이 변하지 않는 한 정부지출 증가를 불합리하게 지지하도록 유도한다. 비록 소득증가가 점진적인 조세체계로 인하여 자동적으로 세금증가로 이어질지라도 그러하다. iv)부채의 환상 — 예를 들자면 납세자들은 부채를 얻어 지출을 증가시킬 경우에 공공 프로그램에 소용되는 실제비용을 오해하게 된다. v)끈끈이 효과(the flypaper effect).

한 결과로 유권자들은 더 높은 수준의 지출을 지지하게 되고, 따라서 예산은 당첨되는 곳에 머무르게 된다.

중앙정부는 통상적으로 지출에 필요한 액수보다도 더 많은 수입을 배정받게 된다. 중앙정부는 이처럼 초과되는 수입을 비중앙정부들에게 양도하곤 한다. 이러한 방법으로 '수직적인 재정 불균형' (예를 들면 각각의 정부단계에서 수입과 지출 간의 차액)뿐만 아니라 '수평적인 재정 불균형' (예를 들면 같은 단계의 구성단위체간 수입 또는 지출의 차액)도 정정하게 된다. 그럼에도 불구하고 비중앙정부들이 중앙정부가 주는 보조금에 너무 지나치게 의존하게 되면, 재정적 의사결정 시 정부단계간 균형이 무너지게 된다. 더욱이 이러한 의존이 심화되면 중앙정부와 비중앙정부들 간의 재정적 책임의 분립도 약화시키게 된다.19)

오츠는 수입처와 지출처가 자주 일치하지 않기 때문에 재정적 책임의 분립을 강행하는 것이 더 어렵다는 점을 인정하고 있다. 수입처와 지출처가 다른 현실 속에서 국가적 선거와는 독립적으로 실시되는 지방선거들은 선출되는 공직자들이 그들의 재정적 정책결정에 대해서 책임을 지도록 만드는 민주적인 기제를 제공해 주고 있다. 헌법에 명문화되어 있는 연방국가들은 정부의 상이한 단계에 걸친 권력의 배분문제를 성문화해 놓고 있다. 예를 들자면 일부 국가에서 제2의 의회, 즉 연방상원은 지방의 이해관계를 대변하는 정치활동무대로서 기능하고 있다. 더욱이 많은 연방국가들은 초헌법적 정부단계간 관계 제도들을 운영하고 있다. 독립적으로 선출된 비중앙정부들은 연방정부와 비교하여 재정문제에 관한 좀 더 큰 권한을 요구할 수 있는 권리를 위임받은 것으로 볼 수 있는데, 이러한 제도들을 통로로 활용하여 국가이익과는 판이한 지방의 재정적 이해관계를 형성하고 대변할 수 있다. 즉, 주민지지로 선출된 지방정부들은 수입 및 지출에 대한 책임을 일치시키

---

19) 이러한 맥락에서 Oates는 지방정부들이 독자적인 수입원을 확대시킬 수 있다면 재정적 책임도 근본적으로 제고될 것이라는 위어(Wheare)의 견해(1963)를 반복하고 있다. Kenneth Wheare, *Federal Government* (London: Oxford University Press, 1963).

는 데 기여할 수 있다.

　재정 연방주의 경제학자들도 공공서비스를 구매하여 소비하는 사람들이 시장에서는 수요를 드러내지 않는다는 사실을 인정하여 왔다. 따라서 투표 행위가 바로 특정한 공공서비스에 대해서 투표자들이 무엇을 선호하는지를 표출하는 하나의 장치 기능을 수행하는 것이다. 그러나 이 경제학자들도 어느 정당이 투표를 통해서 집권하고 있는지에 대해서는 상대적으로 무관심한 편이다. 이들의 주요 관심사는 재정적 탈중앙화의 어느 정도가 최적의 복지를 성취하기 위하여 지역 간 공공서비스에 대하여 표출된 선호도의 다양성 수준과는 어떻게 부합되고 있느냐 하는 문제이다. 즉 취향이 광범위한 지역 간에 다양하게 표출되면 재정적 탈중앙화를 유발한다는 것이다. 그러나 많은 경험적 연구에 의하면 이러한 다양성을 변수로 조작하는 데 있어서 큰 어려움이 있음을 보여주고 있다. 특히 재정 연방주의를 둘러싼 논쟁들은 개인들이 그들의 다양한 취향을 어떻게 정확하게 표출하고 있으며, 정치인들이 어떻게 이러한 정보를 취사선택하고 있는지를 구체적으로 밝히지 않고 있다.

　선진 민주국가에서는 유권자들과 후보자들 모두 정당이 재정정책과 관련하여 어떤 방향을 선택할지는 당파적 성향에서 그 단서를 찾는다. 어느 한 정당을 선택함으로써 유권자들은 공급되는 공공서비스에 대한 그들의 취향을 표출시키게 된다. 선진 연방국가에서도 유권자들은 상이한 단계의 정부마다 상이한 정당을 투표로 선택할 기회를 갖고 있으며, 선출된 지방정부들에게 연방정부의 집권당에 대항하여 그 지방의 이해관계를 대변하도록 위임하고 있다. 오츠도 투표행위가 "정치참여도, 개별적 권리보호, 다양한 시민적 가치의 발전" 등과 같은 '다른 가치들'을 전파시키는 현장임을 인정하고 있으나,[20] 많은 재정 연방주의 연구자들은 이러한 '다른 가치들'을 사회적 형평성을 제고하기 위한 목표와 융합시키거나 심지어는 효율성과 교환될 수

---

20) Wallace Oates, "An Essay on Fiscal Federalism," *Journal of Economic Literature*, Vol.37, No.3(1999), pp.1120-1149.

있는 부차적인 관심사로 격하시키고 있기도 하다. 오츠가 제시하고 있는 '다른 가치들' 목록에 당파적 정책에 대한 이념적 헌신은 빠져 있다.

요약하자면 재정 연방주의를 둘러싼 논쟁들은 공공서비스에 대한 다양한 취향의 표출이 독립적으로 실시되는 지방선거들과 어떻게 연계되어 있는지를 밝혀내는 데 실패하고 있다. 더욱이 이러한 논쟁들은 재정정책 프로그램들의 정체성을 밝혀주는 하나의 선거수단(an electoral tool)으로서의 당파적 성향의 가치를 폄하하고 있다.

당파정치는 현행 제도적 환경하에서 추구하기가 여의치 않은 때에는 뒷자리로 물러나 있기도 한다. 그러나 당파정치는 헌법에 성문화된 연방국가들에서 잠재적인 영향력이 큰 편이다. 이러한 국가에서 교차투표(cross voting)는 지방의 유권자가 연방차원의 집권당에 불만족하고 있다는 신호탄일 경우가 많다. 모든 중앙정부들이 정부단계간 보조금 명목의 지출비중을 높이고 있기 때문에도 그러하고, 정부단계간 보조금에 대한 결정들은 "모든 연방국가에서 언제나, 불가피하게 **정치적**"일 수 밖에 없기 때문에도 당파정치는 앞으로도 잠재적 영향력이 지대할 것이다.21)

이러한 정치적인 측면을 살펴보기 위하여, 다층구조 정부에서 나타나는 재정 연방주의의 제도적이고 정치적인 양상들에 대한 연구들을 다음 절에서 개관해 보고자 한다.

---

21) Richard Bird in Keith Banting, Douglas Brown and Thomas Courchene, eds., *The Future of Fiscal Federalism* (Kingston, Canada: Queen's University, 1993), p.303: 볼드체는 필자 추가.

III. 다층구조의 재정 연방주의

1. 중앙과 비중앙정부 간 권력배분에 끼친 제도적 영향

일국의 헌법에는 정부의 상이한 부문간 수평적, 수직적 관계가 규정되어
있다. 수직적인 관계는 중앙정부와 지역/지방(regional/local) 정부들 간의 관
계이고, 수평적인 관계는 지역/지방정부들 간의 관계를 지칭하는 것이다. 수
직-수평적 관계 여부를 평가하는 한 방법은 헌법이나 법률로 성문화되어 있
는 권력 배분에 나타난 제도적 다양성을 살펴보는 것이다.[22] 제도적 성문화
에 대한 단순한 접근법은 의사결정과정 참여자들의 명목적인 숫자를 단순히
계산하고, 경쟁의 정도와 보다 나은 정부성과와 연관지어 보는 것이다. 의사
결정과정에 참여하는 정치적 행위자들이 많으면 많을수록, 정책적 결과물에
대해서도 더 많이 반응한다고 주장한다.

이와 같은 연유에서 양원제나 다당제가 지역구민의 의지를 대변하기 위한
정책을 형성하거나 변경시키는 데 잠재적으로 훨씬 효과적이다. 이 모든 경
우에 있어서 많은 참여자들은 이해관계의 보다 많은 다양성을 대표하는 것
으로 간주된다. 한편 정치 참여자가 많다고 해서 반드시 "정치인들의 이해관
계와 시민들의 선호도 간의 긴밀한 제휴"를 증진시켜주는 것은 아니다.[23]
자유로운 이동성 때문에 비중앙정부 수준에서 효율성을 성취할 수 있을지라
도, 관할지역 간의 경쟁으로 인하여 외형중시주의 등과 같은 비효율성도 동
반할 가능성도 높아진다. 즉, 정치적 시장에서의 경쟁이 많다고 하여 반드시
공공재와 공공서비스를 더 효율적으로 공급할 수 있도록 만드는 것은 아니

---

22) 권력의 수평적 배분(horizontal distribution of power)에 관한 논의는 대통령제 대
   의원내각제, 단원제 대 양원제, 양당제 대 다당제, 강력한 법원 대 명목적 독립법원
   등을 둘러싼 것인 데 반하여 권력의 수직적 배분에 관한 논의는 연방체제 대 단일정
   부체제(unitary system)에 관한 것이다.
23) Cooter(2000), p.129.

다. 그러므로 "시민들은 정치의 보다 많은 경쟁으로부터 언제나 혜택을 본다"는 명제는 어설픈 주장이라는 것이다.24)

제도적-구조적 성문화에 관한 단순한 접근법은 동일한 체제의 국가들 간에 관련된 현상에서 발생하는 미묘하지만 의미 있는 변이들을 해명해 주지 못하고 있다. 프랜지즈(Franzese 1998)는 비교분석을 통한 연구에서 정치적 행위자 수를 단순히 계산하는 방법으로는 정부지출 상의 변화양상을 예측할 수 없다는 점을 확인해 주고 있다.25) 이러한 결점을 인지하면서, 최근의 연구에서는 정책변경의 잠재력을 측정하는 데 있어서 정치적 행위자의 명목적인 숫자가 아니라 효과적인 행위자 수를 중요시하고 있다. 최근에 진전된 방법 중의 하나가 거부권을 가진 행위자(veto player)를 둘러싼 논쟁이다. 정권들, 의회들과 정당체계들을 망라해서 의미 있고도 정밀한 비교연구를 수행하기 위해서는 연구자들의 초점이 관찰된 정책변화가 아니라 정책변화를 수용할 수 있는 능력에 대한 고찰에 두어야 한다고 쩌벌리스(Tsebelis 1995)는 주장하고 있다.26)

이러한 연구초점의 전환으로 인해서 명목적인 정치행위자라는 전통적인 개념을 대체할 거부권을 가진 행위자에 대한 개념화 작업이 필요하게 되었다.27) 이러한 이론적 구축작업에 기초해서 쩌벌리스는 첫째 거부권을 가진

---

24) "시장에서는 효율성이 크면 클수록 자동적으로 더 많은 소비자들을 불러 모은다. 그러나 정치에서는 더 좋은 정부라 해서 자동적으로 더 넓은 관할권을 가져오는 것은 아니다. 독일의 연방제가 프랑스의 단일정부제보다 성능이 우수하다고 할지라도, 프랑스인들이 독일시민이 되려고 하지 않을 뿐더러 두 국가를 분리하고 있는 국경선이 서쪽으로 자동적으로 옮겨져서 독일이 더 커지는 것도 아니다." Cooter(2000), p.128.

25) Robert Franzese, Jr., *Macroeconomic Policies of Developed Democracies* (Cambridge: Cambridge university Press. 2002).

26) George Tsebelis, "Decision Making in Political Systems: Veto Players in Presidentialism, Parliamentalism, Multicameralism and Multipartyism," *British Journal of Political Science*, Vol.25(1995), pp.289-325.

27) "내 연구에 있어서 독립변수는 상이한 제도적 환경 속에서 정책변화의 잠재력, 달리 표현하면 잠재적인 정책안정성의 부재상태이다. V. O. Key의 주장을 부연 설명하자면 정책변화의 잠재력 때문에 그러한 변화가 보장되는 것은 아닐지라도 잠재력이 없

행위자들이 정책결정과정에 더 많이 참여할 때, 둘째 거부권을 가진 행위자들이 사이가 가깝지 않을 때, 셋째 각각의 거부권을 가진 행위자들이 별도의 응집력을 강하게 형성하고 있을 때, 현상유지 정책은 불안정해진다는 결론을 도출하고 있다.28) 즉, 정책결정과정에 참여하는 거부권을 가진 참여자가 수가 많으면서 분명하게 구별되는 입장들을 견지하고 있을 경우에는 특정한 정책을 선택하거나 어떤 정책을 변경하는 것이 더 어려워진다. 결과적으로 정책의 교착상태는 정부나 정권을 폭발직전의 취약한 상태로 내몰게 된다.29)

번(Bawn 1999)은 연속되는 연립정부 간의 정당 간 구성이 달라지면 항상 정책의 변경을 초래하는지 여부를 조사하기 위하여 여러 독일 정권들의 상이한 지출 유형들을 살펴보고 있다.30) 쩌벌리스(1995)는 거부권을 가진 참

다면 그러한 변화는 미리 배제된다. 정책안정성은 정부의 안정성 및 정권안정성과는 다른 개념이다 … 정책안정성은 정부 또는 정권의 불안정을 야기하기 때문에 역비례 관계에 있다. 이러한 분석은 상이한 제도적 환경하에 존재하는 비토권을 가진 행위자의 개념에 근거하고 있다. 비토권을 가진 행위자란 개인 또는 집단인 바, 어떠한 정책을 결정하기 위해서는 이 행위자의 동의가 필요하다(pp.292-293)." Tsebelis(1995)는 정책결정과정을 설명하고 예측하기 위한 세 가지 독립 변수들을 제안하고 있다: i)비토권을 가진 행위자들의 수, ii)이러한 행위자들 간의 거리 — 예를 들면 조화(congruence) 여부, iii)이러한 행위자를 포함하는 집단의 핵심층 크기 — 예를 들면 응집력(cohesion) 정도. 특정한 입장을 견지하는 개별 유권자들이 증가함에 따라서 핵심층의 크기도 커진다. 핵심층의 크기가 커짐에 따라서 현상유지적 정책 영역도 넓어진다. 달리 말하면 하나의 집단적 행위자로서의 개인들의 응집력이 줄어들수록 정책의 안정성도 작아지는 것이다.

28) 즉, i)비토권을 가진 행위자들이 많아지면, ii)비토권을 가진 행위자들의 사이가 멀어지면, iii)핵심층의 크기가 줄어들면, 현상유지적 정책영역의 크기는 축소된다.

29) Tsebelis(1999)는 비토권을 가진 행위자에 관한 그의 가설을 의회에서의 법안 제정 문제에 적용시키고 있다. 즉, 분명한 입장을 견지하고 있는 비토권을 가진 행위자가 많아지면 정부나 의회가 주요법안을 제정하지 못하도록 억제한다는 것이다. George Tsebelis, "Veto Players and Law Production in Parliamentary Democracies: An Empirical Analysis," *American Political Science Review*, Vol.93, No.3(1999), pp.591-608.

30) Kathleen Bawn, "Money and Majorities in the Federal Republic of Germany: Evidence for a Veto Players Model of Government Spending," *American Journal of Political Science*, Vol.43, No.3(1999), pp.707-736.

여자들이 많으면 비토권을 가진 참여자들의 구성에 있어서 변화가 초래하는 효과는 유의미하지 않다고 주장했다. 번은 이 주장을 연방정부와 지방정부가 재정적 정책결정에 영향력을 행사하고 있는 독일연방체제에 적용하였다.31) 연방차원의 연속 이어지는 연립정부에서 한 정당이 다른 당을 대체하여 정당 간 구성이 달라질 때조차도, 강력한 연방 상원이 의사결정과정을 안정화시키고 있다.

이처럼 연방차원에서 연합정부에 참여하는 정당이 변화되더라도, 지출의 우선순위는 그대로인 경우가 많았다.32) 정치구조들의 다양성에는 세심한 주의를 기울이고 있지만, 단순한 것이거나 세련된 것이냐를 막론하고 권력배분에 대한 제도적 접근법은 비중앙차원을 홀대하고 있다.33) 그러나 재정적 중앙집중화 속에는 연방정부와 지방정부들 간의 권력 배분이라는 추상적 개념이 담겨 있는 것이다. 재정적 중앙집중화에 대한 지방정부들의 영향력은 연방선거들과는 독립적으로 치러지는 지방선거들을 통해서 부여받은 위임권에 토대를 두고 있는 것이다. 그러므로 연방 상원들의 구성비 그 자체로서는 지방 거주민들이 독립적인 지방선거로 선출된 지방정부에 부여해 준 잠재적 영향력을 반영하고 있지 않다. 강력한 연방 상원들은 연방정부와의 추상적인 전투에서 지방정부들의 지위를 강화해 주고 있다. 그러나 연방제들의 생명력은 다단계 대표성이 갖고 있는 본질적 가치로부터 비롯되는 것이다. 지방의 이해관계를 대표하는 행위는 여러 지방정부들 간을 조정하는 행위를 포함하는 것이기 때문에 지방의 이해관계 대표란 개념을 연방 상원들

---

31) 독일 하원은 직접선거로 선출된 의원들로 구성되는 반면에, 상원은 임명된 주정부 대표들로 구성된다.
32) 특히 제1의 의회에 이어 제2의 의회를 설치하면, 비록 제2의 의회가 약화된 것일지라도, 유익한 결과를 가져온다. 제2의 의회는 입법화 과정을 통한 갑작스러운 정책의 변경을 지체시킴으로써 법안의 제정과정을 안정되게 만들어 준다. 결과적으로 지출의 우선순위에서도 급격한 변화를 막는 효과가 있다.
33) Bawn(1999)은 총체적 지방권력을 대표하는 궁극적인 기관으로서의 독일 상원을 집중적으로 연구하고 있다. 독일 제2의 의회인 상원은 독일연방기본법에 명시된 바와 같이 지방의 이해관계를 대변하는 활동무대로서 기능하고 있다.

에게만 배제적으로 다룰 일들은 아니다. 연방의 상원들은 헌법적으로 정부단계간 관계를 다루는 기관이다. 그러나 세부적인 정부단계간 관계들은 다양한 초헌법적 정부단계간 관계기관들에서도 논의되곤 한다. 정부는 지방주민들이 직접 선출하는 지방정부들에게 개별적으로뿐만 아니라 집단적인 시각에서도 관심을 기울이고 있다. 이러한 견지에서 정부단계간 문제들에 끼치는 잠재적 영향력을 갖고 있는 지방정부들을 평가하는 작업이 중요하다. 재정적 중앙집중화는 이러한 영향력의 구체적 표현인 것이다. 이러한 맥락에서 권력배분에 대한 종전의 제도적 접근법은 다단계에 걸쳐 있는 정부의 재정정책 결정에 있어서 잠재적으로 영향력있는 거부권을 가진 참여자로서 직접 선출된 지방정부들을 무시하고 있는 것이다.

2. 재정적 정책결정에 미치는 이념적-당파적 영향

민주주의 정치체제에서 정치인들의 행태를 설명하기 위해서 연구자들은 경합하고 있는 세 가지 가설들, 즉 공직추구형(office-seeking) 정치인, 정책추구형(policy-seeking) 정치인 및 공직-정책추구형(office-policy-seeking) 정치인 중에서 하나를 선택한다. 공직추구형 정치인 모델 옹호자들은 유권자들의 판단에 관한 설득력 있는 논쟁을 제기하고 있다.[34] 이와는 대조적으로

---

34) 정당들은 정책을 형성하기 위해서 선거에 이기려고 하는 것이 아니라 선거에서 승리하기 위해서 정책을 형성하는 것이다. Anthony Downs, *An Economic Theory of Democracy* (New York: Harper and Row, 1957), p.28; Tufte(1978)는 "국가경제에서 무엇이 중요한가를 이해하기 위해서는 정치를 이해하는 것이 꼭 필요하다"고 주장한다; "첫째, 정치가의 행동, 정치가들이 임명하는 사람들, 이익단체들과 유권자들이 경제정책을 결정하기 마련이고, 그러한 정책이 가동될 때에 경제적 성과도 결정되는 것이다. 둘째로 정치가 경제를 조작하는 행태에 대한 악평에도 불구하고 최소한 민주정치에서 공무원, 경제학자와 언론인이나 회사 임원들에게 맡기기보다는 경제를 정치적으로 통제하는 것을 유지하고 더 나아가서 확대하는 것이 바람직하다. 왜냐하면 정치인들과는 달리 이런 부류의 사람들은 (일부는 경제정책에 대한 민주적 통제를 반박하고 있다) 정치적 활동무대로서의 가혹한 경쟁을 헤쳐 나갈 필요가 없기 때문이

오로지 정책추구형 정치인 가설은 이론적이고 경험적인 뒷받침을 받고 있지는 못하다. 개럿(Garrett 1998)은 비록 "정치인들이 본질적인 정책목표들을 의심할 바 없이 견지하고" 있을지라도, "안정적인 민주주의 정치체제에서 대다수 정치인들을 눈먼 몽상가(blind ideologues)라고 특징지우는 것은 부당하다"고 결론내리고 있다.[35] 터프티(Tufte)는 정치인들을 재선출될 확률을 높이기 위해서 선거 바로 직전에 가처분 소득을 산더미같이 쌓으려는 성향의 사람이라고 규정하고 있는 반면에, 힙스(Hibbs)는 정치인들이 소위 필립스 곡선(Philips curve), 예를 들면 인플레이션과 실업 간의 상충관계, 등을 적극 활용함으로써 자신들의 핵심 지지층에 집중하는 유형이라고 보고 있다.[36]

시대가 다르고 나라가 다르더라도, 경제정책은 당파적 기대감 속에서 나타나는 다양성을 반영하기 마련이다. 그러나 개럿(1998)은 정치인들이 당파적 성향에 보조를 맞추면서 경제를 맹목적으로 처리할 것이라는 견해에 대해서는 의문을 제기하고 있다.[37] 대신에 정치인들이 재선출되기 위하여 당파적 정책을 추구하는 조건들이 어떠한지에 관해서 탐구할 수 있는 모델을 제안하고 있다.[38] 어떤 정부가 현재의 거시경제적 성과들과는 무관하게 당

다. 그러나 정치인들에 관한 가장 중요한 사실은 정치인들이란 선출되었다는 것이다. 게다가 정치인들이란 대체적으로 다시 뽑히려 노력한다." Edward Tufte, *Political Control of the Economy* (Princeton University Press, 1978), p.xi.

35) Geoffrey Garrett, *Partisan Politics in the Global Economy* (Cambridge: Cambridge University Press, 1998), p.28.

36) 예를 들어 보수주의자들은 낮은 인플레이션을 촉진함으로써 경제인들에게 호소하지만, 자유주의자들은 낮은 실업률을 천명하면서 노동자들에게 다가간다. Douglas Hibbs, Jr., *The American Political Economy: Macro Economics and Electoral Politics* (Cambridge: Harvard University Press, 1987).

37) "집권하고 있는 정당의 행태를 보다 정교하게 파악하기 위해서는 사전적으로 순서가 매겨진 정강정책의 우선순위를 살펴봐야 한다. 정부가 달성하려고 하는 정책목표들의 중요도와는 상관없이, 정부의 최우선 목표는 재선출되는 것이다. 정당의 목표를 추구한다고 해서 선거에서의 전망을 훼손시키는 것은 아닐지라도, 정부라면 이러한 정당의 목표를 진전시키는 정책들을 제정하고자 노력한다. 그러나 정당과 정부의 목표가 상충될 경우에 정부는 정당이 선호하는 재선출 전망을 높이려는 전략에 등을 돌릴 가능성이 있다." Garret(1998), p.28.

파적 정책들을 추진한다면 그 정당의 재선출 가능성을 위태롭게 만드는 것이다.39) 예를 들면, 세계화는 경제를 다루는 데 있어서 정부의 역할을 축소하는 것이고, 따라서 엄격하게 당파적 정책을 촉진하려는 좌파 정당들의 명분들을 훼손시키게 된다. 이와는 대조적으로 우파 정당은 당파적 목적과 선거목표 간의 충돌이 없는 편인데, 자유방임적 정치경제적 정강과 세계화가 보조를 같이하고 있기 때문이다. 그렇다고 해서 좌파와 우파로 이분법적으로 나누는 전통적인 개념은 세계화시대에 쓸모가 없게 되고, 좌파 정당과 그 정책들은 더 이상 살아갈 수가 없게 되었을까? 개럿(1998)은 정당정치의 근본적 원리가 여전히 변하지 않고 건재하는 이유로 첫째로 세계화 그 자체로서는 좌파적 이념의 운명을 결정하는 것이 아니고, 둘째로 노동조직들의 성격과 이에 대응하는 정부의 정책선택에 의해서 좌파적 이념의 성존여부가 결정된다는 점을 제시하고 있다.40)

개럿은 유력한 노동시장제도들에 의해서 기본적으로 결정되어지는 정치

---

38) 예를 들면, 세계화로 인해서 좌파정당이 좌파정책들을 맹목적으로 추구할 수는 없게 되었다. 좌파의 핵심지지 계층인 노동자집단이 선출/재선출을 보장해 줄 만큼 크지 않기 때문이다.

39) Hall(1986)은 경제정책의 방향이 주요한 경제적 조건들뿐만 아니라 정책결정과정에 있어서의 자본, 노동, 국가의 역할에 의해서 결정된다는 사실을 강조하고 있다. 예를 들어 제2차 세계대전 이후에 영국과 프랑스의 정책의 결과가 상이하게 나타나게 되는데, 이는 시장 참여자—자본과 노동—들의 구성도가 다르고 정부의 대응방식이 달랐기 때문이다. Peter Hall, *Governing the Economy: The Politics of State Intervention in Britain and France* (Oxford: Oxford University Press, 1986).

40) 첫째 시장이 통합되면 전통적인 노동계급의 분열을 뛰어넘는 단기적 시장의 혼란에 보다 많은 사람들이 취약하게 되고, 정부의 개입을 정당화시켜 준다. 이러한 맥락에서 정부개입을 신봉하는 좌파이념과 좌파정당들은 세계화 시대에서조차도 건실하게 존재하고 있다. 둘째 더 중요한 사실은 투자철회나 자본유출을 유발하지 않으면서도 정부가 개입할 수 있는 상황이 존재한다는 것이다. Garrett은 Olson(1982)의 연구를 인용하면서 개입주의적 정부의 경제적 성과를 높이고, 궁극적으로는 정부의 정치적 업적을 제고시킬 수 있느냐의 여부를 결정하는 것은 바로 노동시장 제도들의 특정한 형태들이라고 주장하고 있다. Mancur Olson, *The Rise and Decline of Nations: Economic Growth, Stagflation, and Social Rigidities* (New Haven: Yale University Press, 1982).

경제에 있어서 서로 엉겨붙는 응집성 문제에 주요 초점을 맞추고 있다. 즉, 노동력에 대한 당파적 정책에 영향을 미치는 능력은 정부의 작용/반작용 및 노동시장 환경의 양립가능성 여부에 달려 있다. 예를 들자면, 정치경제 체제가 응집력을 갖고 있을 경우에—우파 정부가 시장 친화적인 노동조직과 제휴관계를 맺고 있다거나 좌파정부가 조직적이지만 포용적인 노동조직과 제휴하는 등—정부는 정당이 선호하는 정책들을 추진할 수가 있다. 경제정책과 수용적인 노동시장 제도들이 시종여일한 일관된 관계를 보여준다면 이에 부응하여 경제적 성과들도 양호할 것이다.

　이와 같은 경우에 정부의 리더십은 시장을 지배하고 있는 주요 원리를 따라가거나, 강화해 나가면서 정치적인 목표들을 (선거에서의 승리 등) 수확할 수 있을 것이다. 좌파정부가 시장친화적인 노동조직과 화합하면서 좌파임을 상징하는 특징인 케인스식 복지국가주의를 약화시킨 정책을 변함없이 채택한다면 어느 정도까지는 경제적 성과를 제고시킬 수 있을 것이다. 이와 동일한 논리로 우파정부가 강력하고 일사분란한 노동조직과 직면하게 되면 전통적으로 좌파적인 정책들을 수용해서 채택하기도 한다. 거시경제적 성과가 높아짐에도 불구하고, 이러한 전략적인 전향이 궁극적으로 선거에서도 우호적인 결과를 초래할 지의 여부는 확실하지 않다고 개럿은 주장하고 있다.41) 그럼에도 불구하고 개럿은 정치인들의 견지에서 살펴보면 이러한 전향은 핵심지지층을 이탈시킬지라도 위험을 감수할 만한 가치가 있는 일이라

---

41) 대조적으로 일관성이 없는 정치경제 정권은 다음과 같은 두 가지 상황에서 유래될 수 있다. i)일관성 없는 정치경제 정권이 강력하지만 비협조적인 노동시장 참여자들을 상대하게 된다면 정부들은 경제적 성과를 내기 위해서 상반되는 정책들을 번갈아가면서 집행하곤 한다. 그럼에도 불구하고 이러한 정책의 불안정성은 노동조합들의 강력한 저항 때문에 저조한 경제적 성과를 초래한다. 이 과정에서 노동조합들은 사회를 희생시켜서라도 자신들만의 혜택을 일치단결하여 추구한다. 일관적 방향이 결여된 정부정책들은 빈약한 경제성과를 초래하고, 그러한 정부는 궁극적으로 선거패배라는 비싼 정치적 대가를 치르게 된다. ii)일관성이 없는 정치경제 정권은 정당이 선호하는 정책을 버리고 보다 나은 경제적 성과를 추구하는 정책을 채택하려는 전략적인 선회를 남발할 때 탄생한다. 첫 번째 상황과는 달리, 노동시장 참여자들은 임금인상을 위한 투쟁정신이 결여되어 있거나 하나의 중앙조직에 권한을 집중시키고 있다.

고 추론하고 있다.

개럿(1998)은 정부의 활발한 행위 또는 무위(無爲)가 현대 세계경제를 다루는 데 있어서 어떠한 차이를 언제, 어떻게 만드는지 평가하는 데 기여하고 있다. 세계화는 개입주의적인 좌파정부에게뿐만 아니라 그러한 고압적인 정책들을 추진하는 데에도 하나의 도전으로 간주되고 있다. 이러한 환경에서 좌파정부는 노동인구에 관한 시장의 전위로부터 야기되는 단기적 혼란을 완화시키기 위하여 대개 경제의 공공부문을 확대할 것이다. 조직화된 노동력이 통합되어 있는 한 그러한 개입주의적 정책도 우호적인 경제적 성과를 낼 수 있다.42) 우파정부도 어느 정도까지는 좌파적 정책들을 채택하여 운용함으로써 혜택을 볼 수 있다. 이렇게 위험을 감수하는 모험이 우파정부에게는 선거에 도움이 된다고 보장해 주는 것은 아니지만, 좌파정부는 선거 지지층을 보다 넓게 응결시킬 수가 있다.

개럿이 홀(Hall 1986)의 연구를 언급하고 있지는 않지만, 두 연구자들은 거시경제적 성과 및 이와 관련된 정치적 성과가 나라마다 왜 상이한가를 설명하기 위하여 제도주의적인 시각에서 개입주의적 정치행위들을 조사한 바 있다.43) 두 연구자들은 다소 차이는 있지만 '당선 우선, 정책 차선(office-

42) Garrett(1998)은 좌파정부가 수용적인 노동시장과 짝을 이루게 될 때에 좋은 경제성과가 나오는 세 가지 이유를 제시하고 있다. 직접적으로는 정부가 지출을 증대시키면 공공교육과 사회기반시설 등의 확충을 통하여 긍정적인 외부적 환경이 조성된다. 간접적으로는 조정을 거친 임금억제정책으로 인하여 생산자와 투자자들이 저렴한 생산비용을 찾아 외국으로 나갈 필요가 줄어들게 된다. 사회적으로는 소득불평등이 줄어듦으로써 사회적 안정성을 제고시키게 되고, 이러한 안정된 사회는 안정적인 투자와 경제성장을 위한 비옥한 토양으로 작용하게 된다.
43) Hall은 기존의 제도들이 정당에게 정치적 동맹 및 경제정책들을 취사선택하는 데 어떻게 영향력을 행사하고, 이 과정에서 경제가 기능하는 데 어떠한 영향을 끼치는 지를 분석하면서 영국과 프랑스의 사례를 비교하고 있다. Hall은 정부는 재선출되고자, 정당이 선호하는 정책이나 국가이익에 부합되는 정책목표를 달성하고자 노력한다. 어떤 목표를 추구할지는 사회가 요구하는 압박의 속성에 따라 달라지고, 그 목적에도 제약이 뒤따르기 마련이다. Hall은 목표를 달성하는 정부의 능력을 결정하는 5개의 결정요소들을 제시하고 있다: i)노동관련 조직, ii)금융 및 산업자본 조직, iii)국가, iv)정당 및 이익집단 조직, v)국제체계 속에서 국가의 지위.

first, policy-second)'을 추구하는 정당개념을 제안하고 있다.44) 정당들이 정책을 적극적으로 고취시키는 정도도 사회적으로 수용가능한 범위 내로 제한될 수밖에 없기 때문에, 정치인들도 선거에서 패배하지 않는 한도 내에서 당파적 정책들을 추구하기 마련이다. 달리 말하면 정치인들은 직무-정책 추구형이라는 것이다.

당파적 성향에 주안점을 둔 재정정책 연구들이 많다고 하더라도 중앙정부와 비중앙정부들 간 당파적 성향의 충돌 가능성 및 이러한 충돌이 재정정책 결정에 미치는 영향 문제는 거의 관심을 받지 못해왔다. 당파적 접근법이 국가 차원에서의 적용가능성 만을 배타적으로 상정하는 것은 아닐지라도, 연구의 초점은 독립적으로 선출된 비중앙정부들이 많아졌음에도 불구하고 중앙정부의 당파적 성향에 집중되어 왔다.45) 당파정치는 주변을 둘러싸고 있는 제도적 제약 속에서 규정되고 있다. 이 글은 중앙정부와 비중앙정부들 간의 권력배분 문제에 주요 초점을 맞추고 있기 때문에, 국가차원의 당파적 접근연구는 별다른 이론적 근거를 제공해 주지는 못하고 있다. 그럼에도 불구하고 재정적으로 보수적 우파와 재정적으로 자유주의적 좌파 간의 당파적 논쟁들은 정부의 각 단계에 적용가능하다. 몇몇 선진 연방국가들에서는 특정한 제도적인 한계들로 인해서 직접 선출된 비중앙정부들이 재정적 정책결정에 관한 연방정부의 잠식행위를 격퇴할 수 있는 능력이 확실히 훼손되고 있다. 이와는 대조적으로 다른 선진 연방국가들에서는 제도적이고 구조적인 장치들을 통해 지방정부들이 중앙정부의 시행령에 성공적으로 대처하고 있다.

---

44) Garrett(1998)은 14개 OECD 국가들의 거시경제 성과가 상이하게 나타나는 현상을 설명하기 위해 노동조직의 구조 및 정부에 대한 정당의 통제에 초점을 맞춰 분석하고 있다. Hall(1986)의 견해와는 달리, Garrett(1998)은 자본조직의 구조를 노동시장 제도들의 일부로 규정하고 있다. 이러한 시장에서 생산자와 투자자 집단은 임금상승 압박이 제한되면 혜택을 보게 된다.
45) 재정적 정책결정에 대한 국가 차원에서 당파적 접근방법의 전형적인 예를 들자면, 현재 정부에서 특정한 지출 우선순위들에 대한 당파적 의향을 표출시키고 있는 것이기에, 정권이 바뀌면 정부지출에서도 변화가 불가피해질 것이라고 예측하는 것이다. 문제는 그 초점이 중앙정부단계에 제한되어 있는 사실이다.

이 글에서의 주요 논쟁점은 정부단계간 당파적 경합의 추구가 주요한 정부단계간 관계 제도들과 양립가능한 것이라면, 정부의 여러 단계에 걸쳐서 발생하는 당파적 경합관계가 재정적 중앙집중화에 영향을 끼친다는 사실이다. 다층구조 정부 내 재정 연방주의의 제도적이고 정치적인 차원들을 이론적으로 설명하면서, 중앙정부 및 비중앙정부들의 공공재정에서 지대한 변화들을 경험하고 있는 미국에서의 최근의 진전사항들을 다음에서 살펴보자.

IV. 미국 재정 연방주의의 정치경제

남북전쟁 직전까지 미국의 연방제는 이중적 연방주의하에서 운영되었다. 이는 연방정부와 주정부들 간의 기능분립이 각각의 관할영역 속에서 상당한 자치권을 갖는 방식이었다.46) 남북전쟁 이후에 연방정부의 주정부 업무에 대한 개입이 증가하기 시작하였으나 1930년대 대공황기까지는 여전히 제한적이었다. 대공황과 제2차 세계대전의 여러 도전들에 대처하기 위해서도 주정부 업무에 대한 집중적인 연방정부의 개입이 필요하게 되었다. 뉴딜정책 이후부터 이러한 활발한 연방의 활동은 1960년대의 위대한 사회운동(the

---

46) 연방정부와 주정부와의 관계에 대한 많은 토론 중에서 Daniel Webster와 John Calhoun 간의 토론이 연방정부와 주정부 간의 이해관계를 둘러싼 긴장관계를 잘 지적하고 있다. Webster는 연방정부는 국민들로 이루어진 쪼개질 수 없는 하나의 전체였다고 주장한다. 따라서 연방과 주정부 간에 흥정에 의한 거래관계가 이루어진다면 국민 대다수의 의지에 의거해서 연방의회가 이에 관한 결정을 관장해야만 한다는 것이다. 이와는 대조적으로 Calhoun은 연방정부는 독립주권을 가진 주들 및 주의 주민들로 이루어져 있다고 주장한다. 연방정부는 각각의 주정부와 동등하기 때문에, 다수가 지지하는 주정부의 이해관계를 번복하기 위해서는 연방정부도 이에 상응하는 다수결을 확보해야만 한다는 것이다. 그 이후 계속 이어지는 논쟁에도 불구하고 명확한 헌법적 원칙이 결여되어 있기 때문에 연방 및 주 권력의 분립 문제는 여전히 정부단계간 갈등의 주요 원천으로 남아 있다.

Great Society programs)을 통하여 지속되었다. 이러한 계기 등에 힘입어 연방정부는 1970년대에 와서도 지방업무에의 개입을 더 확대시켰다. 특히 1970년대 공화당의 닉슨 대통령 재임시 '새로운 연방주의'라는 위압적인 연방주의가 시작되었다. 주 및 지방정부들은 점차적으로 연방정부의 사업계획들을 집행하는 행정관처럼 활동하게 되었고, 연방정부의 명령을 처리해주게 되었다.47) 1980년대에는 공화당 레이건 대통령의 '새로운 연방주의' 하에서 이중적 연방주의가 부활되었다. 1990년대에 들어와서 민주당 클린턴 대통령 재임시 잉여예산을 지원해 주면서 레이건식 연방주의는 밀려났다.

1990년대에 걸쳐서 미국의 연방주의는 정책지향적인 실용주의 속으로 빠져 들어갔다.48) 그러나 호주와 캐나다의 경우와는 달리, 미국의 협력적 연방주의는 연방정부에 부속된 ㅇㅇ청이라든가 ㅇㅇ부처럼 특화된 정부단계간 제도들을 발전시키지는 않았다. 대신에 연방정부, 주정부 및 지방정부들의 공직자들 간에 형성된 비공식적 관계들에 주로 의존하여 정부단계간 로비활동의 대상이 되는 특수한 일상적 문제들을 처리하였다. 즉, 미국에서는 연방정부의 ㅇㅇ청이나 ㅇㅇ부들에서 정부단계간 이해관계를 처리하지는 않는다. 일반적인 틀은 의회에서 규정되어지지만, 세부적인 틀은 주로 이익집단들의 로비활동에 의하여 작동된다. 이러한 조직들이 이들에게 유리한 정책들을 만들어낼 수 있는 정부의 특정 단계에 영향력을 행사하는 방법을 활용하여 해당 정부단계에서의 이해관계를 증진시키고자 노력하고 있다.

다른 연방국가들과 비교해 볼 때, 주들 간의 협약들은 미국에서 많지 않은 편이다.49) 미헌법은 주들 간의 협약에 대한 의회의 동의절차를 명시하지 않

---

47) 자세한 내용은 Ronald Watts in Burgess, Michael and Alain-G. Gagnon, eds., *Comparative Federalism and Federation: Competing Traditions and Future Directions* (New York: Havester Wheatsheaf, 1993), 참조.

48) 자세한 내용은 David Wildasin in David Wildasin, ed., *Fiscal Aspects of Evolving Federations* (Cambridge: Cambridge University Press, 1997), 참조.

49) 4조의 제1절과 제2절은 주정부 간의 상호의무에 대하여, 1조의 10절 3항은 연방의회가 협약의 조건을 승인한다면 주정부들은 상호간에 협약이나 협정을 체결할 수 있다고 규정하고 있다. 주정부들이 협약에 서명한 후에 이를 파기할 의향이 없을 경우에

고 있다. 미국의 대법원은 모든 형태의 협약들이 의회의 동의를 받아야만 효력이 생기는 것은 아니라고 선언하고 있다. 더욱이 대통령은 의회의 동의를 거부할 수 있으며, 이러한 협약들을 발효시키는 권한은 일반적으로 일반 법원들에게 부여되어 있다. 그럼에도 불구하고 이러한 주정부 간 협약들은 미국에서 번성하고 있다. 의회는 주들 간의 상업활동을 규제하고, 주들 사이의 이러한 규제들을 통일하도록 증진하며, 주들 간 또는 연방과 주들 간의 협력을 다루는 법안을 주도할 수 있는 유일한 권한을 가지고 있다. 따라서 의회가 정부단계간 관계를 통제할 수 있는 힘은 의회가 주들을 규제할 수 있는 권한을 선점하고 있는 데서 나온다.50)

게다가 미국의 정부단계간 관계에 있어서 정책지향적인 실용주의는 두 가지 요인들에 의해서 계속 강화될 것이다.51) 첫째 의회가 정부단계간 보조금의 양뿐만 아니라 보조금에 대한 제한도 결정해왔다. 둘째 여러 조사에서도 살펴볼 수 있듯이 대다수 유권자들은 의원들이 국가이익보다는 지역의 이해관계를 대변해야 한다고 믿고 있다. 연방주의에 대한 이러한 실용적 토대는 연방정부에게 정부 보조금을 주정부 및 지방정부들의 지출을 감독할 수 있는 규제수단으로 부여되지 않았지만 틀림없이 활용할 수 있도록 해주었다. 그러나 독일과 오스트리아와는 상이하게, 미국의 연방정부는, 정부단계간 보조금이 증가하는 경우에, 수입측면에서의 주들 간의 불균형문제를 개선하는 데에는 그다지 우려하지 않고 있다.52) 실제로 의원들은 정부단계간 보조

미국 연방대법원에서 집행된다. 200개의 주정부 간 협약 중에서, 초기의 협약들은 주의 경계를 둘러싼 불화를 다루기도 하였으나 최근의 협약들은 대기/수질오염, 수자원이용 문제, 화재방지 문제와 같은 지역적 현안들을 다루고 있다.

50) 그 결과 "주정부들이 효율적으로 행사할 능력이 없거나 의향이 없는 권한들은" 연방정부로 효율적으로 이전되었다. 이러한 협약들의 대다수는 연방의회의 동의가 필요한 것이었으며, 주정부 차원에서 채택된 연방정부와 주정부 간의 협약들은 연방의회가 연방법으로 법제화시켰다. Joseph Zimmerman, *Interstate Relations: The Neglected Dimension of Federalism* (Westport: Praeger, 1996).

51) 자세한 내용은 Craig Volden, "Intergovernmental Political Competition in American Federalism," *American Journal of Political Science*, Vol.49, No.2(2005), pp.327-342, 참조.

금을 증가시키거나 심지어는 선조치 해주는 등 지역주민의 필요에 더욱 더 민감하게 반응하고 있다.

원칙적으로 정부교부금은 지원받는 정부의 재정상태를 고려한 공식(a formula)에 의거하여 분배되고 있다. 그러나 실제적으로는 경제적인 원칙들에 의거하여 미국의 현행 교부금 프로그램들의 구조가 운용되고 있지는 않다.[53] 미국의 의원들은 그들의 지역구에 더 많은 돈을 할당받기 위해서 정부교부금을 얻으려고 열심히 노력하고 있다. 모든 정부교부금들은 지역공동체들에게 직접 지급되기 때문에 지역사업과제들에 지출되는 실제액수는 교부금이 납세자들에게 직접 주어질 때 지역 거주민들이 지출하는 액수보다는 훨씬 많아지게 된다.

대부분의 교부금은 일괄 지급되기 때문에, 유권자들은 지역의 사업과제들에 소용되는 실제의 세금액수에 대해서 오인하게 되어 있다. 돈을 선점하면 주인이 된다는 사실을 잘 알고 있는 정치인들은 정부단계간 보조금을 정부보조금을 둘러싼 정치(pork barrel politics)의 수단으로 간주하고 있다. 이러

---

52) 자세한 내용은 Robert Agranoff and Michael McGuire, "American Federalism and the Search for Models of Management," *Public Administration Review*, Vol.61, No.6(2001), pp.671-681, 참조.

53) Robert Inman and Michael Fitts, "Political Institutions and Fiscal Policy: Evidence from the U.S. Historical Record," *Journal of Law, Economics, and Organization*, Vol.6, No.0(1990), pp.79-132. Oates는 미국의 정부단계간 보조금은 수혜 지방정부의 지출을 늘리는 데 매우 고무적인 효과를 가지고 있다고 주장하고 있다. 공공선택이론의 관점에서 살펴보면, 정부단계간 보조금은 자동적인 수입증가로 기능하기 때문에 수혜를 받는 주정부와 지방정부의 지출을 과도하게 증가시키게 된다. 첫째 이유로 관료들은 예산극대화를 당연하게 여기고 있다는 점을 들 수 있다. 둘째로 지방 거주민들은 증대되는 지출규모를 충당하기 위한 세금증가는 싫어하면서도 숨겨진 세금인상을 알아채기도 쉽지는 않다. 셋째로 주와 지방정부의 조세 기준효율은 경제성장률처럼 빠르게 인상되지는 않는다. 관료들은 거주민들의 재정적 환상들을 용이하게 활용할 수 있기 때문에, 중앙정부로부터의 보조금을 기꺼이 받아들여 지방사업들에 지출하려 한다. 예산 극대화에 따른 혜택에 매료된 관료들의 기회주의적인 행태 때문에 지방정부들의 소비는 효율적인 적정선을 빈번하게 상회하게 된다. 결국 경제원칙과 정책실행이 반드시 병행하지 않는다.

한 결과로 주 및 지방정부들은 지역거주민들의 의지를 정확하게 대변하고
있지 않는 지역사업과제들에 교부금을 지출하게 되어 있다.54)

경험적 연구들을 통한 상반된 연구결과에도 불구하고, 재정적 환상과 끈
끈이 효과라는 두 개념은 관심을 계속적으로 받아왔다. 과거 수십 년 동안
정부지출이 증가되어 온 현상에 대한 실용적인 우려 때문이다. 따라서 연방
주의의 존속력(vitality) 문제보다는 예산규모를 축소하는 문제에 더 많은 관
심을 기울여 왔다. 예를 들어, 연방 위임권한들을 경감시킴으로써 계속 증가
하는 정부지출을 약화시키기 위한 예산규제책들이 논의되기도 하였다.55) 이
러한 논의에서 연구자들은 찬반양론으로 반분되어 있다. 예산규제를 지지하
는 한편에서는 예산규제가 연방정부로 하여금 정부단계간 보조금을 축소시
키게 만들고, 정부단계간 관계에 있어서 연방정부의 지시사항을 줄이게 만든
다고 주장한다. 반면에 예산규제는 비중앙정부들에게 더 많은 영향을 끼치게
되고, 비중앙정부들로 하여금 더 많은 연방정부의 책임을 요청하게 만들어서
그 대가로 중앙정부의 감독을 수용하게 만든다고 반박하기도 한다.56)

재정 연방주의에 대한 이론적이고 경험적인 모호함 때문에 미국의 연방주
의의 실제 방향에 복잡한 문제가 되었다면, 법적 연방주의에 대한 규범적
논의는 이러한 문제를 심화시켰다. 미국의 헌법 그 자체는 이상적인 연방-비
중앙 관계에 대해 끊임없이 제기되는 문제를 풀어주지는 못하고 있다. 헌법
에는 의회의 권한 만을 명시하고 있고 그 나머지 권한들은 주들에게 맡겨놓
았기 때문이다.57) 미국 대법원은 의회에서 통과시킨 분쟁여지가 있는 법안

---

54) 따라서 소위 '끈끈이 효과(flypaper effect)'는 정부단계간의 보조금을 포함한 재정적
    환상의 일종인 바, 재정적 책임성을 손상시킴으로써 연방주의에 대한 믿음을 침식시
    킨다고 논의되어 왔다.
55) 자세한 내용은 Daniel Béland and François V. de Chanta, "Fighting 'Big Government':
    Frames, Federalisms, and Social Policy Reform in the United States," *Canadian
    Journal of Sociology*, Vol.29, No.2(2004), pp.241-264, 참조.
56) 자세한 내용은 Paul Posner, *The Politics of Unfunded Mandates Whither Federalism?*
    (Washington, D.C.: Georgetown University Press, 1998), 참조.
57) 자세한 내용은 Jonathan Rodden, *Hamilton's Paradox: The Promise and Peril of*

218 통합과 분권의 연방주의 거버넌스

들의 합헌성 여부를 검토하고 있으나, 헌법에 근거하여 정부단계간 관계를
해석하는 데 있어서 상반되는 판결을 내리는 것으로 명성이 드높다.58) 정부
단계간 관계의 최종적 구조를 결정하는 대법원의 영향력있는 역할을 고려할
때, 대법원이 어떻게 구성되느냐의 문제는 연방 행정부, 의회, 주 행정부들
및 주 의회들에게 모두 중요한 문제이다. 특히 대법관들은 대통령이 지명하
고 상원에서 인준하기 때문에, 그 선택과정은 점차적으로 정치화되기 시작
하였다.59) 법적 연방주의에 대한 논의들에 의해서 정부단계간 관계가 구체
화되어지는 하나의 틀이 제시되었다.60) 그러나 연구자들 간 평등성을 다르
게 개념규정하고 있기 때문에 연방주의에 관한 상반된 견해들 간의 갈등관
계는 여전히 미해결인 채로 남아 있다. 간략히 말하자면 미국의 연방주의는
명료성(clarity)이 결여되어 있다는 점이 그 특징인 것이다.

1980년대 말 무렵에 주와 지방의 관리들이 주의 헌법상 지위를 성문화하
기 위해서 헌법자체를 수정하려는 운동을 전개한 바 있었다.61) 이러한 사태
의 진전들은 미국 연방주의의 모순적 경향들을 증폭시켰을 뿐이었다. 독일,
캐나다 및 호주와는 달리, 많은 미국의 초헌법적 정부단계간 기관들은 지방
의 이해관계들을 조정하기 위한 기능적 조직이라기보다는 관련된 관리들 간
의 동료의식을 증진시키기 위한 보다 의례적인 조직들인 것이다. 지방 관리
들에 의해 추진된 이러한 운동이 연방정부와의 경합을 활성화시키기 위한

Fiscal Federalism (Cambridge: Cambridge University Press, 2006), 참조.
58) 자세한 내용은 Jenna Bednar, William Eskeridge, Jr. and John Ferejohn, "A Political
    Theory of Federalism," in John Ferejohn, Jack Rakove and Jonathan Riley, eds.,
    Constitutional Culture and Democratic Rule (Cambridge: Cambridge University
    Press, 2001), 참조.
59) 자세한 내용은 Thomas Keck, *The Most Activist Supreme Court in History* (Chicago:
    University of Chicago Press, 2004), 참조.
60) 일례로 그러한 논의는 평등에 대한 이데올로기적 견해들 — 일례로 주정부들의 평등
    성 대 개인들의 평등성 — 을 주제로 자주 이뤄졌다.
61) 자세한 내용은 Deil Wright, "Policy shifts in the Politics and Administration of
    Intergovernmental Relations, 1930s-1990s," *The Annals of the American Academy
    of Political and Social Science*, Vol.50(1990), pp.60-72, 참조.

〈그림 1〉 미국의 재정적 중앙집중화 비율(1960년~2006년)

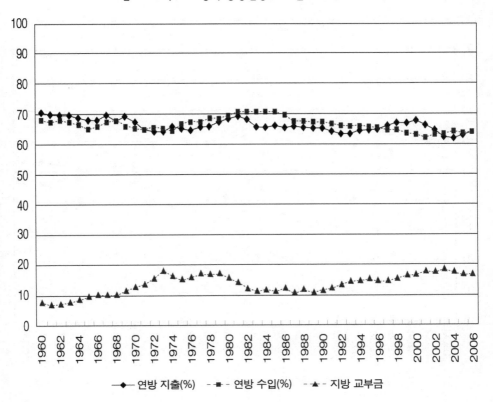

1. 연방지출 %: (연방정부지출/총정부지출) × 100
2. 연방수입 %: (연방정부수입/총정부수입) × 100
3. 지방교부금: (주-지방정부들에의 교부금/연방정부지출) × 100
출처: Office of Management and Budget, *Budget of the United States Government,
     Fiscal Year 2004, Analytical Perspective* (Washington, D.C.: Government Printing
     Office, 2003)

〈그림 2〉미국 하원의 정당별 의석 분포도(1960년~2006년)

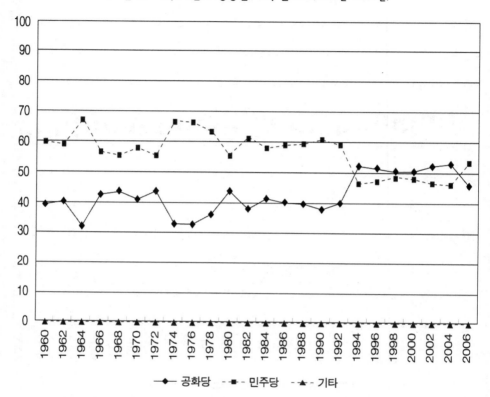

출처: Bureau of the Census, *Statistical Abstract of the United States* (Washington, D.C.:
     Bureau of the Census), 연도별

〈그림 3〉 미국 상원의 정당별 의석 분포도(1960년~2006년)

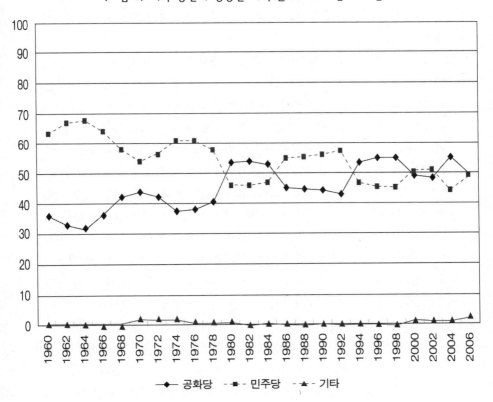

출처: Bureau of the Census, *Statistical Abstract of the United States* (Washington, D.C.: Bureau of the Census), 연도별

진정한 노력의 일환인지, 아니면 예산이 규제되고 있는 시기에 지역구민들의 비난을 회피하기 위한 기회주의적인 소동인지에 관한 당혹스러운 질문이 제기되기도 하였다.

그럼에도 불구하고 1990년까지 위압적 연방주의는 실패했다는 것이 일치된 의견이다. 독일의 경우와는 달리, 미국의 연방정부는 물론이고 주정부들도 서로에게 행정적 수단으로서 설계되지는 않았다.[62] 정부단계간 보조금이 증가되던 추세는 1975년을 고비로 이후로는 반전되어 왔다.[63] 그러나 1990년 이래로 정부단계간 보조금의 비율은 다시 증가되어왔고, 결국에는 <그림 1>에서 보는 바와 같이 1993년에는 1975년 수준에 다시 도달하였다.

미국에서 3권분립(the separation of powers)은, 특히 분점정부시대에 수평적 권한분립이 입법부 내에서 나타나는 경우에, 정부단계간 관계에 대한 토론을 활성화시키고 실제에 적용할 수 있는 기회의 창을 제공하여 주고 있다. 예를 들어 <그림 2>와 <그림 3>에서 살펴볼 수 있는 것처럼, 민주당 행정부 동안 공화당이 의회를 지배하게 된 1994년 의회선거 이후로, 소위 '분화 혁명(devolution revolution)'이 출현하였는 바, 이는 주정부들을 정부단계간 업무를 처리하는 데 복귀시켜 연방정부와 경합하도록 만들기 위한 것이었다.[64]

특이한 점은 미국의 주 의회들과 주 정당들은 연방제의 작동에 있어서 '가장 연약한 고리(the weakest link)'로 오래전부터 간주되어 왔다는 사실이다. 당파적 경합관계는 대통령선거, 의회선거, 상원의원선거, 주지사와 시장

---

62) 자세한 내용은 Susan MacManus,, "Financing Federal, State, and Local Governments in the 1990s," *The Annals of the American Academy of Political and Social Science*, Vol.50(1990), pp.22-35, 참조.

63) 그럼에도 불구하고 1980년대 10년 동안 정부단계간의 보조금이 연방정부 지출에서 차지하는 비율은 20% 정도를 유지했다. 이러한 소위 "비중앙집중화(non-centralization)"는 지난 30년 동안 열광적으로 추진된 중앙집중화에 대해서는 여전히 충분하지 못했던 개선책이었다.

64) 자세한 내용은 Greg Shaw and Stephanie Reinhart, "The Polls-Trends: Devolution and Confidence in Government," *Public Opinion Quarterly*, Vol.65, No.2(2001), pp.369-388, 참조.

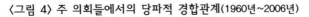

〈그림 4〉주 의회들에서의 당파적 경합관계(1960년~2006년)

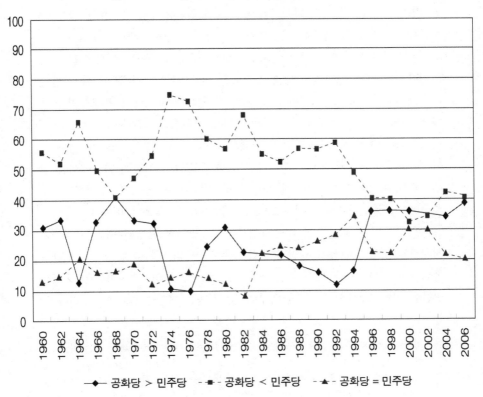

1. 공화당 > 민주당: (공화당지배 주 의회 수 / 전체 주 의회 수) × 100
2. 공화당 < 민주당: (민주당지배 주 의회 수 / 전체 주 의회 수) × 100
3. 공화당 = 민주당: (분할지배 또는 동수의 주 의회 수 / 전체 주 의회 수) × 100
* 1972년까지: 미네소타주와 네브래스카주에만 무당파적 주 의회가 있었고 그 이후에는 네
　　　　　브래스카주가 유일하다
출처: Bureau of the Census, *Statistical Abstract of the United States* (Washington, D.C.:
　　　Bureau of the Census), 연도별

선거들에서 활발하다. 이와는 대조적으로 주 의회에서의 당파적 경합은 약한 것이었고, 따라서 주 의회들을 활기없게 만들었다. 더 중요한 점은 주 수준에서의 당파적 경합이 대부분의 주들에서 우월한 정당 하나에 의해서 좌지우지된다는 것이다. 주 의회들의 당파적 구성이 주별로 똑같은 것은 아닐지라도, 지방의 총체적인 당파적 경합은 연방의회에서의 경합관계를 반영하는 것이었는 바, 1994년까지 연방과 주 의회를 민주당이 지배하였다.65) 미국 주에서의 정당체제를 주의깊게 관찰해보면 주의 정당들이 <그림 4>에서 살펴볼 수 있듯이 1960년대 이래로 더욱 경쟁적인 것으로 성장해 왔다.66) 그럼에도 불구하고 정부단계간 당파적 경합은 여전히 미국에서는 상대적으로 취약한 것이다.67) 최근의 연이은 개선에도 불구하고 취약한 주 의회들은 미국 연방주의의 본래 모습을 약화시키고 있을 뿐이다.

종합하자면, 연방정부와 비중앙정부들 간 재정적 균형의 변동은 정부를 지배하는 정당과 밀접히 관련되어 있는 국내정책의 변화를 반영하고 있다고 논의되어 왔다. 지난 30여년 동안에 '새로운 연방주의' 지지자들이 재정적 권한을 연방정부에서 주정부들에게로 전이하자는 제안을 했다.68) 그러나 앞

---

65) 미국의 연방과 주에 있어서 정당별 의석분포도는 유사하게 나타나고 있는 바, 이는 다른 연방국가와 비교해 볼 때 다소 특이한 것이다. 벨기에와는 비슷한 양상을 보이고 있는데, 이는 모든 선거들이 동일한 날에 동시에 실시되는 효과 때문이다. 벨기에에서 1994년 총선거 이후에 지방선거와 연방선거를 분리하여 실시한 이후로는 이러한 유사한 정당 및 의석분포도는 더 이상 나타나지 않고 있다.

66) 더욱 이러한 추세는 독일보다는 미국에서 먼저 시작되었다. 그러나 독일에서는 대부분의 지방에서 정당 간 경쟁이 심한 편인 데 비하여, 미국에서는 1990년대까지 절반 정도의 주들에서 경쟁적이었다.

67) 주 의회는 여전히 비효율적인데, 이는 주 의원들의 입법화 과정에 있어서 노출되고 있는 여러 한계 때문이다. 예를 들자면, 14개 주에서 주 의회는 2년 안에 한 번 회기가 열리고 있고, 회의 소집기간이 짧고, 봉급도 낮은데다가 교체비율이 높고 보좌진과 보조시설도 충분하지 못하다.

68) 과도하게 팽창적이고 월권적인 연방정부를 뉴딜정책과 1960년대의 사법적 실천주의 운동 탓이라고 비난하면서, 공화당은 1970년대 중반부터 1980년대까지 연방정부를 불신하도록 대중에게 성공적으로 호소하였으며, 1994년 중간선거에서 승리하여 상원과 하원을 통제하게 되었다. Greg Shaw and Stephanie Reinhart(2001), pp.373-374.

〈그림 5〉 소속 정당별 주지사 비율 추이(1960년~2006년)

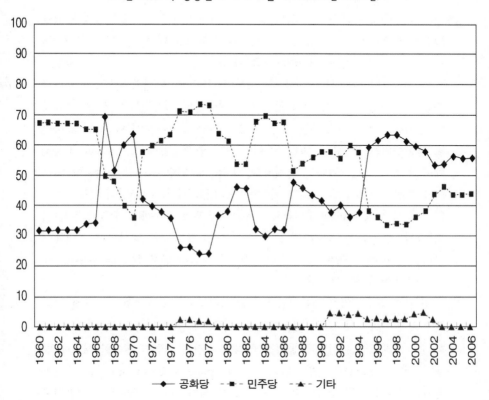

출처: Bureau of the Census, *Statistical Abstract of the United States* (Washington, D.C.: Bureau of the Census), 연도별
1. 기타: 무소속(Independent), American Independent, Constitution Party, Green Party, Independence Party, Libertarian, Natural Law Party, Peace & Freedom Party, Reform Party, Socialist Workers Party, U.S. Taxpayers Party

서의 <그림 1>에서 살펴볼 수 있듯이 1994년 이후에도 지방정부들로 이전
되는 연방정부의 교부금은 계속적으로 증가하여 왔다. 이러한 사실은 권한
이양을 기꺼이 받아들이는 일과 지방정부의 능력에 대하여 무조건적으로 지
지하는 것이 별개임을 예증해 주고 있다.

또한 <그림 5>에서 살펴볼 수 있듯이, 1994년 이래로 더 많은 공화당
출신의 주지사들이 선출되고 있지만, 주지사들도 연방정부의 권한을 더 많
이 공유하는 것에 대해서는 찬반양론으로 갈려져 있다.69) 1960년대의 사법
적 행동주의는 렌퀴스트 대법원장이 이끄는 연방대법원(the Rehnquist Court)
에서 분명히 근절되었다고 할지라도, 대법원도 연방과 주의 권한들에 대한
경계에 관해서 상반된 견해를 계속해서 보내고 있다. 1995년의 재정지원이
없는 규제법(the Unfunded Mandates Act)이 통과된 이후에도 주의 권한을 선
취하려는 법규들이 폭증하였다.70) 주에 대한 통제권을 행사하던 의원들이
그러한 통제권을 주의 권리선언에 따라서 마침내 양보했는지의 여부는 좀
더 지켜보아야 할 것이다.

왜 보수적인 지지활동과 입법을 통한 노력들이 중앙집중화의 추세를 근본
적으로 변경하는데 실패하였을까? 이 질문에 대답하기 위해서 분화되어 약
화된 정치제도들은 이념적 동기들에 의해 추진된 입법의 신속한 처리에 방
해가 된다는 점에서 '연방주의의 대가(the price of federalism)'라는 개념을
받아들여야 한다.71) 지난 30년 동안 보수주의자들은 정치권력 및 연방정부

---

69) 예를 들면 주지사들은 정책요강에 대하여 추가적인 통제를 기대하면서도 한편으로는
   연방정부로부터의 재정지원을 잃어버릴 가능성을 걱정하고 있다.

70) Timothy Conlan, "Politics and Governance: conflicting Trends in the 1990s?"
   The Annals of the American Academy of Political and Social Science, Vol.50
   (1990), pp.128-138.

71) Paul Peterson, *The Price of Federalism* (Washington, D.C.: Brookings Institution,
   1995). 지역의 불만요인들이 연방정부와 주정부 간의 공식적인 협상을 통하여 해결되
   지는 않기 때문에, 연방의 입법과정 속에 주의 권리들이 선취된다. 이러한 중앙정부단
   계에서 지역이해가 대변되는 연방주의(intra-state federalism)로 인하여 1960년대에
   는 사회정책이 급진적으로 중앙집중화되기도 하였고 1990년대 후반기에는 탈중앙화
   추진이 경직되게 집행되기도 하였다.

에 대한 대중들의 공포를 동원하는 데 성공해 왔다. 이러한 과정에서 공화당 내의 내부 분열, 특히 공화당 소속 주지사들 간의 갈등에도 불구하고 예산절감을 성공적으로 정당화시켜왔고 '거대하고 강력한 정부(big government)'에 맞서 왔다. 보수주의자들이 탈중앙화 문제를 성공적으로 독점해 왔을지라도, 이러한 이념적인 추진책들은 보수주의자들이 예산상의 이론적 근거를 증명할 수 있을 때에만 정치적으로 적실한 것이었다. 그렇다고 하여도 보수주의자들이 강조하는 예산절감에 대한 설득력이란 유권자는 물론이고 정치인들 사이에서의 인기에 달려있다는 점은 흥미롭다.

V. 결론

안정된 연방국가들의 재정적 중앙집중화의 정도가 상이하게 나타나고 있는 현상을 설명하기 위하여, 재정 연방주의를 둘러싼 논쟁들은 재정운용 상의 정부단계간 균형문제에 역점을 두어 자세하게 다루고 있다. 그러나 이러한 논쟁들 속에서도 특히 연방국가에서 재정적 책임성의 분립을 제도화할 수 있는 기제(a mechanism)로서의 다층 선거들을 충분히 탐색하지는 못하고 있다.72)

중앙-비중앙 관계에서 표출되고 있는 제도적 다양성에 대한 논쟁들은 연방주의 거버넌스의 전반적인 유형들에 대한 통찰력을 제시해 주고 있다. 언급할 필요도 없이 헌법규정이 재정적 중앙집중화의 실제적 정도를 미리 결정해 주는 것은 아니다. 예를 들어, 일부 단일제 국가들(unitary states)은 몇몇 연방국가들보다 재정적으로 더 탈중앙화되어 있다. 더 중요한 것은 동일한 체제의 국가들 간에 어떠한 연유로 인해서 여러 변이들이 나타나고 있느냐

---

72) Robert Inman and Daniel Rubinfeld, 2001, "Rethinking Federalism," *Journal of Economic Perspectives*, Vol.11, No.4, pp.43-64.

228 통합과 분권의 연방주의 거버넌스

는 문제를 제도적-구조적 논쟁들은 적절하게 설명하지 못하고 있다는 사실이다. 일부 진일보한 연구마저 여전히 높은 지지로 선출되었음에도 불구하고 지방정부들을 의사결정과정에서 완벽하게 분담된 재정적 권한을 가진 정치적 참여자들로 포함시키지 않는다.

경제학자들은 체제를 왜곡시키기 위해서 유권자들을 조종하려는 정치인들의 동기들에 대하여 더 회의적으로 바라보는 편이다. 또한 경제학자들은 체제를 개선하기 위해서 상호간에 경합하고있는 정치인들의 동기들에 대해서도 동조적인 입장을 취하지 않고 있다. 이처럼 경제학자들은 당파적 성향을 유권자들이 공공서비스에 대한 취향을 확인할 때 기준으로 삼는 타당성 있는 도구로 간주하고 있지 않다.

이러한 결함을 바로 잡기 위하여 당파적 접근법은 정당들이 어떻게 그들의 이데올로기를 민주주의 선거과정 속에서 하나의 응집력 있는 정책요강으로 탈바꿈시키고 있는지를 자세히 살펴보고 있다. 보다 진전된 접근법에서는 당파적 정치의 유효성을 결정해 주는 제도적 요인들을 탐색해보고 있다. 그럼에도 불구하고 정부의 중앙과 지방수준에 걸쳐서 나타나는 당파적 차이가 초래할 수 있는 잠재력은 물론이고 재정적 정책결정, 특히 재정적 중앙집중화와 관련된 결정과정에서 이러한 상이점들이 끼치는 충격문제도 간과하는 경향이 계속 이어지고 있다.

이 글은 제도적이고 정치적인 차원들을 상세히 살펴봄으로써 재정적 중앙집중화에 대한 하나의 통합적인 이론적 논의를 전개시키고자 하는 목적으로 쓰여졌다. 첫째 중앙-비중앙 관계에서 나타나는 제도적 다양성을 구체적으로 설명하는 데 있어서 일부에서 타당한 것으로 간주해 왔던 헌법규정의 범위를 벗어나는 영역까지 관심을 확대시켰다. 더 나아가서 이 글의 초점도 정치적 행위자들이 의사결정권한을 보유하고 있는 공식적인 활동무대에만 한정시키지 않고 있다. 오히려 비중앙의 이해관계를 대변한다는 것이 바로 정책결정과정에 잠재적 영향력을 행사하려는 행위라는 점을 강조하였다.[73]

---

73) 그러므로 정부단계간 관계의 중앙무대에 선거로 선출된 비중앙정부들과 의원들이 포

둘째로 지방의 관할지역들 간에 나타나는 공적서비스에 대한 취향의 다양
성 문제는 재정 연방주의 연구자들이 주장하고 있듯이 재정적 중앙집중화를
결정하는 중요한 요인이다. 그렇다고 하여 이러한 다양성이 자동적으로 재
정적 중앙집중화를 특정한 수준으로 맞춰주는 것은 아니다. 지출을 하는 지
역의 특수성 및 과세(taxation) 문제는 중요하기 때문에 정치인들은 이러한
다양성에 관한 정보를 모으려고 서로가 경쟁하게 된다. 게다가 유권자들은
해당지역에서 어떤 정당이 공공서비스 공급을 책임져야 할지에 대해서 그들
의 의지를 표명할 수 있기 때문에, 정치가들은 공공서비스에 대한 유권자들
의 표출된 선호도에 성실하게 부응하고자 서로 경쟁하며 노력하게 된다.74)
이 글에서는 재정적 중앙집중화가 내포하고 있는 명백한 정치적 차원들을
구체적으로 살펴보았다.

셋째로 이념적-당파적 성향은 각각의 정부단계에서 반드시 고려되어야 한
다. 당파적 경합이 정부의 여러 단계에 걸쳐서 발생할 때, 그러한 이념적이
고 당파적인 경쟁의 강도는 정부단계간 관계 기구들(IGRs)이 연방정부와 경
합하는 데 불리한 처지에 놓여 있는 지역정부들을 옹호해줄 수 있느냐의 여
부에 달려 있다. 이 글에서는 재정적 중앙집중화에 대한 당파적 성향이 미치
는 충격의 정도는 다른 정부단계에 있는 지배적 정당의 영향력에 달려 있다
는 문제를 탐색해 보았다.

이러한 재정적 중앙집중화에 대한 통합적인 설명을 적용할 수 있는지 살
펴보기 위해서 구체적 사례로 미국의 정부단계간 재정관계는 어떠했는지 그
역사적 변천과정을 조사해 보았다. 미국에서 최근 진전된 사항들을 살펴보
면, 보수주의자들은 중앙집중화 추세를 기절시키기 일보직전까지 갔었고,
동시에 예산절감이라는 화려한 수식어구를 즐기고 있는 중이다. 그러나 실
상은 그와 달랐다. 근본적으로 미국의 헌법은 정부의 모든 기능을 구체적으

함될 필요가 있었다.
74) 이 과정에서 일부 정치인들은 수입측면의 중앙집중화/분화를 더 강조하기도 하였으
며, 다른 정치인들은 지출 측면의 중앙집중화/분화에 더 치중하였다.

로 명기하지 않은 채 정부의 여러 단계들에 걸쳐서 협력하거나 경합을 통해서 수행해 나가는 개방된 상태로 남겨 놓았기 때문에 정부의 여러단계들에 의한 정책개입은 다양하게 나타나고 있다.

재정 연방주의 옹호론자들은 더 효율적인 단계의 정부가 가장 잘 공급할 수 있는 재화와 서비스를 제공해야 한다고 주장하고 있지만, 실제로는 덜 효율적인 단계의 정부에서 재화와 서비스를 함께 공급하여 왔다. 책임이라는 부담이 "업적 부풀리기와 비난 회피하기(credit claiming and blame avoidance)"에 기초해서 할당되었기 때문이다. 미국의 사례에서 살펴볼 수 있듯이, 이러한 불일치는 연방정부의 지출우선순위가 바뀌면 이에 대응하는 방법이 주들마다 상당히 달랐기 때문에 가능한 것이었다. 그러므로 최근에 보수주의자들이 주장하는 '새로운 연방주의'는 수사학적인 성공에도 불구하고 실제가치 이상으로 선전되었던 '분화 혁명'을 성취하는 데는 결국 실패하였다.

참고문헌

Agranoff, Robert, and Michael McGuire. "American Federalism and the Search for Models of Management." *Public Administration Review,* Vol.61, No.6(2001).

Banting, Keith, Douglas Brown, and Thomas Courchene, eds. *The Future of Fiscal Federalism* (Kingston, Canada: Queen's University, 1993).

Bawn, Kathleen. "Money and Majorities in the Federal Republic of Germany: Evidence for a Veto Players Model of Government Spending." *American Journal of Political Science,* Vol.43, No.3(1999).

Bednar, Jenna, William Eskeridge, Jr., and John Ferejohn. "A Political Theory of Federalism." In John Ferejohn, Jack Rakove and Jonathan Riley, eds. *Constitutional Culture and Democratic Rule* (Cambridge: Cambridge University Press, 2001).

Béland, Daniel, and François V. de Chantal. "Fighting 'Big Government': Frames, Federalisms, and Social Policy Reform in the United States." *Canadian Journal of Sociology,* Vol.29, No.2(2004).

Burgess, Michael, and Alain-G. Gagnon, eds. *Comparative Federalism and Federation: Competing Traditions and Future Directions* (New York: Harvester Wheatsheaf, 1993).

Conlan, Timothy. "Politics and Governance: Conflicting Trends in the 1990s?" *The Annals of the American Academy of Political and Social Science,* Vol.509(1990).

Cooter, Robert. *The Strategic Constitution* (Princeton: Princeton University Press, 2000).

Garrett, Geoffrey. *Partisan Politics in the Global Economy* (Cambridge: Cambridge University Press, 1998).

Hibbs, Jr., Douglas. *The American Political Economy: Macroeconomics and*

Electoral Politics (Cambridge: Harvard University Press, 1987).

Inman, Robert. "Federal Assistance and Local Services in the United States: The Evolution of a New Federalist Order." In Harvey Rosen, ed. *Fiscal Federalism: Quantitative Studies* (Chicago: University of Chicago Press, 1988).

_____, and Daniel Rubinfeld. "Rethinking Federalism." *Journal of Economic Perspectives,* Vol.11, No.4(1997).

_____, and Michael Fitts. "Political Institutions and Fiscal Policy: Evidence from the U.S. Historical Record." *Journal of Law, Economics, and Organization,* Vol.6, No.0(1990).

Keck, Thomas. *The Most Activist Supreme Court in History* (Chicago: University of Chicago Press, 2004).

MacManus, Susan. "Financing Federal, State, and Local Governments in the 1990s." *The Annals of the American Academy of Political and Social Science,* Vol.509(1990).

Manor, James. *The Political Economy of Democratic Decentralization, Directions in Development* (Washington, D.C.: The World Bank, 1999).

Musgrave, Richard. *The Theory of Public Finance* (New York: McGraw-Hill, 1959).

Nathan, Richard, and John Lago. "Intergovernmental Fiscal Roles and Relations." *The Annals of the American Academy of Political and Social Science,* Vol.509(1990).

Oates, Wallace. *Studies in Fiscal Federalism* (Aldershot, England: Edward Elgar Publishing Ltd., 1991).

_____. "An Essay on Fiscal Federalism." *Journal of Economic Literature,* Vol.37, No.3(1999).

Office of Management and Budget. *Budget of the United States Government, Fiscal Year 2004, Analytical Perspectives* (Washington, D.C.: Government Printing Office, 2003).

Peterson, Paul. *The Price of Federalism* (Washington, D.C.: Brookings Institution, 1995).

Posner, Paul. *The Politics of Unfunded Mandates Whither Federalism?*

(Washington, D.C.: Georgetown University Press, 1998).

Rodden, Jonathan. *Hamilton's Paradox: The Promise and Peril of Fiscal Federalism* (Cambridge: Cambridge University Press, 2006).

Shah, Anwar. "Fostering Fiscally Responsive and Accountable Governance: Lessons from Decentralization." In Robert Picciotto and Eduardo Wiesner, eds. *Evaluation & Development: The Institutional Dimension* (New Brunswick: Transaction Publishers, 1998).

Shaw, Greg, and Stephanie Reinhart. "The Polls-Trends: Devolution and Confidence in Government." *Public Opinion Quarterly,* Vol.65, No.2 (2001).

Tsebelis, George. "Decision Making in Political Systems: Veto Players in Presidentialism, Parliamentalism, Multicameralism and Multipartyism." *British Journal of Political Science,* Vol.25(1995).

_____. "Veto Players and Law Production in Parliamentary Democracies: An Empirical Analysis." *American Political Science Review,* Vol.93, No.3 (1999).

Tufte, Edward. *Political Control of the Economy* (Princeton: Princeton University Press, 1978).

Volden, Craig. "Intergovernmental Political Competition in American Federalism." *American Journal of Political Science,* Vol.49, No.2(2005).

Wallis, John. "American Government Finance in the Long Run: 1790 to 1990." *Journal of Economic Perspective,* Vol.14, No.1(2000).

_____, and Wallace Oates. "Decentralization in Public Sector: An Empirical Study of State and Local Government." In Harvey Rosen, ed. *Fiscal Federalism* (Chicago: University of Chicago Press, 1988).

Wheare, Kenneth. *Federal Government* (London: Oxford University Press, 1963).

Wildasin, David. *Fiscal Aspects of Evolving Federations* (Cambridge: Cambridge University Press, 1997).

Wildavsky, Aaron. *The Politics of the Budgetary Process,* 2nd ed. (Boston: Little, Brown, 1974).

Wilson, Thomas, ed. *Fiscal Decentralization* (London: Anglo-German Foundation for the Study of Industrial Society, 1984).

Wright, Deil. "Policy Shifts in the Politics and Administration of Inter-governmental Relations, 1930s-1990s." *The Annals of the American Academy of Political and Social Science,* Vol.50(1990).

Zimmerman, Joseph. *Interstate Relations: The Neglected Dimension of Federalism* (Westport: Praeger, 1996).

제6장

연방주의 거버넌스: 캐나다의 복지*

I. 머리말

민주주의 정치체제에서 정당성을 확보하지 못한 유효성이란 무의미하며, 특히 선거구민들이 정부의 적절한 권한획정을 두고 깊이 분열되어 있을 경우 더욱 그렇다. 불어권 퀘벡인이 연방주의를 '다민족(multination)' 연방주의로 해석하는 반면, 영어권 캐나다인 혹은 퀘벡 시 밖의 불어권 캐나다인은 이를 '영토적(territorial)' 연방주의로 정의하는 것과 같이, 정치공동체에 대한 양립불가능한 두 개의 시각이 공존한다는 점에서 캐나다는 그 반대현상이 오히려 일반화되어 있다.1) 결과적으로는 정당하면서도 덜 효과적일 두

* 이 글은 "How Does Federalism Condition The Employment-Welfare Relationship?: Integrating Social Welfare Policy and Active Labor Market Policy into Youth Employment Policy in Canada," *Journal of International and Area Studies,* Vol.13, No.2를 최근 자료로 업데이트하며 우리말로 옮겼다. 번역을 도와준 외교학과 대학원생 김지은 양에게 고마움을 전한다.
1) "퀘벡사람들과 같은 소수 민족에게 연방주의란 무엇보다도 민족으로 이루어진 연방이

개의 정치체제가 공존하고 있는데, 연방협약의 양 구성원인 이들은 연방의
명확한 조건들에 대해 서로 동의하지 못하고 있다. 따라서 캐나다 연방의
유지라는 목표하에 어느 한쪽이 상대에게 정치공동체에 대한 자신의 정의를
강요한다면 이는 필연적으로 갈등을 악화시키게 되어있다.

분권(devolution)에 대한 요구가 대두될 경우의 일반적인 가정은 바로 하
위(subnational)정부가 적극적인 노동시장 서비스의 제공이나 훈련과 같은 일
에 보다 적합하다는 것이다. 캐나다 노동시장발전협약(Labour Market Develop-
ment Agreements: LMDAs)으로 대표되는 노동시장정책의 정부간 이동은 정
부간 관계에 있어 가장 최근의 중요한 변환 중 하나인데, 바로 연방에서 지
방수준의 정부로 책임이 이동하게 된 것이다. 그동안 캐나다의 고용주와 근
로자 모두에게 현장직업훈련(on-the-job training)에 투자할 만큼의 물질적 인
센티브가 주어지지 않았기에, 대부분의 직업교육은 지방정부가 지원하는 공
공 직업교육형태가 그 주류를 이루어 왔다.2) 그러나 연방정부는 종종 적극
적인 노동시장정책에 관한 연방정부의 역할을 주장하였으며, 특히 1960년
대 이후로 이러한 목소리를 높여왔다. 수년간 노동시장정책과 사회복지정책
을 청년고용정책에 통합하는 문제를 둘러싸고 정부간 의견불일치가 심화되
면서, 각급 정부에게 있어 고용-복지 간 연계에 대한 개혁정책은 어려워졌

며, 연방구성단위 간 권력에 관한 결정들은 연방건설에 참여한 민족의 동등한 지위를
인정해야만 하는 것이다. 이러한 시각에서 보자면 지역과 민족을 기반으로 하는 연방의
구성단위 모두에게 각각 동등한 권한을 부여해야 한다는 견해는 사실상 소수민족을
다수 민족 내 지역의 분파정도로 여기고 그 지위를 격하시킴으로써 평등성을 부인하는
것이다. 이와는 달리 영어권 캐나다인들에게 연방주의는 무엇보다도 영토적 구성단위로
이루어진 연방을 의미한다." Wil Kymlicka, "Multinational Federalism in Canada:
Rethinking the Partnership," in Gibbons, R. and G. Laforest, eds., *Beyond the
Impasse: Toward Reconciliation* (Montreal: Institute for Research on Public Policy,
1998)에서 인용함.
2) Thomas Klassen, "The Federal-provincial Labour Market Development Agreements:
Brave New Model of Collaboration?" in Tom McIntosh, ed., *Federalism, Democracy
and Labour Market Policy in Canada* (Montreal: McGill-Queen's University Press,
2001), p.164.

다. 동일한 국가의 다른 시기에 대한 대조로서 캐나다 복지정책에 대한 구체적 분석이나 비교적 맥락에서의 분석을 통해서 나타나듯이 개혁을 수행하기 위한 연방체제의 역량에는 차이가 나타난다. 그렇다면 성공적 개혁정책의 성사여부는 결국 관계된 각급 정부의 실제 협상의 정도에 달려있다고도 볼 수 있는 것이다.

캐나다 청년고용정책 분석을 통해 본 장은 사회복지정책과 청년을 대상으로 한 적극적인 노동시장정책의 통합전략이 어떻게 연방과 주 차원에서 일방적 조치의 가능성으로 귀결되었는지 살피고, 이후의 집중화가 분권화를 위한 노력과 신자유주의 틀에 조응하는 노동시장정책을 위한 지속적인 개혁을 어떻게 약화시켰는지 살펴보고자 한다. 또 연방국가의 정치제도가 고용-복지 관계 양상에 어떤 영향을 미쳤는지 알아볼 것이다. 그리고 궁극적으로는, 왜 이와 같은 중앙관리식의 노동시장정책이 현존하는 복지국가와 생산체제 간 연계 변환 실현이라는 원래의 목적달성에 자주 실패하게 되는지 밝히고자 한다. 이를 통해 사회복지정책을 신자유주의의 틀에 따라 교육정책과 통합시키고자 하는 현행 전략이 어떻게, 그리고 왜 캐나다의 사회통합에 기여하지 못하는지 살펴볼 것이다. 이하의 내용은 1)연방주의와 사회복지정책, 노동시장정책에 대한 기존 연구 분석, 2)캐나다의 노동시장정책과 청년고용정책, 그리고 연방주의, 3)결론으로 구성되어 있다.

II. 연방주의, 사회복지정책과 노동시장정책

"정치제도의 중요성은 다른 요소들과의 상호작용 속에서 의미를 지닌다… 정책의 대상에 주요행위자를 포괄하려는 복지문제의 특성 상, 권력분산체제하의 정부는 협상된 해결책을 채택하도록 장려한다. 그 결과 정치적 위험은 줄어들지만, 동시에 개혁의 내용에 대한 정부의 통제 권한은 제한된다…"3)

위에서 언급된 것처럼 다층구조 거버넌스(multi-level governance)하의 연방정부는 사회정책의 확대에 있어 보다 제한된 역할만을 수행하기 때문에, 헌법적 분권화(constitutional decentralization)는 필연적으로 사회보장 수준의 저하를 가져온다는 것이 종래의 공통된 견해이다. 분권화와 보수적 사회보장에 대한 기존의 이론적 주장으로는 다음과 같은 것들이 있다. 첫째로, 관대한 사회보장 프로그램이 '복지 자석(welfare magnets)' 역할을 하고 잠재력 있는 기업과 노동자를 억지하기 때문에 오로지 관할권의 경쟁이 사회정책의 제한에 기여한다는 시각이다. 두 번째 견해는 지역 내의 경제적 이익, 지역 정치엘리트의 이념적/정책적 성향, 지역의 정치문화가 주정부를 연방정부에 비해 덜 진보적으로 만든다는 것이다. 세 번째는 거부권을 가진 행위자의 수가 더 많아서 다른 행위자의 행동을 더 효과적으로 차단할 수 있어, 사회정책의 확장을 둔화시킨다는 것이다.4) 어떠한 논리에 따른 것이든 간에 이들 설명의 결론은 동일하다. 바로 연방주의는 보수적 사회보장정책으로 귀결된다는 것이다.

그러나 이러한 광범위한 결론과 그 무분별한 적용을 경계하는 시각도 존재한다. 특정 시기의 특정 정책 영역과 관련한 많은 사례들은, 분권화가 항

---

3) Giuliano Bonoli, "Political Institutions, Veto Points, and the Process of Welfare State Adaptation," in Paul Pierson, ed., *The New Politics of the Welfare* (New York: Oxford Univ. Press, 2001), p.264.

4) Alexander Hicks and Duane Swank, "Politics, Institutions, and Welfare Spending in Industrialized Democracies, 1960-1982," *American Political Science Review,* Vol.86(1992), pp.658-674; Giuliano Bonoli, *op.cit.,* pp.245-247; Duane Swank, "Political Institutions and Welfare State Restructuring: The Impact of Institutions on Social Policy Change in Developed Countries," in Paul Pierson, ed., *The New Politics of the Welfare* (New York: Oxford University Press, 2001), pp.210-212; Bo Rothstein and Sven Steinmo, "Restructuring Politics: Institutional Analysis and the Challenges of Modern Welfare States," in Bo Rothstein and Sven Steinmo, eds., *Restructuring the Welfare State: Political Institutions and Policy Change* (New York: Palgrave MacMillan, 2000), pp.6-15; Walter Korpi, "Welfare State Regress in Western Europe: Politics, Institutions, Globalization, and Europeanization," *Swedish Institute for Social Research Working Paper* (2003).

상 덜 진보적인 사회정책으로 이어지는 것은 아니며 오히려 때때로 연방정
부가 연방의 잠식에 대한 지방정부의 반발을 야기할 정도까지 사회정책에
대해 적극적 영향력을 행사한다는 것을 보여준다. 만일 연방주의가 성숙한
민주주의하에서 사회보장의 저하를 초래한다면, 그러한 동학이 민주화 과정
의 국가에서는 판이하게 작동할 수도 있다.5) 성숙된 민주정치체제하에서도
연방주의는 특정 프로그램의 초기 단계에서 보다 진보적인 사회정책을 촉진
시킬 수 있는 반면, 정책의 성숙단계에 이르면서 이러한 경향은 사라진다.
나아가 연방주의와 사회복지정책의 역학관계는 그 역사적 맥락에 따라 다르
게 작동한다. 그렇기에 "선행하는 사건은 중요하다… 다른 결과의 발생은
또 다른 결론을 가져올 수 있기에… 역사는 중요하다."6) 라는 인식은 필수
적이다.

　다음으로 연방주의와 노동시장정책의 관계에 대해, 특히 세계시장에 더
노출되는 것과 관련하여 이와 유사한 주장과 반박이 가능하다. 상대적으로
온건한 노동시장정책에 대한 선호가 무엇보다도 연방주의와 같은 정치제도
에 의해 강화된다는 점은 주지의 사실이다. 예를 들어 연방정부와 주정부
모두 정책의 중복, 복잡성 증대, 혹은 낭비를 초래할 수 있는 사회정책과
깊이 연관될 수 있다.7) 만일 각급 정부가 사회정책의 관할권을 둘러싸고

5) 캐나다 사례연구에서 후술하듯, 연방정부의 비용부담은 지방정부로 하여금 그들의 재
　정능력의 허용범위보다 더 많은 지출을 가능케 했으므로 초기단계의 사회보장 수준을
　높이게 해주었다. 그러나 연방정부의 개입이 반드시 관대한 사회정책의 지속으로 이어
　져 온 것은 아니다. 연방정부의 잠식행위가 증대되어가고 이에 대한 지방정부의 반발
　역시 커지자 범 캐나다 상호유사성(Pan-Canadian Comparability)이라는 연방정부의
　주장은 그 매력을 상실하게 되었으며, 지역/지방 공동체를 제고시키자는 요구는 지역/
　지방의 정체성을 강화할 필요성을 증대시켰다.
6) Paul Pierson, "Increasing Returns, Path Dependence, and the Study of Politics,"
　American Political Science Review, Vol.94, No.2(2000), p.253.
7) Rodney Haddow, "Canadian Federalism and Active Labor Market Policy," in
　François Rocher and Miriam Smith, eds., *New Trends in Canadian Federalism,*
　2nd ed. (Peterborough, Ontario: Broadview Press, 2003), pp.244-245; Gerard
　Boychuck, *Patchworks of Purpose: The Development of Provincial Social*

갈등하게 되면, 대개 정치적 목적과는 상관없이 고용주나 근로자는 모두 특정 기술에 투자하는 것을 꺼리게 된다.[8] 특히 경쟁이 심한 노동시장의 경우, 보편적 사회보장을 통해 비용과 위험이 분담되기에 고용주는 경쟁적 사회보장제도보다 일관된 국가사회보장제도를 선호하게 된다.[9] 권력분산체제하에서는 기술편제(skill formation)에 대한 통합적이고 조정된 접근이 어렵기 때문에, 연방정부는 모순되거나 겹치는 정책목표를 축소함으로써 프로그램의 집행과정을 단순화하려 할 것이다.[10] 그대신 세계시장에서 보다 나은 국가

Assistance Regimes in Canada (Montreal: McGill-Queen's University Press, 1998), pp.270-272.

8) Margarita Estevez-Abe, Torben Iversen, and David Soskice, "Social Protection and the Formation of Skills: A Reinterpretation of the Welfare State," in Peter Hall and David Soskice, eds., *Varieties of Capitalism: The Institutional Foundations of Comparative Advantage* (Oxford: Oxford University Press, 2001), pp.150-153. 에스테베즈-아베(Estevez-Abe) 등은 아오키(Aoki)의 연구를 인용하며 특정기업에 특화된 기술은 그 기업을 떠나게 되면 쓸모가 없어지기에 보다 높은 수준의 고용보호나 제도화된 고용안정을 필요로 한다고 주장한다. 반면 특정 산업에 특화된 기술의 경우, 노동자들이 동일산업 내에 있는 다른 회사로 이동할 수 있기 때문에 임금에 대한 보호나 임금을 보호할 수 있는 제도적 장치를 요구하며, 특히 시장 변동이 심할 때 숙련 기술자의 임금 보호가 필요하다. 기업친화적 기술과 고용보호 문제에 관한 보다 상세한 내용은 Peter Osternam, "Choice of Employment Systems in Internal Labour Market," *Industrial Relations,* Vol.26, No.1(1987), pp.46-67; Ronald Schettkat, "Compensating Differentials? Wage Differentials and Employment Stability in the US and German Economics," *Journal of Economic Issues,* Vol.27, No.1 (1993), pp.153-170 참조.

9) Torben Iversen, *Capitalism, Democracy, and Welfare* (Cambridge: Cambridge University Press, 2005), pp.6-11. 복지국가가 비협조적인 기업들을 강제한다고 보며 복지자본주의를 탈 상품화(decommodification)와 동일시하는 '자본주의 국가의 권력 자원(power resources) 모델'과는 반대로 복지국가에 대한 대안적 접근법은, 기술 습득을 장려함으로써 국제 시장에서 기업의 경쟁력을 향상시키는 진보적인 사회적 보호책을 위험에 노출된 기업들이 오히려 선호한다고 주장한다. 보다 상세한 내용은 Peter Swenson, *Capitalists against Markets* (Cambridge: Cambridge University Press, 2002); Isabela Mares, *The Politics of Social Risk: Business and Welfare State Development* (Cambridge: Cambridge University Press, 2003) 참조.

10) Ernie Lightman and Graham Riches. "Canada: One Step Forward, Two Steps

경제성과를 성취하기 위해 연방정부는 지방정부의 고유권한이었던 교육에 관한 권한을 확대시키고자 할 것이다.

그러나 연방정부의 노동시장정책 접근은 다음과 같은 몇 가지 근거에서 단호하고 엄격한 검증에 자주 직면하게 된다. 첫째, 연방-하위 정부 관계는 역사적/사회적 복합성으로 인해 비록 적대적이진 않더라도 정부간 갈등과 비효율성이라는 난재를 안고 있다. 둘째, 첫 번째 문제와 관련하여 연방과 지방 정부 모두는 해당 정책 영역의 포기를 사실상 불가능하게 만드는 정당한 이해관계를 가지고 있기 때문에 양자 모두 특정한 정책 영역에 연루된다. 셋째, 특정 사회정책결정과정 혹은 행정기능을 간소화하려는 일방적 시도들은 연방정부가 대개 간소화에 대한 애매한 목표를 설정했던 까닭에 거의 성공한 적이 없다. 넷째, 세 번째 문제와 관련하여 연방정부와 지역정부 모두 관련정책에 적극적으로 연관되어 있으나 양자간 조정의 여지가 별로 없을 경우, 각각의 정부는 다른 영역에서도 일방적 변화를 통해 자신의 정당한 역할을 강조하려 하는 경향이 있다.

연방주의와 근로-복지 간 상관관계에 대해서 에스테베즈-아베 등(Estevez-Abe et al. 2001)은 연방제와 단일정부제 국가 모두를 포함하는 다양한 국가의 혼합지표에 기반하여 사회보장을 측정하는 간접지표를 제시했다.[11] 이를 바탕으로 7개 연방국가의 고용과 실업 보호지수를 나열한 <그림 1>을 구성하였다.[12] <그림 1>은 연방제 국가들 역시 에스핑-앤더슨(Esping-Anderson)

Back?" in Peter Alcock and Gary Craig, eds., *International Social Policy* (New York: Palgrave, 2000), pp.45-63.

11) 고용보호와 관련한 척도로는 고용보호입법(employment protection legislation: EPL), 집단적 해고 보호 및 회사차원의 보호 등이 있다. 한편, 실업보호와 관련된 척도로는 순수실업 대체율(net unemployment replacement rates), 실업수당의 관대함, 실업 담당 행정부서에서 규정하는 '적합한 일자리(suitable jobs)'에 대한 정의 등이 있다. 각각의 척도와 그 한계에 대해서는 Margarita Estevez-Abe, Torben Iversen and David Soskice, "Social Protection and the Formation of Skills: A Reinterpretation of the Welfare State," in Peter Hall and David Soskice, eds., *Varieties of Capitalism: The Institutional Foundations of Comparative Advantage* (Oxford: Oxford University Press, 2001), p.168, <표 4.1>, p.165 및 <표 4.2> 참조.

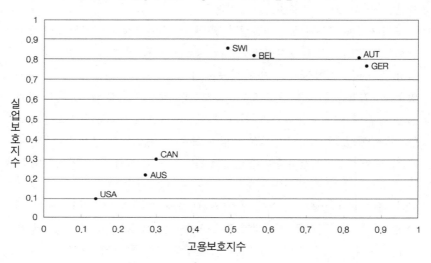

〈그림 1〉 7개 연방국가의 고용보호 지수와 실업보호 지수 비교

의 '복지자본주의의 세 가지 세계(three worlds of welfare capitalism)'에 대략
부합하는 서로 다른 범주의 그룹으로 분류됨을 보여준다.13) 이와 같은 사회
보장 체계에 바탕을 두어 에스테베즈-아베 등은 기술 수준을 예측하는 한편,
복지국가와 생산체제를 연결하는 결정적인 제도로서 '복지생산레짐(welfare
production regime)'를 제안하고 있다. 여기에 아이버슨(Iversen 2005)은 사회
보장이 시장의 작동에 어떠한 영향을 미치는가를 모형화한 "시장의 정치

---

12) 7개 연방국가들은 호주(AUS), 오스트리아(AUT), 벨기에(BEL), 캐나다(Canada), 독
    일(GER), 스위스(SWI)와 미국(USA)이다.

13) Gosta Esping-Andersen, *Three Worlds of Welfare Capitalism* (Princeton: Princeton
    University Press, 1990); Wil Arts and John Gelissen, "Three Worlds of Welfare
    Capitalism or More? A Sate-of-the-art Report," *Journal of European Social
    Policy,* Vol.12, No.2(2002), pp.145-146. 추가적 범주로서 높고 포괄적인 수준의 사
    회보장을 구비한 호주와 뉴질랜드의 "the Antipodes"가 있다고 주장한다. 그러나 〈그
    림 1〉은 이와 같은 미묘한 차이를 보여주지는 못하고 있는데, 실업보호 지수가 그
    자체로 혼합적인 척도이기 때문이다.

(politics of markets)" 개념을 덧붙임으로써 이 논의를 더욱 발전시키고 있다.14)

복지국가에 대한 기존의 재해석은 사회복지정책과 노동시장정책 간의 상
호보완성에 국한되어 있으며, 합리적인 고용주와 근로자는 충분한 대가를
보장하고 자신들이 선호하는 방향으로 정부를 추동하는 정책을 지지하기 때문
에 이러한 경향은 반복되고 심지어 강화된다는 점에만 주력한다. 본 연구는
이러한 기존의 재해석에 더해 사회보장정책과 노동시장정책 간 관계를 형성하
는 조건에 있어 제도화된 정부간 관계(institutionalized inter-governmentalism)
의 역사적 경험이 중요하다는 사실을 강조한다. 정부가 고용주 및 근로자
모두가 지지하는 생산시장 진흥을 위한 사회복지정책을 적극적으로 추진한
다 하더라도, 기본적으로 정부간 관계의 제도화된 경험이 그같은 변환 노력
을 방해하기 때문에 복지국가와 생산체제에 대한 상호보완성은 그것을 변환
시키려는 노력에도 불구하고 그대로 유지된다. 다시 말해, 고용주와 근로자,
정부의 노력에도 불구하고 이들은 제도적, 역사적 맥락으로부터 벗어날 수
없기 때문에 종전의 사회복지정책과 노동시장정책의 상호보완성은 그대로
유지될 가능성이 높다.

이어질 다음 소절에서는 캐나다의 노동시장정책과 사회복지정책을 청년
고용정책으로 통합하는 과정에서 나타난 모순적 유산을 서술함으로써 논지
를 전개하고자 한다. 이를 위해 본 연구는 한편으로는 자본주의-복지국가
간 관계 연구를 통해, 그리고 다른 한편으로는 사회보장이 시장의 작동을
증진 혹은 훼손시킬 수 있다는 아이버슨(2005)의 주장에 기초하여 연방주의
와 복지국가 간 관계에 대한 연구를 연결시키고자 한다. 따라서 연구의 핵심
문제는 국가가 과연 어떤 조건하에서 시장을 보완 혹은 방해하는지 밝히는
것이다. 구체적으로 연방주의가 사회복지정책과 노동시장정책 관계에서 어

---

14) Torben Iversen, *Capitalism, Democracy, and Welfare* (Cambridge: Cambridge
University Press, 2005), pp.8-9. 아이버슨은 복지생산체제에 대한 자신의 접근법이
권력자원 모델과 고용주에 초점을 둔 새로운 접근법 간의 갈등을 융화시켰다고 보는
한편, 이 같은 접근법이 복지국가 연구를 사회정책에 있어서 민주적 제도의 중요성에
대한 최근의 연구들과 연결시켰다고 주장한다.

떻게 영향력을 행사했는지, 그리고 왜 특정한 결과를 가져왔으며 다른 결과
가 나올 수는 없었는지를 밝히기 위해 캐나다 청년고용정책의 역사적 맥락
에 초점을 두고자 한다. 이러한 분석을 통하여 본 연구는 연방주의와 복지자
본주의 연구에 기여하고, 나아가 연방주의가 고용-복지 관계에 끼치는 다양
한 영향을 설명할 수 있는 체계적인 모델을 구축하고자 한다.

III. 사회복지정책과 적극적 노동시장정책의 통합

1. 사회정책에 대한 캐나다의 정부간 관할권

캐나다 헌법에는 주(州)가 교육에 관한 유일한 책임을 갖는다고 명시하고
있으므로 캐나다에는 연방차원의 교육부가 없다.15) 반면 직업훈련(training)
에 대한 권한은 어떤 수준의 정부에게도 특별히 규정되어 있지 않다. 교육과
훈련은 기본적으로 인적자원개발에 대한 투자이기 때문에 이와 관련한 법
규정에는 그동안 주정부가 깊숙이 결부되어 왔다. 그러나 동시에 직업훈련
과 노동시장이 밀접히 연관되어 있으며 헌법 역시 연방정부에게 거시경제정
책 책임을 부여하고 있기 때문에 연방정부는 좁게는 직업훈련, 넓게는 교육
에 이르기까지 적극적 노동시장정책이라는 측면에서 그 권리에 대한 주장을
정당화하고 있다.16) 그렇다면 다층적 구조의 거버넌스를 수행하는 정치체제

---

15) 93조. 더욱이 92조는 '재취업을 위한 복지(welfare-to-work)' 달성을 위한 사회적 지
    원을 각 주들이 맡도록 권한을 부여하고 있다. 그러나 실제로 연방정부는 지출권
    (spending power)과 개인에 대한 조세징수 권한에 기반하여, 표면상으로는 주정부의
    관할권하에 있는 사회적 지원에 개입한다.
16) 특히 제2차 세계대전 이래로 연방정부는 거시경제의 안정에 대한 책임을 주장해왔다.
    적극적 노동시장정책에 대한 국가적 접근을 통해 연방정부가 노동의 이동성을 촉진할

에 대한 근본적 도전은 바로 분업(division of labor)의 설계와 조정이라 볼
수 있다. 그렇다면 캐나다의 실제는 어떠한가.

  1960년대 이후 공급 측면에 주목하는 신자유주의적 실업문제 해석은 수
요 측면의 케인스식 해석을 대체하였고, 캐나다 역시 예외가 아니었다. 기존
과는 다른 국가의 역할을 요구하는 새로운 노동시장정책에 대한 특별한 수
요가 나타났으며, 그것은 국가가 제공하는 사회 정책에 대한 의존에서 시장
의 작동을 촉진하는 시도들로의 전환을 그 내용으로 했다. 특히 주목할 만한
변화는 지난 30년간의 관행과의 단절을 의미하는데, 이 시기 동안 연방정부
는 주정부의 관할 영역이었던 교육, 직업훈련, 사회적 지원 분야에 대한 권
한을 잠식해 왔다.

  인적자본의 향상과 국제경쟁력 제고에 대한 깊은 관심에도 불구하고, 실
제 캐나다 연방정부는 적극적(ALMP)/수동적(PLMP) 정책 모두에서 더 적은
자원을 투입한 것으로 나타났다.17) 혹자는 캐나다가 시장지향적 영어권 국
가로서 고도기술편제(technical skill formations)는 전적으로 자유시장에 맡기
는 대신, 대학교육의 교양과목 혹은 ALMP와 보다 관련 있는 학자금 대출과
교부금에 치중해 왔기 때문이라고 주장하기도 한다.18) 이처럼 캐나다는 탈

<hr>

  수 있으며, 각 주 간(inter-provincial) 노동시장 인프라스트럭처의 불일치도 바로잡을
  수 있다는 것이다. Rodney Haddow, "Canadian Federalism and Active Labor Market
  Policy," in François Rocher and Miriam Smith, eds., *New Trends in Canadian
  Federalism*, 2nd ed. (Peterborough, Ontario: Broadview Press, 2003), p.245.
17) 캐나다의 수동적 노동시장정책(PLMP) 수단으로는 실업기간 동안의 기본적 소득 지
  원 수단인 고용보험(Employment Insurance)과 사회적 지원이 있다. 적극적 노동시
  장정책(ALMP) 수단으로는 지역사회대학(community colleges)에서의 제도적 훈련,
  도제교육/현장실습, 직접고용 또는 고용주에게 혜택을 부여하는 등의 방식을 통한 일
  자리 창출, 가능성 있는 구직자에 대한 상담실시, 데이터 수집과 배포 등을 통해 각
  개인들이 취업자로 등록/재등록하도록 돕고 소득능력을 향상시키도록 도모하는 방법
  등이 있다.
18) Thomas Klassen, "The Federal-Provincial Labour Market Development Agreements:
  Brave New Model of Collaboration?" in Tom McIntosh, ed., *Federalism, Democracy
  and Labour Market Policy in Canada* (Montreal: McGill-Queen's University Press,
  2001), p.163.

상품화(decommodification) 정도가 낮은 상태로 자유주의의 궤도상에 있다고
볼 수 있다.19)

캐나다의 노동시장정책은 사회정책을 시행하고자 하는 연방정부의 노력
이 어떻게, 그리고 왜 전통적인 복지-생산 간 연결을 연장할 뿐인지를 분명
히 보여준다. 오랫동안 갈망해온 사회 통합에, 그리고 만성적인 고실업률의
감소에 기여할 수 있으리라는 가능성에도 불구하고 캐나다 노동시장정책은
여러 가지 이유에서 기대된 만큼 역할을 충족시키지 못하며, 이것은 수요측
면과 공급측면의 시각 모두를 통해 설명가능하다.20) 뿐만 아니라 캐나다는
노동력의 기술부족 문제를 이민에 의존하였고 따라서 훈련에 대한 투자는
불충분했다.21)

---

19) Margarita Estevez-Abe, Torben Iversen and David Soskice, "Social Protection
and the Formation of Skills: A Reinterpretation of the Welfare State," in Peter Hall
and David Soskice, eds., *Varieties of Capitalism: The Institutional Foundations of
Comparative Advantage* (Oxford: Oxford University Press, 2001), pp.162-169;
Robert Goodin, "Work and Welfare: Towards a Post-Productivist Welfare
Regime," *British Journal of Political Science,* Vol.31(2001), p.20; Evelyne Huber
and John Stephens, *Development and Crisis of the Welfare State: Parties and
Policies in Global Markets* (Chicago: Univ. of Chicago Press, 2001), pp.85-112;
Wil Arts and John Gelissen, "Three Worlds of Welfare Capitalism or More? A
state-of-the-art Report," *Journal of European Social Policy,* Vol.12, No.2(2002),
p.141. 탈 상품화의 정도란 사회적 급여(social provision)가 권리의 문제로 여겨지는
정도를 가리키며, 따라서 개인이 시장에 대한 의존 없이 생계를 유지할 수 있는 능력
의 정도라 할 수 있다. 이 두 번째 측면은 사회계층의 종류와 그것의 사회적 결속에
대한 영향의 결과를 의미한다.
20) 1960년대 이래로 캐나다의 실업률 7.4%는 여타 OECD 국가 평균 5.2%보다 상당히
높았으며 그 상태를 유지했다(OECD, Historical Statistics, 1960-1994). 1994년 마
침내 고용에 대한 개인들의 접근을 증진시키고 노동시장의 운용성을 제고하기 위해,
노동시장발전협정(Labour Market Development Agreement: LMDA)이 체결되었
다. 그럼에도 불구하고 소위 '자유주의적' 복지 생산체제 중에서도 캐나다의 2003년
실업률 7.6%(남자 8.0%, 여자 7.2%)는 미국 6.0%(남자 6.3%, 여자 5.7%) 또는 호주
5.7%(남자 5.6%, 여자 5.8%)보다 높았다. Canadian Statistics: 연령 및 성별에 따른
노동력 특징, 캐나다 및 선정 국가(http://www.statcan.ca/10I01/cst01/labor23a.htm).
21) 적극적 노동시장정책은 정보제공, 직업훈련, 보조금을 지급하는 고용 등으로 구성되어

캐나다에서 주목할 만한 사실은 정부, 경제계, 노동계 모두 현장실습교육
은 회피하면서 제도적 훈련에 대해서는 각기 다른 이유로 의존하였다는 점
이다. "투자 가치가 없었기 때문에(it does not pay)" 민간 부문에게 현장실습
교육에 돈을 끌어 들일 인센티브는 거의 없었다. 첫째, 재계와 노동조직 모
두 분권화되어 있고 분절되어 있기에 단일한 ALMP 목표의 추구는 말할
것도 없고 모든 구성원을 대표하는 단일한 통솔기구 자체가 존재하지 않으
며,22) 공공부문의 노동조합을 제외하고는23) 대다수 근로자들이 조직화되지
않은 상태이다.24) 둘째, 노동법이 주(州) 관할인 까닭에 근로자 조직은 대부
분 주(州)정치에 초점을 두고 적극적 노동시장정책을 위한 연방정부의 시도
들을 무시해왔다.

나아가 1960년 이래 좌파인 자유당(the Liberal Party)의 집권기는 1963~

있다. 캐나다의 ALMP는 위에서도 언급한 여러 이유에서 불충분한 투자로 점철되었다.
Thomas Klassen, "The Federal-Provincial Labour Market Development Agreements:
Brave New Model of Collaboration?" in Tom McIntosh, ed., *Federalism, Democracy
and Labour Market Policy in Canada* (Montreal: McGill-Queen's University Press,
2001), p.161. 결과적으로 캐나다는 LMDA가 채택된 이후에도 노동시장의 능동과
수동 모든 수단들에 대해 그 지출 순위는 하위권을 기록하였다(OECD, 1998,
Employment Outlook).

22) 비록 퀘벡 주와 뉴펀들랜드 주에서는 노동조합과 노동운동이 제한되고 있지만, 캐나
다 노동자총회(The Canadian Labour Congress)와 주의 노동자 연맹들은 중요한 정치
적 영향력을 행사하고 있다. Ian Robinson, "Neo-Liberal Trade Policy and Canadian
Federalism Revisited," in François Rocher and Miriam Smith, eds., *New Trends
in Canadian Federalism*, 2nd ed. (Peterborough, Ontario: Broadview Press, 2003),
pp.220-221.

23) 공적부문의 노동조합은 실무교육이 제도적 직업훈련을 대체하게 되고, 노동조합원들
의 다수를 이루는 지역전문대학의 교사와 강사의 고용을 위협하기에 현장교육을 반대
해왔다. Thomas Klassen, "The Federal-Provincial Labour Market Development
Agreements: Brave New Model of Collaboration?" in Tom McIntosh, ed., *Federalism,
Democracy and Labour Market Policy in Canada* (Montreal: McGill-Queen's
University Press, 2001), p.160.

24) 1980년대 이래로 평균 노동조합의 조밀도는 점진적으로 하락하는 추세이며 현재 전
체 노동참여 인구 중 30% 정도가 가입하고 있다. Statistics Canada, *Historical
Labour Force Statistics* (2005).

1978년[1963년, 1965년 피어슨(Lester Pearson) 총리; 1968년, 1972년, 1974
년 트뤼도(Pierre Trudeau) 총리], 1980~1984년[1980년 트뤼도 총리; 1984
년의 터너(John Turner) 총리], 1993년~2005년[1993년, 1997년, 2000년 크
레티앙(Jean Chrétian) 총리; 2004년 마틴(Paul Martin) 총리] 동안 지속되었
는데, 이 시기 역시 두드러진 직업훈련의 증대는 없었다.25) 직업훈련에 대한
연방정부 기금이 증가했다 하더라도, 그러한 증가는 대개 보수 정권 하에서
나타났다. 나아가 연방정부가 직업훈련에 대한 주(州)간 형평성에 대한 의지
를 천명하고 개입을 증대했음에도 불구하고, 주정부의 자금배분 결정권을
장악하려는 시도는 당파에 관계없이 성공하지 못하였다.

홍미롭게도 훈련관련 지출에 대한 연방정부 개입은 1960년 보수당 집권
하에 기술 및 직업훈련지원법(Technical and Vocational Training Assistance
Act: TVTAA)이 도입되고서야 비로소 광범위하게 나타났다. 비록 연방정부
가 TVTAA를 통하여 주정부 훈련 프로그램 절반 이상의 자금을 지원하였
으나, 부유한 주의 훈련 프로그램은 급격히 성장하였던 반면 빈곤한 주에서
는 거의 변화가 없었다. 따라서 1966년 자유당 집권기 연방정부는 TVTAA
를 성인직업훈련법(the Adult Occupational Training Act: AOTA)으로 대체하
였고, 연방정부가 이 법안에 의해 훈련에 필요한 코스를 구입함에 따라 실제
적으로 소요되는 모든 훈련비용을 감당하게 되었다. 훈련후보자를 선발하고
훈련장소를 물색하는데 있어 연방정부의 고용서비스 부처를 활용하고자 했
던 피어슨 내각의 노력에도 불구하고, 주정부들은 정부간 협상을 통해
AOTA가 자금을 제공하는 대부분의 훈련과정이 자신들의 지역전문대학에
서 실시되도록 하는데 성공하였다. 이러한 주정부들의 경향은 분명히 기술
부족 문제의 해결이라는 연방정부의 훈련 목적과는 맞지 않는 것이었다. 그
러나 1982년 자유당 집권하에 AOTA를 대체하는 새로운 법안인 국가훈련

---

25) 1960년 이래 보수당 집권 시기는 1962년(디에펜베이커 총리), 1979년(클라크 총리),
    1984년(멀로니 총리), 1988년(멀로니 총리), 1993년(캠벨 총리)과 2006년(하퍼 총리)
    이었다.

법(the National Training Act: NTA)이 발효되기까지는 근 20여 년 가까운 시간이 걸렸다.26)

2. 청년 대상 사회복지정책과 적극적 노동시장정책의 통합: 1982년~1997년

<그림 2>는 1982년부터 1997년까지 캐나다의 전체실업률과 청년실업률을 비교한 것이다. 이러한 15년간의 추세가 갖는 정치적 함의가 시기별로 다르기 때문에 이 기간을 1982~1989년, 1990~1992년, 1993~1997년 세 구간으로 나누어 살펴보고자 한다.

첫째, NTA가 AOTA를 대체한 1982년에서 또 다른 정책개혁인 노동인력발전전략(Labour Force Development Strategy: LFDS)이 시작된 1989년 사이, 전체실업률과 청년실업률은 점진적으로 하락하였고, 청년실업률은 전체실업률보다 더 가파르게 하락했다. 그러나 둘째로, 이러한 하락 추세는 1990년 이후 반전되어 제2기 멀로니 행정부 시기에는 두 실업률 모두 증가하였는데, 특히 청년실업률이 보다 급격히 상승했음을 알 수 있다. 셋째, 1993년 총선거에서 자유당은 재집권하며 견습훈련을 위한 국가 프로그램, 청년고용법안, 직장 훈련(workplace training) 증진을 위한 노력 등을 약속하였다. 그러나 이 소위 '붉은 책(Red Book)' 정책은 재정문제와 고용서비스 규정을 둘러싼 퀘벡주의 저항 때문에 오래 지속되지 못했다.27) 이에 따라

---

26) 연방정부의 기술증진기금(Skills Growth Fund) 조성, 민간부문 현장실무훈련으로의 기금 확대 등 입법노력과 이를 통한 권한 강화노력에도 불구하고 주정부들은 예산지출을 통하여 자신들의 관할권을 잠식하려는 연방정부의 이러한 시도들을 무력화시켜 왔다. 보다 자세한 내용은 Alain Noel, "Without Quebec: Collaborative Federalism with a Footnote," Tom McIntosh, ed., *Policy Challenges to the Social Union* (Regina: Canadian Plains Research Centre, 2000) 참조.

27) 1993년 총선거 당시, 자유당의 정강은 '붉은 책(Red Book)'이라 불리었고, 가장 주요한 정책영역으로 ALMP가 제시되어 있었다. 보다 자세한 내용은 Liberal Party of

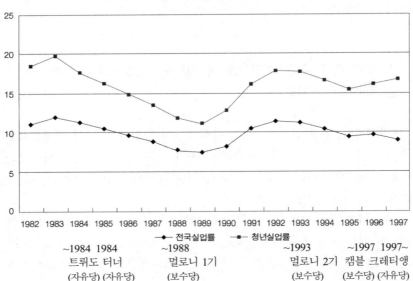

〈그림 2〉 전국실업률과 청년실업률 비교(1982년~1997년)

전국실업률	청년실업률
~1984 1984	~1988
트뤼도 터너	멀로니 1기
(자유당) (자유당)	(보수당)

~1993	~1997 1997~
멀로니 2기	캠블 크레티앵
(보수당)	(보수당) (자유당)

출처: Statistics Canada, *Historical Labour Force Statistics.* Cat. No.71-201(Ottawa: Supply and Services Canada, 1988)

연방정부는 훈련에 관련된 책임을 주정부들에게 이전하였고, 구조조정된 캐나다인적자원개발(Human Resources Development Canada: HRDC)을 통해서는 고용서비스와 노동시장의 정보배포업무만을 다루었다.[28] 더 나아가 연방정부는 그 이름이 고쳐진 고용보험(Employment Insurance: EI)의 혜택을 축소시켰고, 고용보험이 자금을 대는 일자리 창출 및 훈련 조치들을 연방정부와 주정부간 책임배분에 변환이 있을 거라는 예견하에 면밀히 재검토하였

Canada, *Creating Opportunity: The Liberal Plan for Canada* (Ottawa, 1993), pp.33-37 참조.

28) 캐나다 고용센터(The Canada Employment Centres: CEC)는 재명명되었을 뿐 아니라 그 유지비용을 절감하기 위하여 센터의 숫자 역시 축소되었다.

다.29) 1997년과 1998년 청년실업률이 간헐적으로 증가하긴 했지만, 크레티앙 행정부 시기 전체실업률과 청년실업률은 모두 하락하였다.

1) 제1기 멀로니 행정부: 주정부의 ALMP개입 권한 박탈

잠시 동안의 자유당 집권 이후 1984년 보수당이 다시 집권하게 되자 멀로니 행정부는 캐나다 고용센터를 통한 고용서비스와 노동시장 정보 및 연구의 수집, 분석, 배포를 제외한 일자리의 직접 창출 및 훈련 보조 등의 영역에서 연방정부 역할을 축소시킴으로써 연방정부가 노동시장에 개입하는 것을 제한하고자 하였다.30) 새로 채택된 캐나다 일자리 전략(Canadian Jobs Strategy: CJS)은 과거 정책과는 달리 노동시장에서 취업의 전망이 거의 없는 위기에 처한(at risk) 개인들을 대상으로 하는 것이었으며, 이는 일자리 창출과 훈련 지출에 대한 '간접적(indirect)' 역할로서의 주정부의 개입 정도가 연방정부와 비슷해졌음을 의미하는 것이었다.31) 그러나 연방정부는 지역공동체의 전

---

29) 실업보험(Unemployment Insurance: UI)이 고용보험(Employment Insurance: EI)으로 명칭이 바뀔 당시, EI예산으로 자금을 조성하던 일자리 창출 및 직업훈련수단들은 1)고용주에게 지급되는 임금보조금, 2)개인들에게 지급되는 자영업지원금, 3)지역공동체 조직들에게 제시되는 일자리 창출 제휴, 4)개인들에게 지급되는 기술개발/기술 융자금과 교부금, 5)저임금의 EI청구자에게 지급되는 목표소득 보조금 등으로 재편성되었다. 위 5개의 구성요소 중 4)기술 융자금과 교부금이 직업훈련과 관련한 것이었으며, 나머지 4개는 모두 일자리 창출과 연관된 것이었다.

30) 멀로니 행정부는 캐나다 일자리 전략(Canadian Jobs Strategy: CJS)을 출범시켰는데, 이는 연방정부의 일자리 창출과 직업훈련보조정책을 통합한 것이었다. 직업훈련에 대한 시장관련 지출을 강조함으로써 멀로니 행정부는 전반적인 연방지출을 축소시킬 수 있었다. Rodney Haddow, "Canadian Federalism and Active Labor Market Policy," in François Rocher and Miriam Smith, eds., *New Trends in Canadian Federalism*, 2nd ed. (Peterborough, Ontario: Broadview Press, 2003), p.248.

31) 주정부는 일자리 창출과 훈련의 "직접적" 지출에 대한 영향력을 유지하고 있었기에 지역전문대학에 지속적으로 자금을 제공할 수 있었다. 반면 연방정부는 "간접적" 지출을 책임지고 있었기에 개별 기업, 민간부문 트레이너들, 민간부문의 집단과 계약을 체결하였고, 심지어 의사결정의 몇몇 책임까지도 민간위원회에게 위임하기까지 하였다. 종전 정책과 마찬가지로 CJS도 연방통합수입기금(Federal Consolidated Revenue Fund)으로부터 자금을 제공받았다.

문대학으로부터 민간부문 행위자로 예산을 재배치함으로써 ALMP 분야에서 주정부들을 소외시켰으며, 이는 차후 자유무역협정에 의해 일자리를 잃은 근로자의 노동시장 재적응을 지원하는 노동인력발전전략(Labour Force Development Strategy: LFDS)에 의해 더욱 분명해졌다. 그 결과 실업률이 완만하게 하락하였는데, 이는 정부간 관계를 희생한 대가로 성취한 것이라 볼 수 있다.

2) 제2기 멀로니 행정부: 연방주도정책에 대한 주정부의 불신 악화

노동인력발전전략(LFDS)을 캐나다 일자리전략(CJS)과 비교할 때 보다 주목할 부분은 1)연방정부가 실업보험(UI)으로부터 훈련 및 일자리 창출자금을 더욱 확보하게 되었다는 점, 그리고 2)이 연방자금의 수혜자들은 최근까지 고용되어 있었음을 볼 때 캐나다 일자리전략(CJS)이 대상으로 삼았던 '곤경에 처한' 개인들과는 질적으로 달랐다는 점이다. 연방정부의 이러한 주안점은, 주정부들에게 '위기에 처한' 고객들보다는 결국 노동시장으로 복귀하게 될 연방정부의 고객으로 관심을 돌리게 하는 데 있었다. 팽창하는 실업보험(UI) 자금은 '간접' 소비였기 때문에 주정부들은 그 지출에 대해 거의 영향력을 행사할 수 없었고, 주의 지역전문대학에 쓰여지던 '직접'소비의 몫 역시 축소됨으로써 영향력은 더욱 악화되었다. 나아가 노동인력발전전략(LFDS) 내에 설치된 캐나다 노동인력발전이사회(the Canadian Labour Force Development Board: CLFDB)는 ALMP에 있어 주정부들에게 조합주의적 의사결정을 강요하였다.32) 그러나 각급 정부에 나누어져 있는 ALMP의 관할권과 또 연방정부에서 자금을 제공하는 다층적 구조의 이사회로 인하여, 주정부들은 연방정부가 자신들의 ALMP 의사결정과정에 개입하려 한다는 의심을 하게 되었다. 주정부들에게는 연방정부 훈련 지출의 재원과 대상이 변

---

32) 재계와 노동자 대표가 함께 참여하여 유럽의 사례에서와 같이 직업훈련에 대한 높은 정책적 관심을 지향하는 협동조합주의 의사결정과정은 제2기 멀로니 행정부에게 확신을 주었고, 1991년 재계, 노동계, 기타 비정부 대표로 구성된 국가훈련이사회를 발족시켰다.

환됨과 동시에 새로이 제안된 3단계 체제 구성의 국가훈련이사회가 최후의
일격이 된 셈이었다.33) 시장지향적 ALMP를 추구하려던 연방정부의 일방
주의는 실업률 하락에서도 실패하였을 뿐 아니라, 연방주도의 ALMP 정책
들에 대한 주정부들의 불신을 심화시키는 결과를 낳았다.

  3) 크레티앙 행정부: '분권혁명'과 캐나다의 실패
  1992년이 되자 실업률은 1984년 수준으로 상승하였고, 연방정부와 주정
부 관계는 악화일로였다. 일방적 연방주의로 인하여 많은 주정부, 특히 퀘벡
주는 노동시장정책을 연방정부가 통제할 경우 사회경제발전 간 밀접한 연계
로 인하여 적절한 통합이 억제된다는 이유를 들어 ALMP에 대한 책임을
이전해 줄 것을 요구하였다. 그러나 노동시장조정정책을 둘러싼 관할권에
관한 헌법 개정시도였던 샬롯타운 협약(the Charlottetown Accord)이 국민투
표에서 부결되었으며, 자유당이 1993년 총선거에서 압승하면서 주정부로 책
임을 이전하기로 한 잠정 협정도 파기되었다.34) 결국 크레티앙 행정부 역시
연방정부가 ALMP의 주요 구성요소인 '훈련'으로부터 철수해야 한다는 똑
같은 요구에 직면하게 되었고, 주권에 관한 퀘벡주의 1995년 국민투표로 인
하여 사회복지정책과 노동시장정책 체제 변화의 시급성은 더욱 가중되었다.
  노동시장에 대한 전통적 케인스식 접근이자 1970년대 이래로 지배적이었
던 공급지향적 실업축소정책은 1990년대 연방정부의 일자리 창출에 대한
개입이 제한되면서 무의미해졌다.35) 이같은 접근법으로는 전염병처럼 번지

---

33) 결국 CLFDB는 1999년에 종결되었다. 보다 자세한 내용은 Andrew Sharpe and
    Rodney Haddow, eds., *Social Partnerships for Training* (Kingston: Queen's
    University, 1977) 참조.
34) 연방정부는 헌법에 성문화하기보다는 잠정적 협정을 맺음으로써, 사실상 노동시장정
    책의 책임이 주정부에게 이전될 수도 있다는 점을 확실히 해두었다.
35) 캐나다의 노동시장정책은 정권교체와 더불어 4개의 시기별로 진화하였다: 1)1960년
    대 중반까지의 제한적 연방조치들, 2)1980년대 후반까지 점증되는 연방정부의 개입,
    3)1990년대 중반까지 국가훈련이사회 등을 창설하려는 조합주의적 시도, 4)분권화를
    통한 신자유주의적 노동시장 접근이다. 시장지향적 패러다임하에서 적극적 노동시장

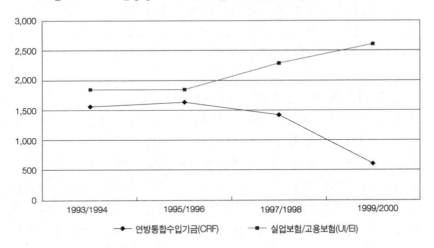

〈그림 3〉 캐나다 연방정부의 ALMP지출 추이(단위: 백만 불, 1993년~2000년)

출처: Thomas Klassen, "The Federal-provincial Labour Market Development Agree-ments: Brave new model of collaboration?" in Tom McIntosh, ed., *Federalism, Democracy and Labour Market Policy in Canada* (Montreal: McGill-Queen's University Press, 2000), p.171, <표 3>를 인용

는 실업문제를 해결할 수 없다는 사실을 체험하며, 캐나다 연방정부는 전국적으로 다루어져야 할 주요 경제현안으로서 직업훈련을 강조하였다. 그러나 주정부들은 1980년대에 걸친 연방정부의 일방적 조치들로 인하여 직업훈련 문제를 포함한 모든 적극적 노동시장정책을 완전히 이전하여 줄 것을 요구하였다. 더욱이 연방정부가 점차 더 작은 정부를 지향함에 따라 주정부들은 보다 더 용이하게 ALMP의 분권화를 주장할 수 있었다.

정책은 노동시장의 기능을 상품시장과 같이 만들고자 노력한다. 따라서 근로의욕을 저해(work disincentives)하는 집단협상이나 실업수당 같은 요소를 없애려고 하는데, 이러한 맥락에서 현재 ALMP는 기술발전 투자, 고임금 인적자본 투자는 물론 노동력 부족을 위한 저임금고용정책 역시 격려함에 따라 사회복지정책을 노동시장정책에 통합하려고 노력하고 있다.

사회복지정책 역시 노동시장정책 개혁과의 병행 혹은 독립의 형태로, ALMP 자금의 주정부 이전을 포함하는 개혁과정을 겪었다. 재무부의 주요 관심사는 개인의 고용가능성 제고보다 연방정부의 지출감소에 있기에, <그림 3>에서 살펴볼 수 있듯이 재무부는 이러한 모든 분권화 조치들을 총 ALMP 지출이 감소하고 있다는 증거로 간주하였다.36) 나아가 <그림 3>은 CRF로부터 들어오는 ALMP 자금이 줄어드는 반면 UI/EI로부터 유입되는 자금량이 증가했음을 보여주는데, 이러한 지출의 대부분은 직장공유(work-sharing)나 일자리 창출보다는 훈련에 참여하거나 훈련프로그램을 구입하는 개인들에게 지급되는 것이었다. UI/EI 자금이 CRF 고객을 위해서는 사용될 수 없고 또 CRF 기금이 해마다 감소함에 따라, 주정부는 장애인, 어린 자녀를 둔 편부모, 노인 근로자와 같은 실업자에게 사회적 지원을 제공하는 데 있어 제약을 느껴왔다. 결과적으로 주정부들은 자신의 정책적 주안점을 청년고용정책으로 옮기게 되었다.

IV. 청년고용에 대한 연방-주정부 간 불화

1990년대 이래로 많은 주정부는 노동시장정책과 교육정책을 신자유주의 패러다임에 조응하여 사회복지정책과 통합하려는 시도를 꾸준히 해왔다. 사

---

36) 고정가격으로서의 총 ALMP 지출은 1993년부터 1998년까지 정체되어 있다가 그 후부터 감소하였다. 흥미롭게도 교육을 위한 교부금과 융자금 책정금액은 점진적으로 증가하였다. Thomas Klassen, "The Federal-Provincial Labour Market Development Agreements: Brave New Model of Collaboration?" in Tom McIntosh, ed., *Federalism, Democracy and Labour Market Policy in Canada* (Montreal: McGill-Queen's University Press, 2001), p.171, <표 3>; Rodney Haddow, "Canadian Federalism and Active Labor Market Policy," in François Rocher and Miriam Smith, eds., *New Trends in Canadian Federalism*, 2nd ed. (Peterborough, Ontario: Broadview Press, 2003), p.261, <표 9.1>.

회복지정책과 관련해서는 "재취업을 위한 복지(welfare-to-work)"의 극적인
전환이 있었는데, 바로 적극적 노동시장정책에도 불구하고 만일 일자리로
복귀하는 데 실패한다면 실업자의 몫으로 돌아가는 혜택이 그만큼 줄어드는
것이었다. 게다가 사회복지정책은 "가장 많은 도움이 필요하면서도, 자신의
조건에 대해서는 최소한의 책임밖에 지지 않는" 청년에 대한 국가의 지원에
보다 초점을 두게 되었다.37) 따라서 교육정책 역시 청년들이 학교를 졸업한
후 자연스럽게 직장으로 옮겨갈 수 있도록 기술을 제공하는 방향으로 변화
해왔다.

특히 1990년대 경기침체 이래로 노동시장에서의 청년참여비율은 전국 평
균치 이하로 떨어졌다. 전체인구 중에서 청년이 차지하는 비중이 감소하였
음을 고려할 때, 청년 고용률의 하락은 인구학적 변화 때문에 야기된 것이
아님을 알 수 있다.38) 나아가 일하는 청년 중, 전일제 근로자 숫자의 비율은
점차 줄어들었다. 이상의 모든 사실들은 젊은이들이 직면하고 있는 노동시
장이 그들의 긴박한 요구를 반영하지 않았다는 점을 시사해 준다. <그림 4>
와 <그림 5>에서 볼 수 있듯이 경제가 회복되고 청년들에게 더 많은 일자리
가 제공된다 하더라도, 많은 젊은이들은 전일제로 일하고자 하는 의지에도
불구하고, 여전히 시간제로 일하게 되었다.

오늘날 젊은 사람들이 특히 경기침체기의 노동시장에서 일자리를 구할 때
여러 도전들을 극복해야 한다는 사실은 이제 하나의 상식이 되었다. 또한

---

37) 이러한 논리를 따를 경우, 근로 최적령기의 나이에 있는 사람들은 자신의 실업에 대해
일종의 책임이 있다고 간주되므로 사회적 지원은 제한되어야 하며 합리적인 시간 내
에 일자리로 복귀할 수 있는 능력을 대비해주는 것으로 제한되어야 한다. 이에 반해
비록 가난한 아동/청년이 속한 가정이나 가난한 성인에 대한 지원을 비판하는 것이
정치적으로 인기가 있었다 할지라도, 가난한 아동/청년을 돕는 일은 바람직하다고 여
겨졌다.
38) Stephen McBride and Peter Stoyko. "Youth and the Social Union: Intergovern-
mental Relations, Youth Unemployment and School-to-work Transitions," in Tom
McIntosh, ed., *Federalism, Democracy and Labour Market Policy in Canada*
(Montreal: McGill-Queen's University Press, 2001), p.212.

〈그림 4〉 노동인력과 연령집단별 참여율(2001년~2005년)

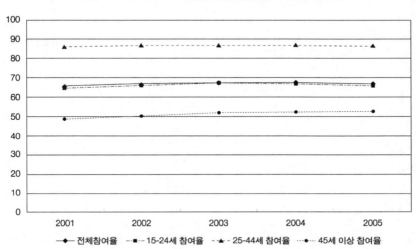

출처: http://www40.statcan.ca/I01/cst01/labor05.htm (Statistics Canada. CANSIM. 표282-0002)

정치인들과 정책결정자들 역시 청년고용정책을 시행하는 데 있어 청년층 전체를 대상으로 삼지 않으며, 접근가능한 모든 방법을 심사숙고하는 것은 아니다. 실망스러운 결과에도 불구하고, 최근 들어 신자유주의적 틀에 부합하는 정책형태가 주류를 이루고 있음을 볼 때,39) 최근에서야 연방 및 주 차원 노동시장정책의 주요대상으로 청년과 졸업을 앞둔 학생들이 선정되었다는 점은 흥미롭다. 하지만 캐나다에서는 청년고용정책이 복합적 이유에서 형성되었다는 연유로 종종 상반된 목적으로 운용되어 왔음을 볼 수 있다.

에스테베즈-아베 등(2001)에 의하면 캐나다와 같이 기업의 종신보장기간이 더 짧고, 실업수당을 더 엄격히 운용하는 자유주의 국가들의 경우 직업훈

___
39) 〈그림 5〉에서 살펴볼 수 있듯이, 전일제 고용비율과 관련하여 전국 평균값과 청년인구 간 간격은 변하지 않고 있다. 게다가 젊은 사람들의 전일제 고용비율은 지난 5년 동안 실제로 감소해 왔다.

〈그림 5〉 연령집단별 전일제 고용이 총고용에서 차지하는 비율(2001년~5년)

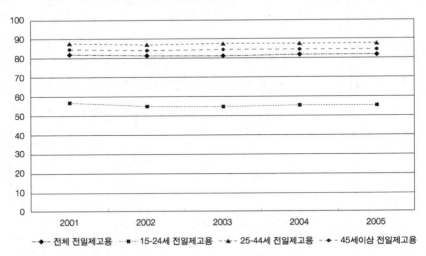

-◆-- 전체 전일제고용   ···■··· 15-24세 전일제고용   -▲- 25-44세 전일제고용   -●- 45세이상 전일제고용

출처: http://www40.statcan.ca/I01/cst01/labor12.htm (Statistics Canada. CANSIM. 표282-0002)

련은 더 약하게 나타난다. 아이버슨(2005)의 경우, 사회보장 이외의 요소는 복지-생산관계의 균형을 더 악화시키는 반면, 의도적인 '시장의 정치학'은 사회보장이 시장의 운용을 훼손하지 않도록 분명히 보장해준다고 보았다. 캐나다의 청년고용정책, 더 넓게는 노동시장정책 모두 이러한 의도적 '시장의 정치학'이 궁극적으로 자유주의 복지생산체제를 분명히 연장시켜준다는 사실을 잘 보여 주고 있다. 그렇다면 캐나다 사례가 제시하는 한 가지 흥미로운 질문은 정부가 사회복지정책과 노동시장정책을 재구성함으로써 기존 자유주의 체제를 변환시키려 할 경우에도, 과연 이러한 경향이 온전히 남아 있을 것인지의 여부가 되겠다.

분명 노동시장정책 맥락에서의 청년고용정책은 캐나다 복지-생산체제형성에 대한 수요측면에서는 물론 공급측면의 시각에서도 완벽히 설명할 수 없음을 보여준다. 필자는 관찰된 관계의 완전한 작동기제(mechanism)를 설

〈표 1〉 관할지역별 청년의 최소-최대 나이(1998년 기준)

주	10	15	20	25	30	35
노바스코샤(NS)		17 ――――― 24				
마니토바(MB)		15 ―――――― 24				
사스캐취원(SK)		17 ――――――― 25				
앨버타(AL)		15 ―――――― 24				
뉴 브런스윅(NB)		15 ――――――― 24				
뉴 펀들랜드(NF)		16 ――――――――― 27				
프린스 에드워드 아일랜드(PE)		16 ―――――――――――30				
온타리오(ON)		15 ―――――――― 25 ―――30*				
브리티시 컬럼비아(BC)		15 ―――――――――――― 30				
퀘벡(QC)		15 ――――――――――――― 30―――― 36*				
캐나다(CAN)		16 ―――――――――――――― 31				

*기업가 육성 프로그램에서의 특별한 최대나이(퀘벡주의 경우는 '젊은 농부' 프로그램)
출처: Stephen McBride and Peter Stoyko, "Youth and the social union: Intergovern-
mental relations, youth unemployment and school-to-work transitions," in Tom
McIntosh, ed., *Federalism, Democracy and Labour Market Policy in Canada*
(Montreal: McGill-Queen's University, 2001), p.218, 〈그림 4〉를 인용

명하기 위해서는 정치제도와 그 역사적 맥락을 조사할 필요가 있다는 아이
버슨(Iversen)의 시각에 동의하고 있다. 특히 캐나다 정부간 관계의 경우, 이
는 복합적이고도 논쟁적인 문제이다.40) 청년정책과 고용정책 모두를 포함해

――――――――――
40) 게이농과 어크(Gagnon & Erk, 2002)에 의하면 "깊이 분열되어 있는 다민족 사회에서
는 사회의 원활한 기능을 위해 일종의 모호함이 필요한데, 이는 정치공동체 본질에

야 하는 문제배경의 복합성 때문에 이러한 특정 노동시장정책 분야의 경계 설정문제는 얼마든지 쉽게 발견할 수 있을 것이다. 일례로 <표 1>은 청년의 범주를 정의하는 단순한 작업에서조차 모든 주들 간 그리고 연방정부와 주 정부들 간 의견일치를 구하기 어렵다는 점과 그 복합성을 여실히 보여준다 하겠다.

보다 실질적으로는 청년층을 1)혜택받지 못한/사회적으로 소외된 청년 (예: 원주민 공동체의 구성원, 장애청년), 2)'위기에 처한'/'취약한' 청년(예: 고등 학교 자퇴생, 장기결석학생), 3)젊은 성취자/우수한 청년(예: 높은 수준의 재능을 가진 청년, 전도유망한 청년), 4)젊은 범죄자(예: 범죄를 저지른 청년)라는 최소 4개의 집단으로 나누어 볼 수 있다. 특정집단 청년을 우선순위화할 정부의 필요성에 부응하여, 청년고용정책에 사용되는 정부지출은 <그림 6>에서 살 펴볼 수 있듯이 주들 간, 연방 및 주차원 간, 대상으로 하는 각 집단에 따라 상당한 차이를 보이고 있다.

나아가 학교에서 취직으로 이어지는 변환과정의 본질이 변화하였기 때문 에, 기존의 중등교육, 중등교육수준 이후의 교육, 졸업 후 전일제 취업이라 는 단계는 더 이상 표준규범이 아니다. 대다수 젊은이들에게 있어 전일제 취업현상이 점차 줄어듦에 따라, 이들은 다양한 과도기적 경로를 경험할 뿐 만 아니라, 노동시장에 참여하고 있는 동안에도, 시장의 극심한 변동가능성 에 대한 취약성을 줄이기 위하여 자신들의 기술력을 정기적으로 향상시켜야 한다는 점증하는 압박아래 놓여있다. 그리고 이러한 최근변화들로 인해 그 과도기가 길어지고, 다양하고도 반복되는 경로를 겪게 됨에 따라 학업에서 취업에 이르는 기간을 명확하게 구분하는 작업은 갈수록 더욱 어려워지고

관한 핵심적 차이가 존재하고, 캐나다가 10개 주로 구성되었는지 또는 두 민족으로 이루어진 하나의 공동체인지에 관하여 아무리 토론해도 해결책이 없기 때문이다." Alain-G. Gagnon and Can Erk, "Legitimacy, Effectiveness, and Federalism: On the Benefits of Ambiguity," in Herman Bakvis and Grace Skogstad, eds., *Canadian Federalism: Performance, Effectiveness, and Legitimacy* (Oxford: Oxford University Press, 2002), p.328.

〈그림 6〉 관할지역 및 대상집단별 청년고용프로그램 지출(1998년 기준)

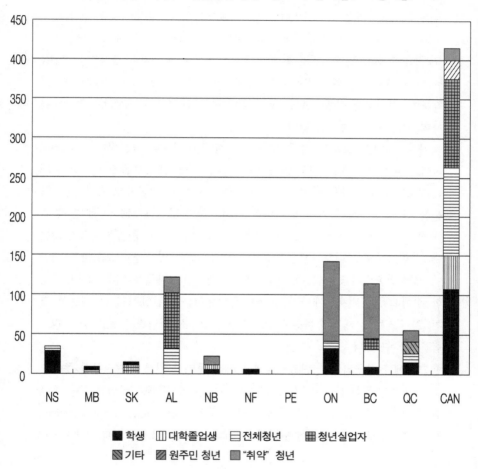

1. SK와 AL에서는 청년이 지원할 수 있는 일반 프로그램 포함
2. 기타에는 NF주의 경우 대학교육 중퇴자 포함, QC주의 경우 젊은 농부 프로그램 포함
출처: *Inventory of Canada's Youth Employment Programs and Services* (Rev. NN. 1998); McBride and Stoyko in McIntosh(2001), p.231, <표 6>에서 인용하여 그림으로 전환함

있다. 이러한 어려움을 완화하고자 각급 정부는 다음 세 가지 범주의 청년정 책들을 시행하기로 합의하였다: 1)고용(재고용) 관련 서비스(채용, 상담, 정보 수집 및 배포), 2)고용의 직접창출(공공부문 채용, 채용 보조금 지급, 자영업 지원 금), 3)근로경험 프로그램의 확대(인턴십, 멘토십, 작업 스터디, 공개작업, 자원봉 사).41) 하지만 각각의 관할지역 별로 제안하고 있는 프로그램 형태가 다르기 때문에, 청년정책 시행을 위한 조직 역시 주들 간, 연방과 주정부 간 상당한 차이를 보인다고 할 수 있다.42)

따라서 청년 프로그램의 형태와 그 대상에는 상당한 불균형이 존재한다. 나아가 여유가 부족한 지역에서는 보다 적은 수의 프로그램을 제공하게 되 는 반면, 부유한 주들에서는 더 많은 프로그램들을 제공하고 있다. 게다가 주들 간에는 조정이 거의 없으므로 심지어 고용과 관련하여 정보를 수집, 배포하는 일에 있어서도 서로 통용할 수 있는 어떠한 기준이 존재하지 않는 다. 그러나 무엇보다도 청년 프로그램의 대부분이 비용을 최소화하는 제안 에 크게 집중되어 있다는 데 문제가 있다. 제시된 문제들을 염두 할 때, 충분 한 정책제공을 비슷하게나마 보장하기 위해서는 1)관할지역 간 평등화 조 치, 2)기능적 및 재정적 차원에서의 명확한 정부간 책임권한 공표 등이 필요 함을 알 수 있다.

그럼에도 불구하고 청년고용정책 분야를 둘러싼 최근 연방정부와 주정부 간 관계는 지극히 복잡할 뿐 아니라 과도기적이며, 때때로 극심한 갈등 속에 놓여 있기도 한다. 청년고용정책에 있어 정부간 관계(intergovernmentalism) 는 기본적으로 1)쌍무적 협력/협의(예: 캐나다-뉴 브런스윅의 연방/주 청년서비

---

41) 보다 자세한 내용은 Stephen McBride and Peter Stoyko, "Youth and the Social Union: Intergovernmental Relations, Youth Unemployment and School-to-work Transitions," in Tom McIntosh, ed., *Federalism, Democracy and Labour Market Policy in Canada* (Montreal: McGill-Queen's University Press, 2001), p.220, <표 3> 참조.

42) 청년고용의 '주요 제안(flagship initiatives)' 및 책임부서에 관한 자세한 내용은 *Ibid.*, p.227, <표 4> 참조. 관할지역별 청년 프로그램의 일반범주에 관해서는 *Ibid.*, p.229, <표 5> 참조.

〈표 2〉 LMDA 연표 및 협정의 형태(2006년 현재)

주	협정체결일	시행일	협정의 형태
노바 스코샤(NS)	1997년 4월 24일	1997년 4월 24일	전략적 제휴
마니토바(MB)	1997년 4월 17일	1998년 11월 27일	완전 이전
사스캐취원(SK)	1998년 2월 6일	1999년 1월 1일	완전 이전
앨버타(AL)	1996년 12월 6일	1997년 1월 1일	완전 이전
뉴 브런스윅(NB)	1996년 12월 13일	1997년 10월 1일	완전 이전
뉴 펀들랜드(NF)	1997년 3월 24일	1997년 3월 24일	공동 관리
프린스 에드워드 아일랜드(PE)	1997년 4월 26일	1997년 4월 26일	공동 관리
온타리오(ON)	2005년 11월 23일	2007년 1월 1일	완전 이전
브리티시 컬럼비아(BC)*	1997년 4월 25일	1997년 4월 25일	공동 관리
퀘벡(QC)	1997년 4월 21일	1998년 4월 1일	완전 이전

* 완전 이전 협정을 위한 협상은 BC에서 현재까지 개시되지 않고 있음
출처: http://www11.hrdc-drhc.gc.ca/pls/edd/lmda.main (Evaluation and Data Development. *Labour Market Development Agreement Series*)

스 협력관계), 2)범캐나다 전략(예: 노동시장 장관회의, 청년고용에 관한 연방/주/지역 협력관계), 3)새로운 프로그램 설립을 위한 사회연방의 협상/절차지침(예: 캐나다 사회연방 개선을 위한 구상안)이라는 세 개의 상이한 궤도로 구성되어 있다. 청년고용정책의 사례처럼 쌍무적, 다자적 구성요소들이 나란히 놓여있을 경우, 불만에 쌓인 주들 혹은 '격노한 오타와(irate Ottawa)'에 의한 일방주의의 위험성이 항상 존재한다고 볼 수 있다.

문제는 뒤얽힌 관계를 푸는 현재의 어떠한 해결책도 칼의 양날과 같다는 데 있겠다. 연방정부가 재정적자를 줄이고자 주정부로의 보조금 삭감에 몰

두할 경우, 주정부는 관련정책에 대한 더 많은 권한을 주장할 것이다. 동시에 주정부들이 적자를 줄이려 관할지역 밖의 고객들을 차별할 경우, 연방정부는 전국기준에 대한 일방적 통제권을 더욱 강압적으로 자주 행사하도록 강요받는다. 따라서 청년정책은 심지어 연방정부가 지방정부의 불만을 누그러뜨리고자 그 정책권한의 일부를 위임한다 할지라도 끊임없는 변화와 갈등을 겪게 되는 것이다. 사실 정부간 분업에 대한 엄밀한 규정 없이는, 어떠한 형태의 분권화라도 단지 '세력다툼(turf wars)'을 격렬하게 만들고, '책임의 공백상태(accountability vacuums)'를 초래할 뿐이다.43)

V. 결론

1996년부터 캐나다 연방정부는 노동시장발전협정(the Labour Market Development Agreements: LMDA)을 통하여 노동시장정책에 관한 책임을 위임하는 데 동의하였다. 연방정부는 자금과 함께 직원 역시 주정부로 이전하는데 동의하였는데, 앞서의 <표 2>에서 볼 수 있듯이 많은 주의 경우, 완전한 분권화를 선택한 반면에 일부 몇몇 주의 경우에는 전반적인 분권화보다는 공동관리와 전략적 제휴관계를 염두에 두고 있었음을 알 수 있다.

그러나 캐나다 연방정부는 청년고용정책을 비롯한 원주민(members of First Nations)과 장애인 프로그램에서는 정부역할을 위임하기를 거부하였는데, 이같은 중요한 분야에서 단일한 국가정부로서의 가시성(visibility)을 보유하려는 정치적 이유 때문이었다. 특히 연방과 주의 집권정당이 다르거나 심지어 서로 혐오하고 배척할 경우, 두 정부 간 협력/일치는 이러한 정치적

---

43) 이에 대해 해도우(Haddow)는 연방-주 관계가 "늘 골치 아픈 (messy as always!)" 것이라고 결론짓고 있다. Rodney Haddow, "Canadian Federalism and Active Labor Market Policy," in François Rocher and Miriam Smith, eds. *New Trends in Canadian Federalism*, 2nd ed. (Peterborough, Ontario: Broadview Press, 2003), p.262.

요소들의 개입으로 더욱 어려워졌다.44) 무엇보다 연방정부는 지방정부의 관할권을 잠식하기 바로 직전까지, 청년고용의 교육기회 제고를 둘러싼 연방정부 개입을 지지하는 여론을 충분히 인식하고 있었다.

　그럼에도 불구하고 만일 청년고용정책이 최근 젊은이들이 직면하는 노동시장의 도전과 문제들을 해결할 목적으로 추진된다면, 정부간 분업관계에서 목격되던 기존 한계는 극복될 수도 있다. 관할권이 별도로 분리되지 않았기 때문에 연방정부와 주정부는 자신의 정책제안에 대해 조정요청을 받아왔다. 연방정부는 주정부의 반감을 무마하기 위해 분권화를 제안하면서도 동시에 그 역할에 대한 권한을 줄곧 강조해 왔던 것이다. 결국 주정부는 예전과 같이 적극적 역할을 수행하였고, 전술한 바와 같이 연방정부는 이에 대해 엇박자를 취함에 따라 양자 간 조정 가능성도 점차 줄어들었다.

　ALMP 분야의 연방-주 관계에서도 역시 복잡성을 그 특징으로 들 수 있다. 본 장에서는 연방주의의 복잡성이 "한 국가, 두 민족(one state, two nations)"45)을 건설하려는 캐나다 역사와 얽혀있기 때문에, 정부간 조정의 결여가 부적절한 ALMP정책으로 이어졌다는 사실을 강조하였다. ALMP와 청년고용정책을 살펴봄으로써, 필자는 "캐나다 복지생산 체제가 어떻게, 왜 '자유주의적'인가" 하는 문제에 답하고자 하였다.

　이에 대한 기존 설명은 합리적 고용주와 근로자는 특정기술투자에 대한 보상을 추구하고, 자신의 선호를 제고하고 조종할 수 있는 정부정책을 지지한다는 것이었다. 그러나 이러한 입장은 복지국가와 생산체제 간 현존하는 보완성이 정부의 사회복지정책과 노동시장정책에 대한 구조개혁 및 재편성 의지에도 불구하고 어떻게, 왜 변하지 않고 여전히 남아있는가에 대해 완전히 설명하지는 못한다.

---

44) 예를 들어, 온타리오 주정부와 연방정부가 LMDA를 체결하는 데는 거의 10년이 소요되었다.

45) 자세한 내용은 Verney Douglas, *Three Civilizations, Two Cultures, One State: Canada's Political Traditions* (Durham: Duke University Press, 1986), pp.149-171 참조.

본 장은 이에 대해 고용주와 근로자가 자신의 선호대로 정부의 정책선택을 조종해서가 아니라, 현재진행형인 정부간 관계를 둘러싼 제도적 경험들이 이러한 변혁과정에 중요한 영향을 미쳤음을 강조한다. 결국 정부는 현상을 원래대로 유지 또는 최소한 복귀하려는 의지를 표명하기 마련이며, 고용주와 종업원들이 함께 선택한 기술편성(skill formation)의 강화라는 측면에서 기존 자유주의 복지생산체제는 변치 않게 되는 것이다.

후속연구에서는 복잡하고도 독립적인 연방주의 체제하의 정부가 과연 어떠한 조건하에서 시장의 운용을 보완하는가를 설명할 체계적인 모델을 강구하고자 한다. 이 글은 지난 40여 년간 캐나다에서 관찰된 여러 경향들을 살펴보기 위한 하나의 예비적 작업이다. 본 연구결과와 아이버슨(Iversen)의 이론을 토대로 연방주의와 고용-복지관계에 있어서 연방주의의 영향을 다루는 비교모델을 설립하고자 하며, 이러한 작업을 통해 다층적 거버넌스의 형식을 추구하는 정치체제에서의 "자본주의, 민주주의, 그리고 복지" 연구에 기여하고자 한다.

| 참고문헌

Arts, Wil, and John Gelissen. "Three Worlds of Welfare Capitalism or More? A sate-of-the-art Report." *Journal of European Social Policy,* Vol.12, No.2 (2002).

Banting, Keith. "Canada: Nation-Building in a Federal Welfare State." In Herbert Obinger, Francis Castles and Stephan Leibfried, eds. *Federalism and the Welfare State: New World and European Experiences* (Cambridge: Cambridge University Press, 2005).

_____. "Prime Minister and Cabinet: An Autocracy in Need of Reform?" *Journal of Canadian Studies,* Vol.35, No.1(2001).

Blau, Joel, and Mimi Abramovitz. *The Dynamics of Social Welfare Policy* (Oxford: Oxford University Press, 2004).

Bonoli, Giuliano. "Political Institutions, Veto Points, and the Process of Welfare State Adaptation." In Paul Pierson, ed. *The New Politics of the Welfare* (New York: Oxford Univ. Press, 2001).

Boychuck, Gerard. "Social Assistance and Canadian Federalism." In François Rocher and Miriam Smith, eds. *New Trends in Canadian Federalism,* 2nd ed. (Peterborough, Ontario: Broadview Press, 2003).

_____. *Patchworks of Purpose: The Development of Provincial Social Assistance Regimes in Canada* (Montreal: McGill-Queen's University Press, 1998).

Cameron, Claire. "An Historical Perspective on Changing Child Care Policy." In Julia Brannen and Peter Moss, eds. *Rethinking Children's Care* (Buckingham: Open University Press, 2003).

Cameron, D. "Social Democracy, Corporatism, Labour Quiescence, and the Representation of Economic Interest in Advanced Capitalist Society." In John Goldthrope, ed. *Order and Conflict in Contemporary Capitalism*

(Oxford: Clarendon Press, 1984).

Casey, Bernard, and Michael Gold. *Social Partnership and Economic Performance* (Cheltenham: Edward Elgar, 2000).

Castles, Francis, and Deborah Mitchell. "Identifying Welfare State Regimes: The Links between Politics, Instruments and Outcomes." *Governance: An International Journal of Policy and Administration,* Vol.5(1992).

Dobelstein, Andrew W. *Social Welfare: Policy and Analysis* (California: Brooks/ Cole-Thomson Learning, 2003).

Douglas, Verney. *Three Civilizations, Two Cultures, One State: Canada's Political Traditions* (Durham: Duke University Press, 1986).

Estevez-Abe, Margarita, Torben Iversen, and David Soskice. "Social Protection and the Formation of Skills: A Reinterpretation of the Welfare State." In Peter Hall and David Soskice, eds. *Varieties of Capitalism: The Institutional Foundations of Comparative Advantage* (Oxford: Oxford University Press, 2001).

Gagnon, Alain-G., and Can Erk. "Legitimacy, Effectiveness, and Federalism: On the Benefits of Ambiguity." In Herman Bakvis and Grace Skogstad, eds. *Canadian Federalism: Performance, Effectiveness, and Legitimacy* (Oxford: Oxford University Press, 2002).

Goodin, Robert. "Work and Welfare: Towards a Post-productivist Welfare Regime." *British Journal of Political Science,* Vol.31(2001).

Haddow, Rodney. "Canadian Federalism and Active Labor Market Policy." In François Rocher and Miriam Smith, eds. *New Trends in Canadian Federalism,* 2nd ed. (Peterborough, Ontario: Broadview Press, 2003).

Hall, Peter, and David Soskice. "An Introduction to Varieties of Capitalism." In Peter Hall and David Soskice, eds. *Varieties of Capitalism: The Institutional Foundations of Comparative Advantage* (New York: Oxford Univ. Press, 2001).

Hicks, Alexander, and Duane Swank. "Politics, Institutions, and Welfare Spending in Industrialized Democracies, 1960-1982." *American Political Science Review,* Vol.86(1992).

Hong, Okyeon Yi. "Youth Employment Policy and Intergovernmental Relations in Canada: Exploring the Federal-provincial Jurisdiction of Labor Market Policy and its Political Economy." Presented at Midwest Political Science Association 64th Annual National Conference, Chicago, April 20th 2006.

Huber, Evelyne, and John Stephens. *Development and Crisis of the Welfare State: Parties and Policies in Global Markets* (Chicago: Univ. of Chicago Press, 2001).

Iversen, Torben. *Capitalism, Democracy, and Welfare* (Cambridge: Cambridge University Press, 2005).

Klassen, Thomas. "The Federal-provincial Labour Market Development Agreements: Brave New Model of Collaboration?" In Tom McIntosh, ed. *Federalism, Democracy and Labour Market Policy in Canada* (Montreal: McGill-Queen's University Press, 2001).

Korpi, Walter. "Welfare State Regress in Western Europe: Politics, Institutions, Globalization, and Europeanization." *Swedish Institute for Social Research Working Paper*(2003).

Lightman, Ernie, and Graham Riches. "Canada: One Step Forward, Two Steps Back?" In Peter Alcock and Gary Craig, eds. *International Social Policy* (New York: Palgrave, 2000).

McBride, Stephen, and Peter Stoyko. "Youth and the Social Union: Intergovernmental Relations, Youth Unemployment and school-to-work Transitions." In Tom McIntosh, ed. *Federalism, Democracy and Labour Market Policy in Canada* (Montreal: McGill-Queen's University Press, 2001).

Noel, Alain. "Is Decentralization Conservative? Federalism and the Contemporary Debate on the Canadian Welfare State." In Robert Young, ed. *Stretching the Federation: The Art of the State in Canada* (Kingston: Institute of Intergovernmental Relations, 1999).

O'Connor, Julia, Ann Shola Orloff, and Sheila Shaver. *States, Markets, Families: Gender, Liberalism and Social Policy in Australia, Canada, Great Britain and the United States* (Cambridge: Cambridge University Press, 1999).

Obinger, Herbert, Francis Castles, and Stephan Leibfried. "Introduction:

Federalism and the Welfare State." In Herbert Obinger, Francis Castles, and Stephan Leibfried, eds. *Federalism and the Welfare State: New World and European Experiences* (Cambridge: Cambridge University Press, 2005).

Petrie, Pat. "Social Pedagogy: An Historical Account of Care and Education as Social Control." In Julia Brannen and Peter Moss, eds. *Rethinking Children's Care* (Buckingham: Open University Press, 2003).

Pierson, Paul. "Increasing Returns, Path Dependence, and the Study of Politics." *American Political Science Review,* Vol.94, No.2(2000).

Rothstein, Bo, and Sven Steinmo. "Restructuring Politics: Institutional Analysis and the Challenges of Modern Welfare States." In Bo Rothstein and Sven Steinmo, eds. *Restructuring the Welfare State: Political Institutions and Policy Change* (New York: Palgrave MacMillan, 2000).

Scharpf, Fritz, and Vivien Schmidt. "Introduction." In Fritz Sharpf and Vivien Schmidt, eds. *Welfare and Work in the Open Economy: From Vulnerability to Competitiveness,* Vol.1 (Oxford: Oxford University Press, 2000).

Schmidt, Vivien. "Values and Discourse in the Politics of Adjustment." In Fritz Sharpf and Vivien Schmidt, eds. *Welfare and Work in the Open Economy: From Vulnerability to Competitiveness,* Vol.1 (Oxford: Oxford University Press, 2000).

Shalev, Michael. "The Politics of Elective Affinities: a Commentary." In Bernhard Ebbinghaus and Philip Manow, eds. *Comparing Welfare Capitalism: Social Policy and Political Economy in Europe, Japan and the USA* (London: Routledge, 2001).

Statistics Canada. *Historical Labour Force Statistics,* Cat. No.71-201(Ottawa: Supply and Services Canada, 1998).

Swank, Duane. "Political Institutions and Welfare State Restructuring: The Impact of Institutions on Social Policy Change in Developed Countries." In Paul Pierson, ed. *The New Politics of the Welfare* (New York: Oxford University Press, 2001).

White, Linda A. "Ideas and the Welfare State: Explaining Child Care Policy Development in Canada and the United States." *Comparative Political*

Studies, Vol 35, No.6(2002).

White, Linda A. "The Child Care Agenda and the Social Union." In Herman Bakvis and Grace Skogstad, eds. *Canadian Federalism: Performance, Effectiveness, and Legitimacy* (Oxford: Oxford University Press, 2002).

부록

연방의회와 주의회의 정당별 의석점유율과 득표율
(캐나다, 미국)

〈표 1-1〉캐나다 연방하원(*House of Commons*)의 정당별 의석점유율과 득표율[2]

%[1]	Con	LP	CCF/NDP	SC	PQ	기타
1958/3	78.5	18.5	3.0	0		0
	53.6	33.6	9.5	2.6		0.7
1962/6	43.8	37.7	7.2	11.3		0
	37.3	37.2	13.5	11.7		0.4
1963/4	35.8	48.7	6.4	9.1		0
	32.8	41.7	13.1	11.9		0.4
1965/11	36.6	49.4	7.9	1.9		0.8
	32.4	40.2	17.9	3.7		1.2
1968/6	27.3	58.7	8.3	0		0.4
	31.4	45.5	17.0	0.8		1.7
1972/10	40.5	41.3	11.7	5.7		0.8
	35.0	38.5	17.7	7.6		1.2
1974/7	36.0	53.4	6.1	4.2		0.4
	35.4	43.2	15.4	5.1		0.9
1979/5	48.2	40.4	11.3	0		0
	35.9	40.1	17.9	4.6		1.5
1980/2	36.5	52.1	11.3	0		0
	32.5	44.3	19.8	1.7		1.8
1984/9	74.8	14.2	10.6	0	0	0.4
	50.0	28.0	18.8	0.1	0	3.0
1988/11	57.3	28.1	14.6	0	0	0
	43.0	31.9	20.4	0	0	4.7
1993/10	0.7	60.0	3.0	0	18.3	18.0
	16.0	41.3	6.9	0	13.5	22.3
1997/6	6.6	51.5	7.0	0	14.6	20.3
	18.9	38.4	11.0	0	10.7	21.0
2000/11	4.0	57.5	4.3	0	12.3	21.9
	12.5	41.8	8.7	0	10.9	26.1
2004/6	32.1	43.8	6.2	0	17.5	0.3
	29.6	36.7	15.7	0	12.4	5.6

1. 출처: Mackie & Rose(1990), *International Almanac of Electoral History, Fully Revised Third Edition,*
   Canada; Canada Year Book, various years; Chief Electoral Officer of Canada(1993), *Thirty-*
   Fifth General Election 1993, Official Voting Results, pp.30-31.
   http://www.ipu.org/parline-e/reports/arc/2055_97.htm; http://www.ipu.org/parline-e/reports/arc/2055
   _00.htm; http://www.ipu.org/parline-e/reports/arc/2055_04.htm
2. Con: Conservative Party, *Union Nationale* in Québec(1960년까지)
   LP: Liberal Party, *Parti Liberal du Québec* in Québec
   PQ: *Parti Québécois*
   CCF/NDP: New Democratic Party
   SC: Social Credit
   기타: Rhinoceros Party, Green Party, Western Party, Reform Party(특히 1993년 선거), *Ralliement des*
   créditistes, Rassemblement Independence Nationale

〈표 1-2〉 캐나다 주 의회(*Legislative Assembly*)의 정당별 의석점유율과 득표율

Newfoundland [1]	Con	LP	CCF/NDP	SC	PQ	기타
1959/8	8.3 25.3	86.1 60.1	0 7.2	0 0	0 0	5.6 7.4
1962/11	16.7 36.9	80.9 58.7	0 3.3	0 0	0 0	2.4 1.1
1966/9	7.1 34.0	92.9 61.8	0 1.8	0 0	0 0	0 2.5
1971/10	55.0 51.3	45.0 44.4	0 1.8	0 0	0 0	0 2.5
1972/3	78.6 60.5	21.4 37.2	0 0.2	0 0	0 0	0 2.1
1975/9	58.8 45.5	31.4 37.1	0 4.4	0 0	0 0	9.8 13.0
1979/6	63.5 50.4	36.5 40.6	0 7.8	0 0	0 0	0 1.2
1982/4	84.6 61.2	15.4 34.9	0 3.7	0 0	0 0	0 0.2
1985/4	69.2 48.6	28.8 36.7	1.9 14.4	0 0	0 0	0 0.3
1989/4	40.4 47.6	59.6 47.2	0 4.5	0 0	0 0	0 0.7
1993/5	30.8 42.2	67.3 49.1	1.9 7.4	0 0	0 0	0 1.3
1996/2	18.8 38.7	77.1 55.1	2.1 4.5	0 0	0 0	2.1 1.8
1999/2	29.2 40.8	66.7 49.6	4.2 8.2	0 0	0 0	0 1.4
2003/10	70.8 59.2	25.0 33.5	4.2 6.9	0 0	0 0	0 0.4

1. 출처: http://www.elections.gov.nl.ca/elections/1949-1999stats.asp
   http://www.elections.gov.nl.ca/elections/PDF/GEreport2003.pdf

Prince Edward Island [1]	Con	LP	CCF/NDP	SC	PQ	기타
1959/9	73.3	26.7	0	0	0	0
	50.9	49.1	0	0	0	0
1962/12	63.3	36.7	0	0	0	0
	50.6	49.4	0	0	0	0
1966/5	46.9	53.1	0	0	0	0
	49.5	50.5	0	0	0	0
1970/5	15.6	84.4	0	0	0	0
	41.7	53.9	0	0	0	0
1974/4	18.8	81.3	0	0	0	0
	40.3	53.9	5.9	0	0	0
1978/6	46.9	53.1	0	0	0	0
	48.1	50.7	0.9	0	0	0.2
1979/4	65.6	34.4	0	0	0	0
	53.3	45.3	1.3	0	0	0.2
1982/9	65.6	34.4	0	0	0	0
	53.7	45.8	0.5	0	0	0
1986/4	34.4	65.6	0	0	0	0
	45.5	50.3	4.0	0	0	0.2
1989/5	6.2	93.7	0	0	0	0
	35.8	60.7	3.5	0	0	0
1993/3	3.1	96.9	0	0	0	0
	39.5	55.1	5.4	0	0	0
1996/11	66.7	29.6	3.7	0	0	0
	47.2	44.6	7.8	0	0	0
2000/4	96.3	3.7	0	0	0	0
	57.6	33.6	8.4	0	0	0
2003/9	85.2	14.8	0	0	0	0
	54.0	42.4	3.0	0	0	0
2007/5	14.8	85.2	0	0	0	0
	41.2	52.7	2.0	0	0	3.8

1. 출처: http://www.electionspei.ca/provincial/historical/statistics.pdf
   http://www.electionspei.ca/provincial/general/2007/results/index.php

Nova Scotia [1]	Con	LP	CCF/NDP	SC	PQ	기타
1956/10	55.8 48.6	41.9 48.2	2.3 3.0	0 0	0 0	0 0.2
1960/6	62.8 48.3	34.9 42.6	2.3 8.9	0 0	0 0	0 0.2
1963/10	90.7 56.2	9.3 39.7	0 4.1	0 0	0 0	0 0
1967/5	87.0 52.8	13.0 41.8	0 5.2	0 0	0 0	0 0.1
1970/10	45.7 46.9	50.0 46.1	4.3 6.7	0 0	0 0	0 0.4
1974/4	26.1 38.6	67.4 47.9	6.5 13.0	0 0	0 0	0 0.5
1978/9	59.6 45.8	32.7 39.4	7.7 14.4	0 0	0 0	0 0.5
1981/10	71.2 47.5	25.0 33.2	1.9 18.1	0 0	0 0	1.9 1.2
1984/9	80.8 50.6	11.5 31.3	5.8 15.9	0 0	0 0	1.9 2.2
1988/9	53.8 43.4	40.4 39.6	3.8 15.8	0 0	0 0	1.9 1.2
1993/5	17.3 31.5	76.9 49.2	5.8 17.8	0 0	0 0	0 1.5
1998/3	26.9 29.8	36.5 35.3	36.5 34.6	0 0	0 0	0 0.3
1999/7	57.7 39.2	21.2 29.8	21.2 30.0	0 0	0 0	0 1.0
2003/8	48.1 36.3	23.1 31.5	28.8 31.0	0 0	0 0	0 1.2

1. 출처: http://electionsnovascotia.ns.ca/results/03stats/votes.pdf

New Brunswick [1]	Con	LP	CCF/NDP	SC	PQ	기타
1956/6	71.2 52.2	28.8 46.1	0 0	1.6 0	0 0	0 0.1
1960/6	40.4 46.2	59.6 53.4	0 0	0 0	0 0	0 0.4
1963/4	38.5 48.2	61.5 51.8	0 0	0 0	0 0	0 0
1967/10	44.8 47.1	55.2 52.7	0 0.2	0 0	0 0	0 0
1970/10	55.2 48.5	44.8 48.5	0 2.8	0 0	0 0	0 0.2
1974/11	56.9 46.9	43.1 47.5	0 2.9	0 0	0 0	0 2.7
1978/11	51.7 44.4	48.3 44.3	0 6.5	0 0	0 0	0 4.8
1982/10	67.2 47.4	31.0 41.3	1.7 10.2	0 0	0 0	0 1.1
1987/10	0 28.6	100.0 60.4	0 10.5	0 0	0 0	0 0.5
1991/9	5.2 20.7	79.3 47.1	1.7 10.8	0 0	0 0	13.8 21.4
1995/9	10.9 30.9	87.3 51.6	1.8 9.7	0 0	0 0	0 7.8
1999/6	80.0 52.6	18.2 37.0	1.8 8.7	0 0	0 0	0 0.9
2003/6	50.9 45.0	47.3 44.0	1.8 9.6	0 0	0 0	0 0.5
2006/9	47.3 47.1	52.7 46.8	0 5.1	0 0	0 0	0 0.2

1. 출처: http://www.gnb.ca/elections/99prov/99recapsheet-e.asp
http://www.gnb.ca/elections/06prov/06provrecapsheet-e.asp
http://www.gnb.ca/elections/03prov/03recapsheet-e.asp

Quebec [1]	Con	LP	CCF/NDP	SC	PQ	기타
1956/6	77.4 51.8	21.5 44.8	0 0.6	0 0		1.1 2.8
1960/6	44.2 46.6	54.7 51.4	0 0	0 0		1.1 2.0
1962/11	32.6 42.2	66.3 56.4	0 0	0 0		1.1 1.4
1966/6	51.9 40.8	46.3 47.3	0 0	0 3.2	0 5.6	1.9 3.1
1970/4	15.7 19.7	66.7 45.4	0 0.2	11.1 11.2	6.5 23.0	0 0.5
1973/10	0 4.9	92.7 54.7	0 0	1.8 9.9	5.5 30.2	0 0.3
1976/11	10.0 18.2	23.6 33.8	0 0	0.9 3.6	64.5 41.4	0.9 3.0
1981/4	0 4.0	34.4 46.1	0 0	0 0	65.6 49.3	0 0.7
1985/12	0 0.2	81.1 56.0	0 2.4	0 0	18.9 38.7	0 2.7
1989/9	0 0.2	73.6 50.0	0 0	3.2 3.7	23.2 40.2	0 6.0
1994/9	0 0	37.6 44.4	0 0	0.8 6.5	61.6 44.7	0 4.5
1998/11	0 0	38.4 43.6	0 0	0.8 11.8	60.8 42.9	0 1.8
2003/4	0 0	60.8 45.9	0 0	3.2 18.2	36.0 33.2	0 2.7
2007/3	0 0	38.4 33.1	0 0	32.8 30.8	28.8 28.4	0 7.7

1. 출처: http://www.electionsquebec.qc.ca/fr/tableaux/Repartition_des_sieges.asp

Ontario [1]	Con	LP	CCF/NDP	SC	PQ	기타
1959/6	72.4 46.2	22.4 36.3	5.1 16.7	0 0.1	0 0	0 0.8
1963/9	71.3 48.6	22.2 35.0	6.5 15.5	0 0.1	0 0	0 0.8
1967/10	59.0 42.3	23.9 31.4	17.1 25.9	0 0.1	0 0	0 0.3
1971/10	66.7 44.5	17.1 27.8	16.2 27.1	0 0	0 0	0 0.6
1975/9	40.8 36.1	28.8 34.3	30.4 28.9	0 0.1	0 0	0 0.6
1977/6	46.4 39.7	27.2 31.5	26.4 28.0	0 0	0 0	0 0.8
1981/3	56.0 44.4	27.2 33.7	16.8 21.1	0 0	0 0	0 0.8
1985/5	41.6 36.9	38.4 37.9	20.0 23.8	0 0	0 0	0 1.4
1987/9	12.3 24.7	73.1 47.3	14.6 25.7	0 0	0 0	0 2.3
1990/9	15.4 23.5	27.7 32.4	56.9 37.6	0 0	0 0	0 6.5
1995/6	63.1 45.0	23.1 31.1	13.1 20.5	0 0	0 0	0.8 3.4
1999/6	57.3 45.1	34.0 39.9	8.7 12.6	0 0	0 0	0 2.4
2003/10	23.3 34.7	69.9 46.5	6.8 14.7	0 0	0 0	0 4.1

1. 출처: http://www2.elections.on.ca/results/1999_results/sum_vb/default.jsp?flag=E& layout=G
http://www2.elections.on.ca/results/2003_results/sum_vb/default.jsp?flag=E&layout=G

Manitoba [1]	Con	LP	CCF/NDP	SC	PQ	기타
1959/5	63.2 46.8	19.3 30.1	17.5 22.2	0 0	0 0	0 0.9
1962/12	63.2 45.2	22.8 36.4	12.3 15.3	1.8 2.5	0 0	0 0.6
1966/6	54.4 40.0	24.6 33.1	19.3 23.1	1.8 3.5	0 0	0 0.2
1969/6	38.6 35.6	8.8 24.0	49.1 38.3	1.8 1.4	0 0	1.8 0.8
1973/6	36.8 36.7	8.8 19.0	54.4 42.3	0 0.4	0 0	0 1.6
1977/10	57.9 48.8	1.8 12.3	40.4 38.6	0 0.3	0 0	0 0.1
1981/11	40.4 43.8	0 6.7	59.6 47.4	0 0	0 0	0 2.1
1986/3	45.6 40.6	1.8 13.9	52.6 41.5	0 0	0 0	0 4.0
1988/4	43.9 38.4	35.1 35.5	21.1 23.6	0 0	0 0	0 2.5
1990/9	52.6 42.0	12.3 28.1	35.1 28.8	0 0	0 0	0 1.1
1995/4	54.4 42.9	5.3 23.7	40.3 32.8	0 0	0 0	0 0.6
1999/9	42.1 40.6	1.8 13.3	56.1 44.8	0 0	0 0	0 1.3
2003/6	35.1 36.0	3.5 13.1	61.4 49.2	0 0	0 0	0 1.1

1. 출처: http://www.elections.mb.ca/main/election/past/elect99/elect99.htm
   http://www.elections.mb.ca/main/election/39gen/results/

Alberta [1]	Con	LP	CCF/NDP	SC	PQ	기타
1959/6	1.5 23.9	1.5 13.9	0 4.3	93.8 55.7	0 0	3.1 2.2
1963/6	0 12.7	3.2 19.8	0 9.5	95.2 54.8	0 0	1.6 3.3
1967/5	9.2 26.0	4.6 10.8	0 16.0	84.6 44.6	0 0	1.5 2.6
1971/8	65.3 46.4	0 1.0	1.3 11.4	33.3 41.1	0 0	0 0.1
1975/3	92.0 62.7	0 5.0	1.3 12.9	5.3 18.2	0 0	1.3 1.3
1979/3	93.7 57.4	0 6.2	1.3 15.8	5.1 19.9	0 0	0 0.8
1982/11	94.9 62.3	0 1.8	2.5 18.7	0 0.8	0 0	2.5 16.3
1986/5	73.5 51.4	4.8 12.2	19.3 29.2	0 0	0 0	2.4 7.2
1989/3	71.1 44.3	9.6 28.7	19.3 26.3	0 0.5	0 0	0 0.3
1993/6	61.4 44.5	38.5 39.7	0 11.0	0 2.4	0 0	0 2.4
1997/3	75.9 51.2	21.7 32.8	2.4 8.8	0 6.8	0 0	0 0.4
2001/3	89.2 61.9	8.4 27.3	2.4 8.0	0 0.5	0 0	0 2.2
2004/11	74.7 46.8	19.3 29.4	4.8 10.2	0 1.2	0 0	1.2 12.4

1. 출처: http://www.electionsalberta.ab.ca/Public%20Website/746.htm#1997
   http://www.electionsalberta.ab.ca/Public%20Website/746.htm#2001
   http://www.electionsalberta.ab.ca/Public%20Website/746.htm#2004

British Columbia [1]	Con	LP	CCF/NDP	SC	PQ	기타
1956/9	0 3.1	3.8 21.8	19.2 28.3	75.0 45.8		1.9 1.0
1960/9	0 6.7	7.7 20.9	30.8 32.7	61.5 38.8		0 0.8
1963/9	0 11.3	9.6 20.0	26.9 27.8	63.5 40.8		0 0.1
1966/9	0 0.2	10.9 20.2	29.1 33.6	60.0 45.6		0 0.4
1969/8	0 0.1	9.1 19.0	21.8 33.9	69.1 46.8		0 0.1
1972/8	3.6 12.7	9.1 16.4	69.1 39.6	18.2 31.2	0 0	0 0.2
1975/12	1.8 3.9	1.8 7.2	32.7 39.2	63.6 49.2	0 0	0 0.5
1979/5	0 5.1	0 0.5	45.6 46.0	54.4 46.0	0 0	0 0.3
1983/5	0 1.2	0 2.7	38.6 44.9	61.4 49.8	0 0	0 1.4
1986/10	0 0.7	0 6.7	31.9 42.6	68.1 49.3	0 0	0 0.6
1991/10	0 0	22.7 33.2	68.0 40.7	9.3 24.0	0 0	0 2.0
1996/5	0 0	44.0 41.8	52.0 39.5	0 0.4	0 0	4 18.3
2001/5	0 0	97.5 57.6	2.5 21.6	0 0	0 0	0 20.8
2005/5	0 0.6	58.2 45.8	41.8 41.5	0 0	0 0	0 12.1

1. 출처: http://www.elections.bc.ca/elections/sov96/polpart.htm
http://www.elections.bc.ca/elections/ceofin2001.pdf
http://www.elections.bc.ca/elections/ceoreport05/CEO_GE_SummResults.pdf

Saskatchewan [1]	Con	LP	CCF/NDP	SC	PQ	기타
1956/6	0 2.0	26.4 30.3	67.9 45.2	5.7 21.5	0 0	0 1.0
1960/6	0 13.9	31.5 32.7	68.5 40.8	0 12.4	0 0	0 0.3
1964/4	1.7 18.9	55.2 40.4	43.1 40.3	0 0.4	0 0	0 0
1967/10	0 9.8	59.3 45.6	40.7 44.3	0 0.3	0 0	0 0
1971/6	0 2.1	25.0 42.8	75.0 55.0	0 0	0 0	0 0.1
1975/6	11.5 27.6	24.6 31.7	63.9 40.1	0 0	0 0	0 0.6
1978/10	27.9 38.1	0 13.8	72.1 48.1	0 0	0 0	0 0
1982/4	85.9 54.1	0 4.5	14.1 37.6	0 0	0 0	0 3.8
1986/10	59.4 44.6	1.6 10.0	39.1 45.2	0 0	0 0	0 0.2
1991/10	15.1 25.6	1.5 23.3	83.3 51.0	0 0	0 0	0 0.1
1995/6	8.6 17.9	19.0 34.7	72.4 47.2	0 0	0 0	0 0.2
1999/9	0 0.4	6.9 20.2	50 38.7	0 0	0 0	43.1 41.1
2003/11	0 0.2	0 14.2	51.7 44.7	0 0	0 0	48.3 41.0

1. 출처: *Canada Year Book*, various years; Statistics Canada(1983), *Historical Statistics of Canada, Second Edition*; Feigert(1989), *Canada Votes, 1935-1988*; 본인에게 1988년 이후의 주별 선거 결과를 제공해준 워털루 대학의 선거 연구센터의 故 존 윌슨(John Wilson) 교수님께 깊은 감사를 표한다; http://www.elections.sk.ca/elections/history.php#provnincialvotesummaries 피거트(Feigert) 의 1989년 연구는 두 개의 오류를 가지고 있다. 하나는 사회신용당의 1956년 득표율인데, 실제 득표율은 p.161의 3.1이 아닌 (11,828/750,350)*100≈1.6이다. 또 다른 하나는 퀘벡 주의 1976년 선거 총 의석수로, p.203의 110이 아닌 122이다

〈표 2-1〉미국 연방하원(*House of Representatives*)의 정당별 의석 점유율과 득표율[2]

% [1]	GOP	Dem	기타
1958/11	35.0 43.1	65.0 56.5	0 0.4
1960/11	40.0 44.6	60.0 54.7	0 0.6
1962/11	40.5 47.7	59.5 51.9	0 0.4
1964/11	32.2 41.9	67.8 57.7	0 0.4
1966/11	42.8 48.0	57.2 51.1	0 0.9
1968/11	44.1 48.3	55.9 50.5	0 1.1
1970/11	41.4 44.2	58.6 54.4	0 1.4
1972/11	44.1 46.2	55.9 52.6	0 1.2
1974/11	33.1 40.1	66.9 58.2	0 1.8
1976/11	32.9 41.7	67.1 56.7	0 1.6
1978/11	36.3 44.8	63.7 53.9	0 1.4
1980/11	44.1 47.9	55.9 50.6	0 1.4
1982/11	38.2 43.2	61.8 55.5	0 1.4
1984/11	41.8 46.8	58.2 52.4	0 0.9
1986/11	40.7 44.3	59.3 54.9	0 0.8
1988/11	40.2 45.2	59.8 53.7	0 1.1
1990/11	38.4 44.9	61.4 52.9	0.2 2.1

1992/11	40.5 45.5	59.3 50.9	0.2 3.6
1994/11	51.1 52.4	48.7 45.4	0.2 2.6
1996/11	52.2 47.8	47.6 48.1	0.2 0.6
1998/11	51.1 48.0	48.7 47.1	0.2 0.6
2000/11	51.0 48.0	48.5 47.1	0.5 0.6
2002/11	52.8 49.6	47.0 45.0	0.2 5.2
2004/11	53.3 49.2	46.5 46.6	0.2 4.1
2006/11	46.4 44.1	53.6 52.0	0 3.9

1. 출처: Mackie & Rose(1990), *The International Almanac of Electoral History, Fully Revised Third Edition,* United States of America; *Statistical Yearbook of the United States*
2. GOP: Republican Party(공화당)
   Dem: Democratic Party(민주당)
   기타: 무소속(Independent), American Independent Constitution Party, Green Party, Independence Party, Libertarian, Peace and Freedom Party, U.S. Taxpayers Party, Reform Party, Natural Law Party, Socialist Workers Party

〈표 2-2〉 미국 주 하원의 정당별 의석점유율과 득표율[2]

Alabama [1]	GOP	Dem	기타	Alaska [1]	GOP	Dem	기타
1958/11	0	100.0	0	1958/11	12.5	82.5	5.0
1960/11	0	100.0	0	1960/11	45.0	50.0	5.0
1962/11	1.9	98.1	0	1962/11	50.0	50.0	0
1964/11	1.9	98.1	0	1964/11	25.0	75.0	0
1966/11	0	100.0	0	1966/11	62.5	37.5	0
1968/11	0	100.0	0	1968/11	45.0	55.0	0
1970/11	1.9	98.1	0	1970/11	22.5	77.5	0
1972/11	2.0	97.0	1.0	1972/11	47.5	50.0	2.5
1974/11	0	100.0	0	1974/11	22.5	75.0	2.5
1976/11	1.9	98.1	0	1976/11	37.5	62.5	0
1978/11	3.8	96.2	0	1978/11	35.0	62.5	2.5
1980/11	3.8	96.1	0	1980/11	40.0	55.0	5.0
1982/11	7.6	92.4	0	1982/11	52.5	47.5	0
1984/11	11.5	83.6	4.8	1984/11	45.0	52.5	2.5
1986/11	15.2	84.8	0	1986/11	40.0	60.0	0
1988/11	16.7	83.3	0	1988/11	42.5	57.5	0
1990/11	21.9	78.1	0	1990/11	42.5	57.5	0
1992/11	21.9	78.1	0	1992/11	45.0	50.0	0
1994/11	29.5	70.5	0	1994/11	55.0	42.5	2.5
1996/11	31.4	68.6	0	1996/11	58.5	39.0	2.4
1998/11	32.4	67.6	0	1998/11	62.5	37.5	0
2000/11	34.3	63.8	1.9	2000/11	67.5	32.5	0
2002/11	39.0	61.0	0	2002/11	67.5	32.5	0
2004/11	40.0	60.0	0	2004/11	67.5	32.5	0
2006/11	40.0	60.0	0	2006/11	65.0	35.0	0

1. 주 하원선거결과는 정당별 의석점유율만 표기한다

Arizona [1]	GOP	Dem	기타	Arkansas [1]	GOP	Dem	기타
1958/11	31.2	68.7	0	1958/11	0	100.0	0
1960/11	35.0	65.0	0	1960/11	1.0	99.0	0
1962/11	40.0	60.0	0	1962/11	1.0	99.0	0
1964/11	43.7	56.2	0	1964/11	1.0	99.0	0
1966/11	55.0	45.0	0	1966/11	2.0	98.0	0
1968/11	56.7	43.3	0	1968/11	4.0	96.0	0
1970/11	56.7	43.3	0	1970/11	2.0	98.0	0
1972/11	63.3	36.7	0	1972/11	1.0	99.0	0
1974/11	55.0	45.0	0	1974/11	2.0	98.0	0
1976/11	63.3	36.7	0	1976/11	5.0	95.0	0
1978/11	70.0	30.0	0	1978/11	6.0	94.0	0
1980/11	71.7	28.3	0	1980/11	7.0	93.0	0
1982/11	65.0	35.0	0	1982/11	7.0	93.0	0
1984/11	63.3	36.7	0	1984/11	9.0	91.0	0
1986/11	60.0	40.0	0	1986/11	9.0	91.0	0
1988/11	56.7	43.3	0	1988/11	11.0	88.0	1.0
1990/11	55.0	45.0	0	1990/11	9.1	90.9	0
1992/11	58.3	41.7	0	1992/11	11.0	88.0	1.0
1994/11	63.3	36.7	0	1994/11	12.0	88.0	0
1996/11	63.3	36.7	0	1996/11	13.1	86.9	0
1998/11	63.3	36.7	0	1998/11	14.0	86.0	0
2000/11	60.0	40.0	0	2000/11	30.0	70.0	0
2002/11	65.0	35.0	0	2002/11	28.0	72.0	0
2004/11	65.0	35.0	0	2004/11	30.0	70.0	0
2006/11	65.0	35.0	0	2006/11	28.0	72.0	0

California [1]	GOP	Dem	기타	Colorado [1]	GOP	Dem	기타
1958/11	41.2	58.7	0	1958/11	32.3	67.7	0
1960/11	41.2	58.7	0	1960/11	49.2	50.8	0
1962/11	35.0	65.0	0	1962/11	63.1	36.9	0
1964/11	38.7	61.2	0	1964/11	35.4	64.6	0
1966/11	47.5	52.5	0	1966/11	58.5	41.5	0
1968/11	51.2	48.7	0	1968/11	58.5	41.5	0
1970/11	46.2	53.7	0	1970/11	58.5	41.5	0
1972/11	36.7	63.3	0	1972/11	56.9	43.1	0
1974/11	31.2	68.7	0	1974/11	40.0	60.0	0
1976/11	28.7	71.2	0	1976/11	53.8	46.1	0
1978/11	37.5	62.5	0	1978/11	58.5	41.5	0
1980/11	40.0	60.0	0	1980/11	60.0	40.0	0
1982/11	40.0	60.0	0	1982/11	61.5	38.5	0
1984/11	41.2	58.7	0	1984/11	72.3	27.7	0
1986/11	45.0	55.0	0	1986/11	61.5	38.5	0
1988/11	41.8	58.2	0	1988/11	60.0	40.0	0
1990/11	41.2	58.7	0	1990/11	58.5	41.5	0
1992/11	41.2	58.7	0	1992/11	52.3	47.7	0
1994/11	50.0	48.7	1.2	1994/11	63.1	36.9	0
1996/11	45.7	53.1	1.2	1996/11	63.1	36.9	0
1998/11	46.8	53.2	0	1998/11	63.1	36.9	0
2000/11	36.7	63.3	0	2000/11	56.9	43.1	0
2002/11	40.0	60.0	0	2002/11	56.9	43.1	0
2004/11	40.0	60.0	0	2004/11	56.9	43.1	0
2006/11	40.0	60.0	0	2006/11	46.2	53.8	0

Connecticut [1]	GOP	Dem	기타	Delaware [1]	GOP	Dem	기타
1958/11	49.5	50.5	0	1958/11	25.7	74.3	0
1960/11	59.9	40.1	0	1960/11	42.8	57.1	0
1962/11	62.6	37.4	0	1962/11	31.4	68.6	0
1964/11	62.2	37.7	0	1964/11	14.3	85.6	0
1966/11	33.9	66.1	0	1966/11	65.7	34.3	0
1968/11	37.8	62.1	0	1968/11	66.7	33.3	0
1970/11	44.1	55.9	0	1970/11	59.0	41.0	0
1972/11	61.6	38.4	0	1972/11	51.2	48.8	0
1974/11	21.8	78.1	0	1974/11	39.0	61.0	0
1976/11	39.7	60.3	0	1976/11	36.6	63.4	0
1978/11	31.8	68.2	0	1978/11	51.2	48.8	0
1980/11	45.0	55.0	0	1980/11	61.0	39.0	0
1982/11	42.4	57.6	0	1982/11	41.4	58.5	0
1984/11	56.3	43.7	0	1984/11	53.6	46.3	0
1986/11	39.1	60.9	0	1986/11	53.6	46.3	0
1988/11	41.7	58.3	0	1988/11	56.1	43.9	0
1990/11	42.4	57.6	0	1990/11	58.5	41.5	0
1992/11	42.9	57.0	0	1992/11	56.1	43.9	0
1994/11	40.4	59.6	0	1994/11	65.8	34.1	0
1996/11	35.8	64.2	0	1996/11	65.9	34.1	0
1998/11	36.4	63.6	0	1998/11	68.3	31.7	0
2000/11	33.8	66.2	0	2000/11	63.4	36.6	0
2002/11	37.7	62.3	0	2002/11	70.7	29.3	0
2004/11	37.1	62.9	0	2004/11	70.7	29.3	0
2006/11	34.4	65.6	0	2006/11	61.0	36.6	2.4

Florida [1]	GOP	Dem	기타	Georgia [1]	GOP	Dem	기타
1958/11	3.2	96.8	0	1958/11	1.5	98.5	0
1960/11	7.4	92.6	0	1960/11	1.0	99.0	0
1962/11	5.3	94.7	0	1962/11	1.0	99.0	0
1964/11	8.9	91.1	0	1964/11	3.4	96.6	0
1966/11	22.2	77.8	0	1966/11	10.7	89.3	0
1968/11	35.3	64.7	0	1968/11	13.3	86.7	0
1970/11	31.9	68.1	0	1970/11	11.3	88.7	0
1972/11	35.8	64.2	0	1972/11	16.1	83.9	0
1974/11	28.3	71.7	0	1974/11	13.4	86.6	0
1976/11	22.5	77.5	0	1976/11	13.3	86.7	0
1978/11	25.8	74.2	0	1978/11	11.1	88.9	0
1980/11	32.5	67.5	0	1980/11	12.8	87.1	0
1982/11	30.0	70.0	0	1982/11	13.3	86.7	0
1984/11	35.8	64.2	0	1984/11	14.4	85.5	0
1986/11	37.5	62.5	0	1986/11	15.0	85.0	0
1988/11	39.2	60.8	0	1988/11	20.0	80.0	0
1990/11	38.3	61.7	0	1990/11	19.4	80.5	0
1992/11	40.8	59.2	0	1992/11	28.5	71.5	0
1994/11	47.5	52.5	0	1994/11	36.1	63.3	0.6
1996/11	50.8	49.2	0	1996/11	40.9	58.6	0.6
1998/11	52.5	47.5	0	1998/11	43.3	56.7	0
2000/11	64.2	35.8	0	2000/11	41.1	57.8	1.1
2002/11	67.5	32.5	0	2002/11	40.0	59.4	0.6
2004/11	67.5	32.5	0	2004/11	40.0	59.4	0.6
2006/11	70.0	30.0	0	2006/11	55.0	44.4	0.6

Illinois [1]	GOP	Dem	기타	Indiana [1]	GOP	Dem	기타
1958/11	48.6	51.4	0	1958/11	21.0	79.0	0
1960/11	50.3	49.7	0	1960/11	66.0	34.0	0
1962/11	50.8	49.7	0	1962/11	56.0	44.0	0
1964/11	33.3	66.7	0	1964/11	22.0	78.0	0
1966/11	55.9	44.1	0	1966/11	66.0	34.0	0
1968/11	53.7	46.3	0	1968/11	73.0	27.0	0
1970/11	50.8	49.1	0	1970/11	54.0	46.0	0
1972/11	50.3	49.7	0	1972/11	73.0	27.0	0
1974/11	42.9	57.1	0	1974/11	44.0	56.0	0
1976/11	46.9	53.1	0	1976/11	52.0	48.0	0
1978/11	49.7	50.3	0	1978/11	54.0	46.0	0
1980/11	51.4	48.6	0	1980/11	64.3	35.7	0
1982/11	40.7	59.3	0	1982/11	57.0	43.0	0
1984/11	43.2	56.8	0	1984/11	61.0	39.0	0
1986/11	43.2	56.8	0	1986/11	52.0	48.0	0
1988/11	43.2	56.8	0	1988/11	50.0	50.0	0
1990/11	39.0	61.0	0	1990/11	48.0	52.0	0
1992/11	43.2	56.8	0	1992/11	45.0	55.0	0
1994/11	54.2	45.7	0	1994/11	56.0	44.0	0
1996/11	49.2	50.8	0	1996/11	50.0	50.0	0
1998/11	49.2	50.8	0	1998/11	50.0	50.0	0
2000/11	47.5	52.5	0	2000/11	47.0	53.0	0
2002/11	44.1	55.9	0	2002/11	49.0	51.0	0
2004/11	44.1	55.9	0	2004/11	49.0	51.0	0
2006/11	44.9	55.1	0	2006/11	52.0	48.0	0

Iowa [1]	GOP	Dem	기타	Kansas [1]	GOP	Dem	기타
1958/11	54.6	45.4	0	1958/11	55.2	44.8	0
1960/11	72.2	27.8	0	1960/11	65.6	34.4	0
1962/11	73.1	26.8	0	1962/11	71.2	28.8	0
1964/11	18.5	81.4	0	1964/11	64.8	35.2	0
1966/11	71.8	28.2	0	1966/11	60.8	39.2	0
1968/11	69.3	30.6	0	1968/11	69.6	30.4	0
1970/11	63.0	37.0	0	1970/11	67.2	32.8	0
1972/11	56.0	44.0	0	1972/11	64.0	36.0	0
1974/11	39.0	61.0	0	1974/11	57.6	42.4	0
1976/11	41.0	59.0	0	1976/11	48.0	52.0	0
1978/11	56.0	44.0	0	1978/11	55.2	44.8	0
1980/11	58.0	42.0	0	1980/11	57.6	42.4	0
1982/11	40.0	60.0	0	1982/11	57.6	42.4	0
1984/11	40.0	60.0	0	1984/11	60.8	39.2	0
1986/11	42.0	58.0	0	1986/11	59.2	40.8	0
1988/11	39.0	61.0	0	1988/11	53.6	46.4	0
1990/11	45.0	55.0	0	1990/11	49.6	50.4	0
1992/11	51.0	49.0	0	1992/11	52.8	47.2	0
1994/11	64.0	36.0	0	1994/11	64.0	36.0	0
1996/11	54.0	46.0	0	1996/11	61.6	38.4	0
1998/11	54.0	46.0	0	1998/11	61.6	38.4	0
2000/11	56.0	44.0	0	2000/11	63.2	36.8	0
2002/11	54.0	45.0	1.0	2002/11	64.0	36.0	0
2004/11	53.0	47.0	0	2004/11	64.0	36.0	0
2006/11	51.0	49.0	0	2006/11	66.4	33.6	0

Kentucky [1]	GOP	Dem	기타	Louisiana [1]	GOP	Dem	기타
1958/11	25.0	75.0	0	1958/11	0	100.0	0
1960/11	26.0	74.0	0	1960/11	0	100.0	0
1962/11	37.0	63.0	0	1962/11	0	100.0	0
1964/11	37.0	63.0	0	1964/11	1.9	98.1	0
1966/11	36.4	63.6	0	1966/11	1.9	98.1	0
1968/11	43.0	57.0	0	1968/11	0	100.0	0
1970/11	28.0	72.0	0	1970/11	0.9	99.0	0
1972/11	27.3	72.7	0	1972/11	3.8	96.2	0
1974/11	22.0	78.0	0	1974/11	3.8	96.2	0
1976/11	22.0	78.0	0	1976/11	3.8	96.2	0
1978/11	25.0	75.0	0	1978/11	8.6	91.4	0
1980/11	24.2	75.7	0	1980/11	9.5	90.5	0
1982/11	24.0	76.0	0	1982/11	10.5	88.6	0.9
1984/11	26.0	74.0	0	1984/11	13.3	86.7	0
1986/11	29.0	71.0	0	1986/11	14.7	85.3	0
1988/11	28.0	72.0	0	1988/11	16.5	83.5	0
1990/11	32.0	68.0	0	1990/11	15.2	84.8	0
1992/11	29.0	71.0	0	1992/11	15.2	83.8	0.9
1994/11	36.0	64.0	0	1994/11	16.3	82.7	1.0
1996/11	36.0	64.0	0	1996/11	26.7	72.4	1.0
1998/11	36.0	64.0	0	1998/11	25.7	74.3	0
2000/11	34.0	66.0	0	2000/11	31.1	68.9	0
2002/11	35.0	65.0	0	2002/11	32.4	66.7	1.0
2004/11	36.0	63.0	0	2004/11	35.2	64.8	0
2006/11	43.0	57.0	0	2006/11	35.2	63.8	1.0

Maine [1]	GOP	Dem	기타	Maryland [1]	GOP	Dem	기타
1958/11	61.6	38.4	0	1958/11	5.7	94.3	0
1960/11	74.8	25.2	0	1960/11	5.7	94.3	0
1962/11	72.8	27.1	0	1962/11	17.6	82.4	0
1964/11	46.3	53.6	0	1964/11	17.6	82.4	0
1966/11	62.9	37.1	0	1966/11	16.9	83.1	0
1968/11	55.6	44.4	0	1968/11	17.6	82.4	0
1970/11	53.0	47.0	0	1970/11	14.8	85.2	0
1972/11	52.3	47.7	0	1972/11	14.8	85.2	0
1974/11	39.3	60.7	0	1974/11	10.6	89.4	0
1976/11	41.0	58.9	0	1976/11	10.7	89.3	0
1978/11	48.3	51.0	0.7	1978/11	11.3	88.6	0
1980/11	44.4	55.6	0	1980/11	10.6	88.6	0.7
1982/11	39.1	60.9	0	1982/11	12.0	87.9	0
1984/11	43.7	56.3	0	1984/11	12.0	87.9	0
1986/11	43.0	56.9	0	1986/11	12.0	87.9	0
1988/11	35.8	64.2	0	1988/11	11.3	88.6	0
1990/11	35.8	64.2	0	1990/11	17.7	82.3	0
1992/11	38.4	61.6	0	1992/11	17.7	82.3	0
1994/11	49.0	51.0	0	1994/11	29.1	70.9	0
1996/11	46.0	54.0	0	1996/11	29.1	70.9	0
1998/11	46.0	54.0	0	1998/11	29.1	70.7	0
2000/11	45.1	52.9	2.0	2000/11	24.8	75.2	0
2002/11	44.4	53.0	2.6	2002/11	30.5	69.5	0
2004/11	44.4	53.0	2.6	2004/11	30.5	69.5	0
2006/11	48.3	50.3	1.3	2006/11	30.5	69.5	0

Massachussetts [1]	GOP	Dem	기타	Michigan [1]	GOP	Dem	기타
1958/11	39.6	60.4	0	1958/11	50.0	50.0	0
1960/11	35.0	65.0	0	1960/11	50.9	49.1	0
1962/11	38.7	61.2	0	1962/11	52.7	47.3	0
1964/11	29.2	70.4	0.4	1964/11	34.5	65.4	0
1966/11	29.6	70.0	0.4	1966/11	50.0	50.0	0
1968/11	27.9	72.1	0	1968/11	48.2	51.8	0
1970/11	25.8	74.2	0	1970/11	47.3	52.7	0
1972/11	21.7	77.5	0.8	1972/11	45.4	54.5	0
1974/11	18.9	79.8	1.3	1974/11	40.0	60.0	0
1976/11	18.4	80.3	1.2	1976/11	38.2	61.8	0
1978/11	18.7	80.6	0.6	1978/11	36.4	63.6	0
1980/11	19.4	80.0	0.6	1980/11	41.8	58.2	0
1982/11	18.3	81.6	0	1982/11	42.7	57.3	0
1984/11	21.2	78.7	0	1984/11	48.2	51.8	0
1986/11	20.6	79.4	0	1986/11	41.8	58.2	0
1988/11	20.0	80.0	0	1988/11	44.5	55.4	0
1990/11	23.7	75.6	0.6	1990/11	44.5	55.4	0
1992/11	21.9	77.5	0.6	1992/11	50.0	50.0	0
1994/11	21.2	78.1	0.6	1994/11	51.4	48.6	0
1996/11	15.6	83.8	0.6	1996/11	47.3	52.7	0
1998/11	18.2	81.8	0	1998/11	46.8	53.2	0
2000/11	15.0	85.0	0	2000/11	51.4	48.6	0
2002/11	14.5	84.9	0.6	2002/11	43.1	56.9	0
2004/11	14.4	85.0	0.6	2004/11	42.7	57.3	0
2006/11	12.7	87.3	0	2006/11	53.7	46.3	0

Minnesota [1]	GOP	Dem	기타	Mississippi [1]	GOP	Dem	기타
1972/11	41.8	58.2	0	1958/11	0	100.0	0
1974/11	23.1	76.9	0	1960/11	0	100.0	0
1976/11	25.4	74.6	0	1962/11	0	100.0	0
1978/11	50.0	50.0	0	1964/11	0	100.0	0
1980/11	47.8	52.2	0	1966/11	1.6	98.4	0
1982/11	42.5	57.5	0	1968/11	0	100.0	0
1984/11	51.5	48.5	0	1970/11	0.8	99.2	0
1986/11	38.0	61.9	0	1972/11	1.6	98.3	0
1988/11	39.8	60.1	0	1974/11	2.5	97.5	0
1990/11	41.8	58.2	0	1976/11	2.5	96.7	0.8
1992/11	36.6	63.4	0	1978/11	3.3	95.1	1.6
1994/11	47.0	53.0	0	1980/11	3.3	95.0	1.6
1996/11	47.8	52.2	0	1982/11	4.1	95.9	0
1998/11	47.8	52.2	0	1984/11	4.9	95.1	0
2000/11	51.5	48.5	0	1986/11	7.4	92.6	0
2002/11	60.2	39.8	0	1988/11	7.4	91.8	0.8
2004/11	60.4	39.6	0	1990/11	18.8	80.3	0.8
2006/11	50.7	49.3	0	1992/11	23.8	74.6	1.6
				1994/11	25.4	72.9	1.6
				1996/11	27.2	71.1	1.7
				1998/11	30.0	70.0	0
				2000/11	27.0	70.5	2.5
				2002/11	31.1	66.4	2.5
				2004/11	34.4	65.6	0
				2006/11	38.8	61.2	0

Missouri [1]	GOP	Dem	기타	Montana [1]	GOP	Dem	기타
1958/11	28.7	71.3	0	1958/11	33.0	64.9	2.1
1960/11	36.3	63.7	0	1960/11	57.4	42.5	0
1962/11	38.0	62.0	0	1962/11	60.6	39.4	0
1964/11	23.9	76.1	0	1964/11	40.4	59.6	0
1966/11	34.3	65.6	0	1966/11	61.5	38.5	0
1968/11	33.1	66.9	0	1968/11	55.8	44.2	0
1970/11	31.3	68.7	0	1970/11	52.9	47.1	0
1972/11	40.5	59.5	0	1972/11	46.0	54.0	0
1974/11	30.1	69.9	0	1974/11	33.0	67.0	0
1976/11	31.3	68.7	0	1976/11	43.0	57.0	0
1978/11	28.2	71.8	0	1978/11	45.0	55.0	0
1980/11	31.9	68.1	0	1980/11	57.0	43.0	0
1982/11	32.5	67.5	0	1982/11	45.0	55.0	0
1984/11	33.7	66.3	0	1984/11	50.0	50.0	0
1986/11	31.9	68.1	0	1986/11	51.0	49.0	0
1988/11	35.8	64.2	0	1988/11	48.0	52.0	0
1990/11	39.3	60.7	0	1990/11	39.0	61.0	0
1992/11	39.9	60.1	0	1992/11	53.0	47.0	0
1994/11	46.6	53.4	0	1994/11	67.0	33.0	0
1996/11	46.0	54.0	0	1996/11	65.0	35.0	0
1998/11	47.2	52.8	0	1998/11	65.0	35.0	0
2000/11	46.6	53.4	0	2000/11	58.0	42.0	0
2002/11	55.2	44.8	0	2002/11	53.0	47.0	0
2004/11	55.2	44.8	0	2004/11	53.0	47.0	0
2006/11	60.0	40.0	0	2006/11	50.0	50.0	0

Nebraska [1]	GOP	Dem	기타	Nevada [1]	GOP	Dem	기타
1958/11	29.8	70.2	0	1958/11	29.8	70.2	0
1960/11	31.9	68.1	0	1960/11	31.9	68.1	0
1962/11	32.4	67.6	0	1962/11	32.4	67.6	0
1964/11	32.4	67.6	0	1964/11	32.4	67.6	0
1966/11	47.5	52.5	0	1966/11	47.5	52.5	0
1968/11	55.0	45.0	0	1968/11	55.0	45.0	0
1970/11	52.5	47.5	0	1970/11	52.5	47.5	0
1972/11	37.5	62.5	0	1972/11	37.5	62.5	0
1974/11	22.5	77.5	0	1974/11	22.5	77.5	0
1976/11	12.5	87.5	0	1976/11	12.5	87.5	0
1978/11	35.0	65.0	0	1978/11	35.0	65.0	0
1980/11	35.0	65.0	0	1980/11	35.0	65.0	0
1982/11	45.2	54.8	0	1982/11	45.2	54.8	0
1984/11	59.5	40.5	0	1984/11	59.5	40.5	0
1986/11	30.9	69.0	0	1986/11	30.9	69.0	0
1988/11	28.6	71.4	0	1988/11	28.6	71.4	0
1990/11	46.3	53.6	0	1990/11	46.3	53.6	0
1992/11	30.8	69.2	0	1992/11	30.8	69.2	0
1994/11	50.0	50.0	0	1994/11	50.0	50.0	0
1996/11	40.5	59.5	0	1996/11	63.8	35.7	0.5
1998/11	40.5	59.5	0	1998/11	62.8	37.2	0
2000/11	35.7	64.3	0	2000/11	63.9	35.8	0.3
2002/11	45.2	54.8	0	2002/11	70.7	29.3	0
2004/11	45.2	54.8	0	2004/11	70.2	29.8	0
2006/11	65.0	35.0	0	2006/11	62.4	37.6	0

New Hampshire [1]	GOP	Dem	기타	New Jersey [1]	GOP	Dem	기타
1958/11	65.7	34.2	0	1958/11	30.0	70.0	0
1960/11	65.0	34.7	0.2	1960/11	36.7	63.3	0
1962/11	63.5	36.5	0	1962/11	55.0	45.0	0
1964/11	55.9	44.1	0	1964/11	55.0	45.0	0
1966/11	61.0	39.0	0	1966/11	31.7	68.3	0
1968/11	63.7	36.2	0	1968/11	72.5	27.5	0
1970/11	63.2	36.7	0	1970/11	73.7	26.2	0
1972/11	65.4	34.6	0	1972/11	48.1	50.6	0
1974/11	58.2	41.7	0	1974/11	38.7	61.2	0
1976/11	55.6	44.4	0	1976/11	32.5	67.5	0
1978/11	58.2	41.8	0	1978/11	45.0	55.0	0
1980/11	59.8	40.2	0	1980/11	46.2	53.7	0
1982/11	59.7	39.8	0.5	1982/11	45.0	55.0	0
1984/11	74.4	25.6	0	1984/11	62.5	37.5	0
1986/11	67.0	33.0	0	1986/11	51.2	48.7	0
1988/11	70.2	29.7	0	1988/11	45.0	55.0	0
1990/11	67.8	31.6	0.5	1990/11	72.5	27.5	0
1992/11	64.7	34.1	1.2	1992/11	66.2	33.7	0
1994/11	71.5	28.0	0.5	1994/11	65.0	35.0	0
1996/11	63.8	35.7	0.5	1996/11	62.5	37.5	0
1998/11	62.8	37.2	0	1998/11	60.0	40.0	0
2000/11	63.9	35.8	0.3	2000/11	60.0	40.0	0
2002/11	70.7	29.3	0	2002/11	44.3	54.4	1.3
2004/11	70.2	29.8	0	2004/11	41.3	58.8	0
2006/11	62.4	37.6	0	2006/11	38.8	61.3	0

New Mexico [1]	GOP	Dem	기타	New York [1]	GOP	Dem	기타
1958/11	9.1	90.9	0	1958/11	61.3	38.7	0
1960/11	10.6	89.4	0	1960/11	55.3	44.7	0
1962/11	16.7	83.3	0	1962/11	56.7	43.3	0
1964/11	23.4	76.6	0	1964/11	41.3	58.7	0
1966/11	34.3	65.7	0	1966/11	46.7	53.3	0
1968/11	37.1	62.8	0	1968/11	52.0	48.0	0
1970/11	31.4	68.6	0	1970/11	52.7	47.3	0
1972/11	27.1	72.8	0	1972/11	55.3	44.7	0
1974/11	27.1	72.8	0	1974/11	41.3	58.7	0
1976/11	31.4	68.6	0	1976/11	39.7	59.6	0
1978/11	41.4	58.6	0	1978/11	42.7	57.3	0
1980/11	41.4	58.6	0	1980/11	42.3	57.7	0
1982/11	34.3	65.7	0	1982/11	34.9	65.1	0
1984/11	40.0	60.0	0	1984/11	37.3	62.7	0
1986/11	32.8	67.1	0	1986/11	37.3	61.3	0
1988/11	35.7	64.3	0	1988/11	38.7	61.3	0
1990/11	30.0	70.0	0	1990/11	36.7	63.3	0
1992/11	24.3	75.7	0	1992/11	33.3	66.7	0
1994/11	34.3	65.7	0	1994/11	37.3	62.7	0
1996/11	40.0	60.0	0	1996/11	36.0	64.0	0
1998/11	40.0	60.0	0	1998/11	35.4	64.6	0
2000/11	40.0	60.0	0	2000/11	34.0	66.0	0
2002/11	40.0	60.0	0	2002/11	31.3	68.7	0
2004/11	38.6	61.4	0	2004/11	31.3	68.7	0
2006/11	40.0	60.0	0	2006/11	30.7	69.3	0

North Carolina [1]	GOP	Dem	기타	North Dakota [1]	GOP	Dem	기타
1958/11	3.3	96.7	0	1958/11	56.6	43.4	0
1960/11	12.5	87.5	0	1960/11	63.7	36.3	0
1962/11	17.5	82.5	0	1962/11	61.9	38.0	0
1964/11	11.7	88.3	0	1964/11	40.4	59.6	0
1966/11	21.7	78.3	0	1966/11	83.7	16.3	0
1968/11	24.2	75.8	0	1968/11	81.6	18.4	0
1970/11	20.0	80.0	0	1970/11	59.2	40.8	0
1972/11	29.2	70.8	0	1972/11	77.4	22.5	0
1974/11	7.5	92.5	0	1974/11	60.8	39.2	0
1976/11	5.0	95.0	0	1976/11	50.0	50.0	0
1978/11	11.7	88.3	0	1978/11	71.0	29.0	0
1980/11	20.2	79.8	0	1980/11	73.0	27.0	0
1982/11	15.0	85.0	0	1982/11	48.1	51.9	0
1984/11	31.7	68.3	0	1984/11	60.4	39.6	0
1986/11	30.0	70.0	0	1986/11	57.5	42.4	0
1988/11	38.3	61.7	0	1988/11	57.5	42.4	0
1990/11	32.5	67.5	0	1990/11	54.7	45.3	0
1992/11	35.0	65.0	0	1992/11	66.3	33.7	0
1994/11	56.7	43.3	0	1994/11	76.5	23.5	0
1996/11	50.8	49.2	0	1996/11	73.5	26.5	0
1998/11	50.8	49.2	0	1998/11	73.2	26.8	0
2000/11	48.3	51.7	0	2000/11	70.4	29.6	0
2002/11	50.0	50.0	0	2002/11	70.2	29.8	0
2004/11	50.8	49.2	0	2004/11	70.2	29.8	0
2006/11	47.5	52.5	0	2006/11	71.3	28.7	0

Ohio [1]	GOP	Dem	기타	Oklahoma [1]	GOP	Dem	기타
1958/11	43.9	56.1	0	1958/11	8.4	91.6	0
1960/11	60.4	39.6	0	1960/11	11.6	88.4	0
1962/11	64.2	35.8	0	1962/11	20.8	79.2	0
1964/11	54.7	45.2	0	1964/11	21.2	78.8	0
1966/11	62.6	37.4	0	1966/11	25.3	74.7	0
1968/11	64.6	35.3	0	1968/11	23.2	76.8	0
1970/11	54.5	45.4	0	1970/11	21.2	78.8	0
1972/11	41.4	58.6	0	1972/11	25.7	74.2	0
1974/11	40.4	59.6	0	1974/11	24.7	75.2	0
1976/11	37.4	62.6	0	1976/11	21.8	78.2	0
1978/11	37.4	62.6	0	1978/11	25.7	74.2	0
1980/11	45.4	54.5	0	1980/11	27.7	72.3	0
1982/11	37.4	62.6	0	1982/11	24.7	75.2	0
1984/11	40.4	58.6	0	1984/11	31.7	68.3	0
1986/11	39.4	60.6	0	1986/11	30.7	69.3	0
1988/11	40.4	59.6	0	1988/11	32.0	68.0	0
1990/11	38.4	61.6	0	1990/11	32.7	67.3	0
1992/11	46.5	53.5	0	1992/11	30.7	69.3	0
1994/11	56.6	43.4	0	1994/11	35.6	64.3	0
1996/11	60.6	39.4	0	1996/11	35.6	64.4	0
1998/11	60.6	39.4	0	1998/11	35.6	64.4	0
2000/11	59.6	40.4	0	2000/11	47.5	52.5	0
2002/11	61.6	38.4	0	2002/11	47.5	52.5	0
2004/11	62.6	37.4	0	2004/11	47.5	52.5	0
2006/11	61.6	38.4	0	2006/11	56.4	43.6	0

Oregon [1]	GOP	Dem	기타	Pennsylvania [1]	GOP	Dem	기타
1958/11	45.0	55.0	0	1958/11	48.6	51.4	0
1960/11	48.3	51.7	0	1960/11	47.6	52.4	0
1962/11	48.3	51.7	0	1962/11	51.9	48.1	0
1964/11	53.3	46.7	0	1964/11	44.5	55.5	0
1966/11	63.3	36.7	0	1966/11	51.2	48.8	0
1968/11	63.3	36.7	0	1968/11	46.8	53.2	0
1970/11	56.7	43.3	0	1970/11	44.3	55.7	0
1972/11	45.0	55.0	0	1972/11	52.2	47.8	0
1974/11	36.7	63.3	0	1974/11	43.8	56.1	0
1976/11	38.3	61.7	0	1976/11	41.6	58.4	0
1978/11	43.3	56.7	0	1978/11	50.5	49.5	0
1980/11	45.0	55.0	0	1980/11	50.7	49.3	0
1982/11	40.0	60.0	0	1982/11	49.3	50.7	0
1984/11	43.3	56.7	0	1984/11	49.3	50.7	0
1986/11	48.3	51.7	0	1986/11	49.3	50.7	0
1988/11	46.7	53.3	0	1988/11	48.8	51.2	0
1990/11	53.3	46.7	0	1990/11	46.8	53.2	0
1992/11	53.3	46.7	0	1992/11	48.3	51.7	0
1994/11	56.7	43.3	0	1994/11	50.2	49.7	0
1996/11	51.7	48.3	0	1996/11	51.2	48.8	0
1998/11	51.7	48.3	0	1998/11	51.2	48.8	0
2000/11	55.0	45.0	0	2000/11	51.2	48.8	0
2002/11	58.3	41.7	0	2002/11	53.2	46.3	0.5
2004/11	58.3	41.7	0	2004/11	53.2	46.3	0.5
2006/11	55.0	45.0	0	2006/11	54.2	45.8	0

Rhode Island [1]	GOP	Dem	기타	South Carolina [1]	GOP	Dem	기타
1958/11	29.0	71.0	0	1958/11	0	100.0	0
1960/11	20.0	80.0	0	1960/11	0	100.0	0
1962/11	25.0	75.0	0	1962/11	0	100.0	0
1964/11	24.0	76.0	0	1964/11	0	100.0	0
1966/11	32.0	68.0	0	1966/11	13.7	86.3	0
1968/11	24.0	76.0	0	1968/11	4.0	96.0	0
1970/11	24.0	75.0	1.0	1970/11	8.9	91.1	0
1972/11	27.0	73.0	0	1972/11	16.9	83.1	0
1974/11	17.0	83.0	0	1974/11	13.7	86.3	0
1976/11	17.0	83.0	0	1976/11	9.7	90.2	0
1978/11	16.0	84.0	0	1978/11	13.0	87.0	0
1980/11	18.0	82.0	0	1980/11	13.7	86.3	0
1982/11	15.0	85.0	0	1982/11	16.3	83.7	0
1984/11	21.2	77.8	1.0	1984/11	21.9	78.0	0
1986/11	20.0	80.0	0	1986/11	25.8	74.2	0
1988/11	17.0	83.0	0	1988/11	29.8	70.2	0
1990/11	11.0	89.0	0	1990/11	34.9	64.2	0.8
1992/11	15.0	85.0	0	1992/11	41.9	57.2	0.8
1994/11	16.0	84.0	0	1994/11	50.0	46.8	3.2
1996/11	16.0	84.0	0	1996/11	56.9	43.1	0
1998/11	16.0	84.0	0	1998/11	57.7	42.3	0
2000/11	15.0	85.0	0	2000/11	55.6	43.5	0.8
2002/11	14.7	84.0	1.3	2002/11	58.9	40.3	0.8
2004/11	14.7	84.0	1.3	2004/11	58.9	41.1	0
2006/11	20.0	80.0	0	2006/11	59.7	39.5	0.8

South Dakota [1]	GOP	Dem	기타	Tennessee [1]	GOP	Dem	기타
1958/11	57.3	42.7	0	1958/11	17.2	82.8	0
1960/11	76.0	24.0	0	1960/11	19.2	80.8	0
1962/11	77.3	22.7	0	1962/11	21.2	78.8	0
1964/11	60.0	40.0	0	1964/11	24.2	75.7	0
1966/11	84.0	16.0	0	1966/11	39.4	59.6	1.0
1968/11	78.7	21.3	0	1968/11	49.5	49.5	1.0
1970/11	60.0	40.0	0	1970/11	43.4	56.6	0
1972/11	50.0	50.0	0	1972/11	48.5	51.5	0
1974/11	52.8	47.1	0	1974/11	35.3	63.6	1.0
1976/11	68.6	31.4	0	1976/11	32.3	66.7	1.0
1978/11	68.6	31.4	0	1978/11	38.4	60.6	1.0
1980/11	70.0	30.0	0	1980/11	39.8	58.2	2.0
1982/11	77.1	22.8	0	1982/11	37.7	61.2	1.0
1984/11	81.4	18.6	0	1984/11	37.4	62.6	0
1986/11	68.6	31.4	0	1986/11	38.4	61.6	0
1988/11	65.7	34.3	0	1988/11	40.4	59.6	0
1990/11	64.3	35.7	0	1990/11	42.4	57.6	0
1992/11	60.0	40.0	0	1992/11	36.4	63.6	0
1994/11	65.7	34.3	0	1994/11	40.4	59.6	0
1996/11	67.1	32.9	0	1996/11	38.4	61.6	0
1998/11	68.6	31.4	0	1998/11	38.4	61.6	0
2000/11	71.4	28.6	0	2000/11	38.4	61.6	0
2002/11	70.0	30.0	0	2002/11	45.5	54.5	0
2004/11	70.0	30.0	0	2004/11	45.5	54.5	0
2006/11	72.9	27.1	0	2006/11	46.5	53.5	0

Texas [1]	GOP	Dem	기타	Utah [1]	GOP	Dem	기타
1958/11	0	100.0	0	1958/11	34.4	65.6	0
1960/11	0	100.0	0	1960/11	43.7	56.2	0
1962/11	4.7	95.3	0	1962/11	53.1	46.9	0
1964/11	0.7	99.3	0	1964/11	43.5	56.5	0
1966/11	2.0	98.0	0	1966/11	85.5	14.5	0
1968/11	5.3	94.7	0	1968/11	69.6	30.4	0
1970/11	6.7	93.3	0	1970/11	46.4	53.6	0
1972/11	11.3	88.7	0	1972/11	58.7	41.3	0
1974/11	10.7	89.3	0	1974/11	46.7	53.3	0
1976/11	12.7	87.3	0	1976/11	53.3	46.7	0
1978/11	15.3	84.7	0	1978/11	68.0	32.0	0
1980/11	23.5	76.5	0	1980/11	77.3	22.7	0
1982/11	24.0	76.0	0	1982/11	77.3	22.7	0
1984/11	34.7	65.3	0	1984/11	81.3	18.7	0
1986/11	37.3	62.7	0	1986/11	64.0	36.0	0
1988/11	38.0	62.0	0	1988/11	62.7	37.3	0
1990/11	38.0	62.0	0	1990/11	58.7	41.3	0
1992/11	38.9	61.1	0	1992/11	65.3	34.7	0
1994/11	40.7	59.3	0	1994/11	73.3	26.7	0
1996/11	45.3	54.7	0	1996/11	73.3	26.7	0
1998/11	45.3	54.7	0	1998/11	72.0	28.0	0
2000/11	48.3	51.7	0	2000/11	66.7	33.3	0
2002/11	58.7	41.3	0	2002/11	74.7	25.3	0
2004/11	58.7	41.3	0	2004/11	74.7	25.3	0
2006/11	58.4	41.6	0	2006/11	74.7	25.3	0

Vermont [1]	GOP	Dem	기타	Virginia [1]	GOP	Dem	기타
1958/11	82.5	17.5	0	1958/11	6.0	94.0	0
1960/11	77.2	20.3	2.4	1960/11	4.0	96.0	0
1962/11	76.8	18.3	4.9	1962/11	11.0	89.0	0
1964/11	78.0	20.3	1.6	1964/11	11.0	89.0	0
1966/11	68.0	32.0	0	1966/11	11.1	88.9	0
1968/11	66.7	33.3	0	1968/11	15.0	85.0	0
1970/11	64.0	36.0	0	1970/11	23.8	75.2	1.0
1972/11	59.3	40.0	0.7	1972/11	25.0	71.0	4.0
1974/11	50.0	43.3	6.7	1974/11	17.0	78.0	5.0
1976/11	49.3	50.0	0.7	1976/11	21.0	76.0	3.0
1978/11	52.7	46.0	1.3	1978/11	25.0	74.0	1.0
1980/11	57.3	42.7	0	1980/11	33.0	66.0	1.0
1982/11	56.1	43.9	0	1982/11	34.0	65.0	1.0
1984/11	52.0	48.0	0	1984/11	33.0	65.0	2.0
1986/11	50.0	49.3	0.7	1986/11	35.0	64.0	1.0
1988/11	50.7	49.3	0	1988/11	39.0	59.0	2.0
1990/11	50.0	48.7	1.3	1990/11	41.0	58.0	1.0
1992/11	38.0	58.0	4.0	1992/11	47.0	52.0	1.0
1994/11	40.7	57.3	2.0	1994/11	47.0	52.0	1.0
1996/11	38.3	59.7	2.0	1996/11	46.0	53.0	1.0
1998/11	39.0	61.0	0	1998/11	48.5	51.5	0
2000/11	55.3	41.3	3.3	2000/11	52.0	47.0	1.0
2002/11	49.3	46.0	4.7	2002/11	64.0	34.0	2.0
2004/11	49.3	46.0	4.7	2004/11	61.0	37.0	2.0
2006/11	40.0	55.3	4.7	2006/11	57.1	39.8	3.1

Washington [1]	GOP	Dem	기타	West Virginia [1]	GOP	Dem	기타
1958/11	33.3	66.7	0	1958/11	15.0	85.0	0
1960/11	40.4	59.6	0	1960/11	18.0	82.0	0
1962/11	48.5	51.5	0	1962/11	24.0	76.0	0
1964/11	39.4	60.6	0	1964/11	9.0	91.0	0
1966/11	55.5	44.4	0	1966/11	35.0	65.0	0
1968/11	56.6	43.4	0	1968/11	37.0	63.0	0
1970/11	51.5	48.5	0	1970/11	32.0	68.0	0
1972/11	41.8	58.2	0	1972/11	43.0	57.0	0
1974/11	36.7	63.3	0	1974/11	14.0	86.0	0
1976/11	36.7	63.3	0	1976/11	9.0	91.0	0
1978/11	50.0	50.0	0	1978/11	26.0	74.0	0
1980/11	57.1	42.8	0	1980/11	22.0	78.0	0
1982/11	44.9	55.1	0	1982/11	13.0	87.0	0
1984/11	45.9	54.1	0	1984/11	27.0	73.0	0
1986/11	37.7	62.2	0	1986/11	22.0	78.0	0
1988/11	35.7	64.3	0	1988/11	19.0	81.0	0
1990/11	40.8	59.2	0	1990/11	26.0	74.0	0
1992/11	33.8	66.3	0	1992/11	21.0	79.0	0
1994/11	61.2	38.8	0	1994/11	30.3	69.7	0
1996/11	54.1	45.9	0	1996/11	25.3	74.7	0
1998/11	58.2	41.8	0	1998/11	26.0	74.0	0
2000/11	50.0	50.0	0	2000/11	25.0	75.0	0
2002/11	46.9	53.1	0	2002/11	32.0	68.0	0
2004/11	46.9	53.1	0	2004/11	32.0	68.0	0
2006/11	43.9	56.1	0	2006/11	32.0	68.0	0

2. 출처: U.S. Department of Commerce, *Statistical Abstract of the United States*, various years; http://www. NCSL.org

색인

지은이 소개

이옥연 (李沃娟)

현: 서울대학교 외교학과 부교수(미국지역연구, 유럽지역연구, 미국 정책결정과정, 연방주
　　의 비교연구 담당)
　　미국 미시건대학교 정치학 박사
　　국방대학교 안보대학원 국제관계학과 조교수 역임

주요 저서 및 논문:
　　"동아시아 지역질서와 정치통합의 추동력" (2008)
　　"A Journey to Recognize Labor as a Social Question in the Modern
　　　　Japan" (2007)
　　"Government Growth in Industrialized Representative Democracies" (2007)
　　"Comparing National-Subnational Relations in 8 Unitary States" (2006)
　　"유럽독자방위체제와 EU의 군사적 역량" (2006)
　　"2004년 미국대선 양당후보들의 TV광고: 30초에 거는 승부" (2005)
　　『미국의 강압전략: 이론, 실제, 전망』(사회평론, 2004, 역서) 외 다수

이메일: okyeonh@snu.ac.kr

통합과 분권의 연방주의 거버넌스

인 쇄: 2008년 5월 23일
발 행: 2008년 5월 30일

지은이: 이옥연
발행인: 부성옥
발행처: 도서출판 오름
등록번호: 제2-1548호 (1993. 5. 11)

서울특별시 서초구 서초동 1420-6 통일시대연구소빌딩 301호
전화: (02) 585-9122, 9123 / 팩스: (02) 584-7952
E-mail: oruem@oruem.co.kr
URL: http://www.oruem.co.kr

ISBN 978-89-7778-300-3   93340   정가 15,000원